Werner Lansburgh

Feuer kann man nicht verbrennen

Erinnerungen eines Berliners

Ullstein

CIP-Titelaufnahme der Deutschen Bibliothek

Lansburgh, Werner:
Feuer kann man nicht verbrennen : Erinnerungen eines Berliners / Werner Lansburgh. – Frankfurt/Main ; Berlin : Ullstein, 1990
ISBN 3-550-06497-7

Verlag Ullstein GmbH Frankfurt/Main · Berlin

Printed in Germany
Satz: IBV Satz- und Datentechnik GmbH, Berlin
Druck und Binden: Mohndruck, Gütersloh
ISBN 3 550 06497 7

So sah ich denn, daß nichts Besseres ist,
als daß ein Mensch fröhlich sei in seiner
Arbeit; denn das ist sein Teil.

Der Prediger Salomo 3:22

Für Laing
und die Schnute

Inhalt

1
Türkischrot und Tintenlöscher

Beinahe wäre ich als ein ganz anderer Mensch auf die Welt gekommen. Frida Neuberg, reiche Fabrikbesitzerstochter – Max Neuberg & Co., Mechanische Weberei Hannover-Linden, gegr. 1828 – Frida Neuberg, die später meine Mutter werden sollte, war ein schönes, eigensinnig stolzes junges Mädchen und hatte zahllose Verehrer. Darunter ganz besonders den halbamerikanischen Dannie Heineman, mit dem es beinahe ernst geworden wäre; aber er war ihr trotz seines brillanten Tennisspiels und eines ausgesprochen hellen Kopfes am Ende doch zu »mies«, wie es damals in besseren jüdischen Kreisen hieß: Seine wohl aus Galizien stammende Mutter, eine Witwe, hatte einen kleinen, wenn auch gutgehenden Strumpfladen in einem Kellergeschoß im Osten Hannovers und stopfte gelegentlich sogar die Strümpfe ihrer Kunden.

Max Neuberg & Co. hingegen beschäftigte etwa vierhundert Weberinnen, die malerisch, wenn auch schlecht bezahlt, mit ihren weißen Häubchen vor je einem Webstuhl standen und in einigem Abstand davon »an langen weißen Fäden zogen«. So wenigstens sah ich es als Kind, als ich von Zimmermann, dem kommunistischen Chauffeur meines Onkels, in einem dunkelblauen Buick zu Besuch in die Fabrik in Hannover-Linden gefahren wurde. Onkel Richard, Fridas Bruder, der junge Erbe des Unternehmens, besaß übrigens noch neben dem großen Buick einen roten, rassigen Lancia für die Jagd, eine an sich ganz unjüdische Beschäftigung. Sein Vater, mein Großvater also, war stets noch mit der Straßenbahn in die Fabrik gefahren. »Dabei fällt mir kein Stein aus der Krone«, pflegte er zu sagen, »ich bleibe M N«.

Ausschließliches Produkt von M N oder eben Max Neuberg & Co. waren Inletts, tiefrote Baumwollbezüge für Federbetten und Bettkissen, ich glaube auch für Matratzen. So etwas war damals immer tiefrot, wobei eine der wichtigsten Produktionsfragen bei Max Neuberg & Co.

darin bestand, ob man diese Bezüge weiter mit echtem »Türkischrot« (was auch immer das war) einfärben sollte, oder mit dem viel billigeren synthetischen Rot, das allerdings leichter abfärbte. Kurz nach Ableben meines straßenbahnfahrenden Großvaters und dem Erbantritt meines Buick-Onkels war man jedenfalls zu dem billigeren Rot übergegangen, was nun leider abfärbte und sich in meiner frühen Kindheit besonders beim Bettnässen bemerkbar machte.

Schade, schade, daß Dannie Heineman mit dem Strumpfladen-Background in den Augen meiner Mutter zu mies war. Er wurde kurz nach dem Ersten Weltkrieg zu einem der ganz großen Finanzmagnaten dieser Erde, Chef der weltumspannenden SOFINA in Brüssel, *Société Financière de Transports et d'Entreprises Industrielles S.A.* – ein mächtiger Mann, der übrigens kurz nach dem Zweiten Weltkrieg Konrad Adenauer entscheidend half. Auch zeugte er einen Sohn, mein Alter ego sozusagen, den ich später, kurz nach Ausbruch des Dritten Reiches, zufällig als armer Exilstudent in der Schweiz traf. Er war gleichaltrig, Jahrgang 1912, wirkte nicht sehr sympathisch (aber das war ich ja auch nicht, wer ist das schon in jungen Jahren), nur sehr viel ausgeglichener als ich, entspannter. Er studierte gleichfalls Jura und bewohnte mit seiner jungen Frau, der Tochter eines bekannten Berliner Bankiers, in Zürich eine Villa mit Golfplatz und zwei Dienstboten. Zum Essen gab es Rehrücken mit einem exquisiten Spargelsalat und einer unvergeßlichen Zabaione als Nachtisch. Er erzählte freudig von der einst so großen, unglücklichen Liebe seines Vaters zu einer Frida Neuberg.

Statt dessen bekam ich einen ganz anderen Vater, einen *maverick*, wie die Engländer sagen, einen Einzelgänger, einen Außenseiter und Querdenker, der durch seine ungesicherte Existenz auf mein Leben ganz anders als in einem ausgeglichenen und entspannten Sinne einwirkte. Nie hätte mich eine ungestillte Sehnsucht nach stabilem bürgerlichem Insidertum mein Leben lang so hartnäckig verfolgt, wäre ich als Sohn eines bourgeoisen Finanzmagnaten auf die Welt gekommen: Ein junger, selbstbewußter Oppositioneller, ja vielleicht sogar ein Linksradikaler wäre ich vermutlich in der von reaktionärem Bürgertum gelähmten Weimarer Republik geworden, oder meinetwegen auch in Brüssel. So aber wurde ich der zahme, nach bürgerlicher Normalität lechzende Sohn eines Maverick. Er war selbstgelehrter Finanzschriftsteller von Beruf (statt Finanzmagnat), daneben Amateurschauspieler und erfolgloser Theaterstückeschreiber, früher kleiner Bankbeamter, und hatte zeitlebens finanzielle Sorgen.

Die schöne, reiche und eigensinnige Frida (sie bestand darauf, ihren Vornamen ohne ein spießiges »ie« zu schreiben), nun schon 28 Jahre alt, ein für heiratsfähige Mädchen, geschweige denn umworbene Fabrikdirektorstöchter zu jener Zeit besorgniserregend hohes Alter –, dieses Mädchen nun saß im Jahre 1907 mit Sonnenschirm und kostbar weißem Spitzenkleid auf einer Bank in Cannes vorm Grand Hotel Majestic, wo sie mit den Eltern wohnte, und wartete immer noch auf den Mann ihrer Liebe, als ein schöner schwarzbärtiger, etwa wie ein südfranzösischer Heinrich Heine aussehender junger Mann auf einem Fahrrad ohne Freilauf (auf dem ich später Radfahren lernen mußte) auf sie zusteuerte und sich auf jener Bank neben ihr niederließ.

Er mag ihr erzählt haben, daß er gerade mit diesem Fahrrad durch Mitteleuropa radele, daß er in Berlin (finanz)schriftstellere, Theaterstücke schreibe und schauspielere. Er muß sehr romantisch auf Frida gewirkt haben. Vielleicht rührte er sogar an ihr Herz, als er ihr erzählte, er sei mit fünf Jahren als Vollwaise aus London nach Berlin gebracht worden, zu hartherzigen Verwandten in der Dorotheenstraße, die sein Millionenerbe durchgebracht, ihn aber immerhin auf das vornehme Französische Gymnasium in der Nähe des Berliner Schlosses geschickt hätten.

Das alles stimmte. Das durchgebrachte Riesenerbe stammte von seinem Vater, der dreimal in seinem Leben Millionär gewesen war und dreimal keinen Pfennig besessen hatte, jedoch zufällig als Millionär gestorben war, und zwar in einem Londoner Irrenhaus. (Es steht zu hoffen, daß seine Geisteskrankheit nicht auf eine Erbanlage zurückzuführen war, sondern auf Syphilis.) Dieser Charles Lansburgh in London-Paddington war ein Urenkel von Bananenhändlern, die vor geraumer Zeit nach dem damals britischen Jamaika ausgewandert waren, vermutlich deutsche Juden namens Landsberg – wohl aus dem schönen oberbayrischen Landsberg am Lech –, die diesen Namen anglisiert hatten. (Deutsche Juden haben ja in der Regel eine von drei Namensformen: alttestamentarische Namen wie Levy, Cohen, Salomon, oder konkret dingliche wie Stein, Gold, Goldstein, oder eben auch geographische: Landsberg, Kissinger, Oppenheimer.)

Er war Erfinder, mein Großvater, *inventor*. Er soll, so mein Vater, noch vor Werner von Siemens den Dynamo erfunden und in London patentiert haben. Das muß dahingestellt bleiben, denn das Londoner Patentamt soll später abgebrannt sein. Von dieser Erfindung stammten jedenfalls seine Millionen nicht. Die stammten aus der gleichfalls patentierten Konstruktion eines kippbaren Tintenfasses, aus dem die Tinte nicht hinausfließen konnte – eines *unspillable inkwell*. Es hatte in seiner populärsten Version die Form eines schaukelnden Buddha aus Porzellan, in dessen offenen Schädel man den Federhalter tauchte.

Der wirkliche Knüller aber war Charles Lansburghs patentierter *blotter* oder Tintenlöscher. Dieser hatte, wie das zuweilen auch heute noch trotz nicht mehr löschungsbedürftiger Schreibgepflogenheiten zu sehen ist, die Form einer Wiege oder Wippe, *rocker*: oben als Griff ein meist kugelförmiger Knauf mit einer Schraube, die durch eine Platte hindurch ein Halbrund mit dazwischengeklemmten, austauschbaren Löschpapierstreifen festhält. Lieferbar in Marmor, Ebenholz, Nußbaum oder Blech. Ich sah das Ding mit Stolz auf Hitlers riesigem Schreibtisch (Marmor) und späterhin, dienstfertig vorgestreckt von einem Admiral, auf einem Panzerkreuzer beim Löschen der Unterschriften von Präsident Bush und Michail Gorbatschow. Das Patent ist inzwischen abgelaufen.

Das musische Element jedoch, das sich in meinem Vater zeigen sollte, auch in seinen stets voller Metaphern geschriebenen Finanzartikeln, dieses Element vertrat Charles Lansburghs Ehefrau Rahel, eine dunkelhaarige, großäugige dänische Jüdin, geborene Jacobsohn, die ihre Tagebücher auf französisch führte und der wir alle ähnlich sehen: mein Vater, meine Schwester und ich, meine zwei Kinder und eins meiner fünf Enkel, natürlich mein Augenstern.

Alfred Lansburgh, mein Vater, sprach seinen Namen *Landsburg* aus, nicht *Länsbörg* à la (grausam halbdeutsch:) *Edinbörg*. Man war damals in Deutschland noch nicht so englisch gesinnt wie heute. Trotz meiner grenzenlosen Anglophilie folge ich hier ganz meinem Vater. So antwortete ich kürzlich dem potentiellen Erben des österreichischen Thrones, der sich mir vor einer Fernseh-Talkshow des NDR mit einem schlichten *Habsburg* vorstellte, meinerseits mit einem ebenso schlichten *Landsburg*. Er sah mich starr an.

Aber zurück zu jener Bank in Cannes. Ob mein Vater seiner Schönen auch erzählte, daß er vom feudalen Französischen Gymnasium in Berlin aus Stolz und Trotz gegenüber jenen Diebsverwandten im Alter von achtzehn Jahren weglief, kurz vorm Abitur, in die »Freiheit»?

Das war sein und mein Unglück, das machte ihn zum selbstgelehrten, nie völlig etablierten Maverick und mich zu einem Möchtegern-Bürger. Man sehe nur die unzähligen lateinischen und griechischen Zitate, mit denen mein Vater, der verhinderte Professor, seine langen, professoral getönten finanzwirtschaftlichen Artikel spickte: ein Nachholbedarf für das fehlende Abitur und Studium, eine Kompensation für den aus diesem Grunde nie erreichten Lehrstuhl, ein Mangelkomplex, der ihn, natürlich gepaart mit maßloser Verachtung alles Akademischen, unbewußt bis ans Ende seines Lebens verfolgte, auch dann noch, als er ein weit und breit anerkannter, wenn auch stets um seine Existenz kämpfender deutscher Nationalökonom geworden war, über den andere ihre Doktorarbeit schrieben und Professoren wurden.

Apropos »weit und breit anerkannt«: Im September 1931, als das englische Pfund den Goldstandard verließ, lud unser durch den Währungssturz bestürzter Dannie Heineman den armen, aber berühmten Finanzschriftsteller Alfred Lansburgh zu einer wohlbezahlten Konsultation in sein Palais nach Brüssel ein. Ich begleitete Vater zum feudalen Train bleu, Anhalter Bahnhof, und war stolz auf ihn; ich hatte nun einmal, wie später noch näher auszuführen sein wird, einen Hang zum Feinen. Leider, so erfuhr ich später, erbrach sich mein Vater beim Luncheon im Palais Heineman – Aussprache nunmehr *än(e)ma(n)* –, weil der letzte Wagen des langen Train bleu, in dem sich sein Schlafwagenabteil befand, auf den Gleisen unerträglich hin- und hergeschaukelt hatte. Das war nun wieder gar nicht »fein«, und ich war traurig.

Das schöne, reiche, eigensinnige Mädchen auf der Bank in Cannes verliebte sich in diesen Mann. Nach drei Tagen waren sie verlobt und nach weiteren sechs Wochen, im Mai 1907, heirateten sie im piekfeinen Hotel Kesten oder Kasten in Hannover, nicht ganz zur vollen Begeisterung der Fabrikbesitzerseltern, aber immerhin mit einer Aussteuer von 120000 Goldmark. Und während Frida unmittelbar nach der Hochzeit die Blümchen und Blättchen auf den Damastservietten ihrer Aussteuer wieder auftrennte, die sie jahrelang auf Geheiß einer einfältigen Mutter hatte hineinsticken müssen, gründete mein Vater mit besagten 120000 Goldmark seine eigene Finanzzeitschrift in Berlin, *Die Bank*. Er führte diese Zeitschrift fast dreißig Jahre lang, bis sie 1933 von den Nazis »arisiert« und wegen ihres internationalen Prestiges von der Reichsbank (Hjalmar Schacht) übernommen wurde. Bald darauf folgte ein Schreibverbot für meinen Vater. An eine Auswanderung war bei seinem Alter und unserer finanziellen Lage nicht zu denken. Er nahm sich 1937 das Leben.

Sie hatte sich in diesen Mann verliebt, und, eigensinnig und konsequent wie sie war, sie liebte ihn unvermindert und eigensinnig ihr Leben lang. Sie war ihrem Mann eine großartige, tapfere Frau. Ihren Kindern war sie eine vernünftige, »moderne«, aber im Grunde uninteressierte Mutter. »Ich bin eine Rabenmutter«, pflegte sie zu prahlen, wenn sie mit ihrem geliebten »Fred« wieder einmal nach dem Süden reiste und meine Schwester und mich Isa und Anna überließ, zwei Schwestern aus dem Spreewald, Köchin und Kindefräulein. (Die 120000 Goldmark waren wohl noch nicht aufgebraucht, auch ging die Zeitschrift in manchen Jahren über Erwarten gut.)

Wie aber war es umgekehrt – hat mein Vater jene Frida ebenso geliebt, oder nur die Fabrikbesitzerstochter mit den 120000 Goldmark? Als er mich später einmal zu einer Ehe mit einer warmherzigen und steinreichen Bankierstochter überreden wollte, die ich »sehr gerne leiden mochte«, wie ich sagte, aber nicht »liebte«, meinte er: »Ich habe deine Mutter auch nur ›sehr gerne leiden‹ mögen, damals in Cannes. Heute, nach über dreißig Jahren, heute liebe ich sie.«

Als ich 1937 aus dem Spanischen Bürgerkrieg nach Frankreich entkommen konnte und der Zug des Nachts an einem Ort hielt, den ein schwach beleuchtetes Bahnhofsschild als »Cannes« auswies, fing ich hemmungslos zu weinen an. Ich hatte in einer spanischen Todeszelle gesessen, war unter Lebensgefahr entkommen, war wochenlang mutterseelenallein gewesen, im Terror des Bürgerkriegs, war wurzellos, mittellos, heimatlos, und jetzt die Tränen.

Cannes! O selige Bürgerlichkeit!

Nicht nur Frida Lansburgh, geb. Neuberg, liebte diesen Mann. Auch ich tat das und verehrte ihn dazu, sogar noch im Oppositionsalter und auch späterhin. Ein wenig Mitleid war sicher dabei: dieser ständige Existenzkampf, dieses Einzelgängertum.

»Jeder Mensch ist bestechlich«, erklärte er 1931 dem Generaldirektor der Deutschen Bank, einem Herrn Solmssen. Dieser wollte ihn bestechen, entscheidende Passagen seines gerade veröffentlichten Leitartikels in seiner Zeitschrift als »Irrtum« zu widerrufen. In diesem Artikel hatte er die skandalösen Umtriebe deutscher Großbanken gegen die daraufhin zusammenbrechende Darmstädter und Nationalbank (Danatbank) angeprangert – eine Bank, deren Genius der berühmte Jakob Goldschmidt war, ein Jude. (Der Zusammenbruch dieser Bank 1931 führte Hitler Hunderttausende von »betrogenen« kleinen Sparern und Rentnern zu; ja, es gibt Forscher, die sich Hitlers Machtübernahme ohne den »Danatkrach« nicht denken können.)

»Jeder Mensch ist bestechlich«, wiederholte mein Vater – er steckte wieder einmal in größten finanziellen Schwierigkeiten –, »aber um *mich* zu bestechen, Herr Solmssen, soviel Geld hat die Deutsche Bank nicht.« Und knallte den Hörer auf.

Ein Grund mehr, diesen Mann zu lieben. Ich hörte auf ihn, ich zitterte als Heranwachsender für ihn, daß er, der vielleicht allzu konservative, geradezu »kapitalistisch« orientierte Manchester-Liberale, in seinen Ansichten möglicherweise unrecht haben könnte. Ich begann seinetwegen das verhaßte Jurastudium, nur, um ihm nicht noch einen zweiten Maverick ins Haus zu bringen. Noch schlimmer: Um diesen ständig um unsere Existenz kämpfenden Mann nicht zu kränken, wagte ich nicht, eine klare politische Stellung zu beziehen, die wohl bei einem jungen Menschen zur Zeit Bert Brechts und Kurt Tucholskys weitaus linker gewesen wäre als Vaters konservativ gefärbter Liberalismus.

Oder hatte er gar recht? Seine ständige Betonung der unerbittlichen Gesetze von Angebot und Nachfrage, der jeder Planwirtschaft überlegenen Kräfte des freien Marktes – Lenin bezeichnete ihn daraufhin als einen »verstockten Reaktionär« –, das alles klang im Grunde ziemlich einleuchtend. Einleuchtend auch seine Definition des Kapitals, kontra Marx weniger der akkumulierte Mehrwert exploitierter Arbeit als vielmehr der Wert der *Idee*: Eine durch technische Innovation hoffnungslos veraltete Maschine hört auf, »Kapital« zu sein, gleichgültig, wie viele Arbeiter zu ihrer Herstellung »ausgebeutet« wurden. Und was Maschinen, ja überhaupt unser technisches Zeitalter mit seinen Rationalisierungstendenzen betraf, und damit Arbeit und Arbeitslosigkeit, so zitierte Vater den bekannten Satz in Herweghs Arbeiterlied – nur umgekehrt: »Alle Arme stehen still, wenn das starke Rad es will.«

War das alles so fürchterlich reaktionär? Auf jeden Fall war es nicht modern und radikal genug, um ihn und mich mit derlei Ansichten in die Reihen einer progressiven, oft jüdischen, Intelligenzija eingliedern zu können. Ich fing an, insgeheim linksradikale Berliner Juden zu hassen, die gefeierter waren als Vater – und entwickelte einen Groll, der mich ein halbes Leben lang verfolgte, bis hin zu der mir herzlich unsympathischen, wiederum ziemlich jüdischen »Frankfurter Schule«. Ich liebte diesen Mann.

Diesen Mann, der mit mir kaum je gespielt, mich nie geschlagen und nur selten mit mir geredet hatte; den ich bei Tisch kaum anreden konnte, weil er beim Essen fast stets geistesabwesend war; und den ich im übrigen nur arbeiten sah. Arbeit! »Ich brauche nur noch zwei oder drei Jahre zu leben«, hörte ich ihn einmal zu meiner Mutter sagen, es war in der Mitte der zwanziger Jahre, als seine Zeitschrift gut ging und seine Bücher immer neue Auflagen erlebten – »nur noch zwei bis drei Jahre, dann ist für euch alle ausgesorgt.«

Kinder sollten ihre Eltern nicht allzu innig lieben. »Schlechte« Eltern sind manchmal eine gute Erziehung zur Selbständigkeit. Es wäre kindisch, einen Vater lebenslang für die Geisteshaltung des Sohnes verantwortlich machen zu wollen; aber ich bin viel zu lange viel zu unselbständig, zu urteilslos, zu gehorsam ehrgeizig gewesen, zu bürgerlich ambitioniert. Da ist und war vor allem mein blindes, fast einziges, von einem Tag und Nacht arbeitenden Vater ererbtes Glaubensbekenntnis: ARBEIT. Das deutsche Kredo. Die Wurzellosigkeit des Exils, eine stets drohende Arbeitslosigkeit und ein dadurch immer verkrampfterer Drang nach Selbstverwirklichung haben diese Tendenz nur noch verstärkt. Arbeit! Wenn es auch nicht das schlechteste Glaubensbekenntnis ist, so ist es doch ein gefährliches. Auch Adolf Eichmann, der fleißige Deutsche, hatte bei seinen Judentransporten keinen anderen Leitstern.

Eine ähnliche Liebe zum Vater entdeckte ich später zu meinem Schrecken bei meiner Tochter Karin. Auch hier handelte es sich vielleicht um Mitleidsliebe zu einem Maverick, einem im schwedischen Exil immer wieder gescheiterten Emigranten. Doch als Karin etwa siebzehn war, fing sie an, mich mit reservierter Freundlichkeit zu behandeln, fast wie einen Fremden. »Was ist denn los, Karin«, fragte ich sie, »du bist ja plötzlich so weit weg.« Sie gab mir einen Kuß. »Paps«, sagte sie, »irgendwann muß man versuchen, sich frei zu machen.«

Zum Glück gelang es ihr. Schweden, das Land meiner Plagen, ist ihr zu einer glücklichen Heimat geworden. Auch ist sie kein besessenes Arbeitstier geworden, wie ich es allzulange war und vielleicht noch heute bin, sondern ein warmer, wahrer Mensch. Wohl ihr!

»Papi beim Lesen« steht auf der Rückseite meiner Zeichnung, »ich dreizehn, 1925«.

2
Graue Fledermäuse

Meine erste Erinnerung, ich war vier oder fünf Jahre alt, ist ein Traum. Ich sah Leuten beim Kegeln zu, und mir war bewußt, daß ich träumte. Da beschloß ich, einen Kegel »aus dem Traumreich« in die Wirklichkeit mitzunehmen – so sagte ich mir: »aus dem Traumreich«. Ich ergriff einen Kegel, hielt ihn fest, erwachte vor lauter Aufregung, hielt ihn immer noch mit äußerster Anstrengung fest, denn er zerrte und zog, er wollte natürlich zurück in sein Traumreich; ich umklammerte ihn krampfhaft, bis ich ihn im frühesten Morgengrauen vor mir sah: eine Stange meines Gitterbettes.

Dann erinnere ich mich noch an Isa und Anna, die zwei Spreewälderinnen, wie sie in voller Tracht mit den weißen, riesig breiten Spitzenhauben vor Karl von Gontards Kolonnaden im Berliner Kleistpark stehen. Sie halten meine Schwester Gerda und mich bei der Hand, Gerda acht, ich etwa vier. Ganz schwarz und zigeunerisch sahen wir aus gegen Isas und Annas kreideweiße Schürzen.

Gerda schielte. Sie tat das ihr Leben lang, war »ungleich entwikkelt«, wie meine Mutter zu sagen pflegte, hatte verkrümmte Finger, einen »Wackelpopo« (Kinder riefen ihr das auf der Straße nach), kam in der Schule und auch im Leben nie recht mit. Sie war so etwas wie ein »Menubel«, ein jiddisches Wort für eine gerade in jüdischen Kreisen recht häufige Form körperlicher Unschönheit und Plumpheit, vielleicht Folge früherer Getto-Inzucht oder auch eine Degenerationserscheinung bei einem sehr alten Volk.

Gerda, christlich getauft wie wir alle, fand ihre Rettung in der Religion, bei den Baptisten in der Hohenstaufenstraße in Berlin, wo sie als vollwertig angesehen und »Schwester« genannt wurde. Das richtete sie auf. Als dann Hitler kam, schloß die Baptistengemeinde Gerda als »Nichtarierin« aus. Ich ließ sie zu mir nach Schweden kommen, aber das half nicht mehr; sie nahm sich dort das Leben.

Einmal, als ich noch sehr jung war, nahm mich Gerda zu ihrer Baptistengemeinde mit, wohl um mich zu bekehren. Was mich dort störte, war eine Lappalie: Im Choralgesang der Gemeinde sangen die Brüder und Schwestern jedes scharfe »s« aus lauter Frömmigkeit so inbrünstig scharf und langgezogen, daß es einem wie Messer ins Herz schnitt: Jesuß, Gotteß, Christuß. Sonst hätte ich mich vielleicht bekehren lassen.

Meine erste Erinnerung an Gerda ist ihr schönes, großes Puppenhaus, das uns beide um Kopfeshöhe überragte – so wenigstens sehe ich es heute vor mir. Gerda ließ mich mitspielen, wir brachten die Puppen ins Bett oder backten Kuchen aus dicker Pappe, die wir auf einer Reibe zermahlten und in die kleinen blechernen Kuchenformen preßten (Mehl war knapp, es war Krieg oder kurz danach). Bis ich im Gegensatz zur still weiterspielenden Gerda entdeckte, daß es in ihrem Puppenhaus recht viel andere Beschäftigungsmöglichkeiten gab. Ich tapezierte neu, malte die weißen Türen gelb, grün und rosa an und machte im Verlauf dieser Arbeiten eine neue Entdeckung: Im Papiergeschäft gab es Tuben mit Goldfarbe. Worauf ich in heller Begeisterung – auch Gerda hatte nichts dagegen – sämtliche Türen und Außenwände sowie Eingang und Treppen des Puppenhauses mit dem herrlichen Gold anmalte. Meine Ohren glühten, ich fieberte in seligem Schaffensdrang.

Gegen Abend betrachtete ich das vollendete Werk. Zuerst wollte ich es um jeden Preis schön finden, bald aber wurde mir klar: Das Puppenhaus war zerstört. Gerda spielte friedlich weiter.

Erst viel später, als Vierzigjähriger etwa, lernte ich eine schöne englische Redewendung kennen: *Don't gild the lily*, vergolde die Lilie nicht! Ich tendiere zuweilen immer noch dazu, neige leider zu einem etwas »überinstrumentierten« Stil. Vielleicht die Folge eines langen Exils: Aus großer Entfernung spricht man gerne überlaut und überdeutlich. Ich kämpfe immerfort dagegen an, hoffentlich mit Erfolg.

Dann sehe ich Gerda und mich ein paar Jahre später an einem Wegrand liegen, in Buchenwald. Das war kein Konzentrationslager, sondern ein Gasthof in der Uckermark, den mein Vater etwa 1919 als Kapitalanlage aus Furcht vor der kommenden Geldentwertung gekauft hatte. Unermüdlich hatte er in allen seinen nationalökonomischen Schriften vor der drohenden Inflation als einem schamlosen Volksbetrug gewarnt: »Das Geld ist ein *Recht* und darf kein Unrecht werden.« Er hätte dank seiner singulären Voraussicht Millionär werden können, wollte aber kein »Raffke« sein, noch dazu ein jüdischer.

Der Gasthof Buchenwald war verpachtet, aber in den Sommerferien bewohnten wir dort zwei Zimmer. Wir lagen am Wegrand, Gerda und ich, sahen in den Himmel und formten um die Wette Gestalten aus den dicken Wolken. »Ein Kamel!« rief ich aus, und dann Gerda, als sich die Wolke verformte: »eine Giraffe!« Dann ich: »Großmuttis Perücke!« Und dann wieder sie. Ich war etwa sieben Jahre alt, sie etwa elf, und zum erstenmal hatte ich ein ganz starkes und lichtes Gefühl: Bruder und Schwester.

Ich hatte dieses Gefühl wieder, als ich 1946 Gerda ganze tausend Schwedenkronen schenkte, damit sie ihre alte Baptistengemeinde in der Hohenstaufenstraße von Schweden aus besuchen konnte, nach dem Zusammenbruch. Sie wollte das, trotz allem, und tat es auch. Aber wie ich schon sagte, es half alles nichts mehr. Auch hatten sie die kriecherischen Anbiederungsversuche ihrer ehemaligen Brüder und Schwestern trauriger denn je gemacht.

Der Gasthof Buchenwald lag mit seinen Gartentischen idyllisch unter hohen Buchen auf einer reizenden kleinen Anhöhe in der Nähe des kleinen Dorfbahnhofs. Ich habe als Kind an diesem Dorfbahnhof jeden Sonnabend und Sonntag unsäglich gelitten. Die kleine Puffpuff-Bahn kam aus dem nahen Prenzlau mit einer großen Menge bier- und kaffeedurstiger Ausflügler. Ich stand auf dem Bahnhof, um zu sehen, wie viele Ausflügler zu »uns« und wie viele zu Frau Mielkes Kaffeegarten gehen würden, der ungleich häßlicher war: Er lag direkt an einer staubigen Chaussee, auf der knatterige Autos zur Ostseeküste ratterten; auch hatte er keine Bäume, keinen Hügel, überhaupt nichts weiter als nüchterne, von der Brauerei gelieferte Klappstühle an einer Landstraße. Mit klopfendem Herzen sah ich nun jedesmal auf dem Bahnsteig, wie sich die Menge teilte, nach links oder nach rechts. Die meisten, ja fast alle – es verfolgt mich noch heute – gingen nach rechts zu Frau Mielke. Ich habe den Grund hierfür bis auf den heutigen Tag nicht herausgefunden, vielleicht, weil ich immer noch an den guten Geschmack der Menschheit glauben möchte.

Glaubte ich an Gott? Pastor Braun an der Apostel-Paulus-Kirche in Berlin-Schöneberg, einem neugotischen roten Backsteinbau direkt gegenüber meiner neugotisch roten Backsteinschule, trug bei den Schulgottesdiensten einiges zu meiner Gläubigkeit bei. Wie schwer es sei, und doch wieder wie leicht, zu glauben, beleuchtete er in einer Predigt mit einem Gleichnis. Er habe einmal, sagte er, seine goldene Uhr und die goldene Kette auf diese Kanzel gelegt und beides, die goldene Uhr und die goldene Kette, demjenigen als Geschenk versprochen, der zuerst zu ihm heraufkäme und das Geschenk an sich nähme. Keiner, so schloß er mit Stentorstimme, keiner wäre zu ihm auf die Kanzel heraufgekommen, weil keiner *geglaubt* hätte. Hätte nur einer *geglaubt*, er, Pastor Braun, hätte ihm die goldene Uhr gegeben, und die Kette.

Nach dieser Predigt ging ich jeden Sonntag in den Gottesdienst des Pastor Braun in der Apostel-Paulus-Kirche, vor allem deshalb, weil ich eine stille, ganz geheime Hoffnung nährte, er könne sein Gleichnis von der goldenen Uhr eines Tages in praxi wiederholen. Aber er tat es nicht, und ungeduldig stand ich seine langen Gebete durch, die mir immer so vorkamen, als gäbe er dem lieben Gott Religionsunterricht. (»Du, der Du Deinen eingeborenen Sohn Jesus Christus... und der Du kraft Deiner Barmherzigkeit und Gnade durch den Heiligen Geist...« et cetera.) Dennoch, ich *glaubte* und ging sogar in Pastor Brauns BK oder Bibelkranz. Hier trat ich mit meinen elf Jahren zum ersten und zum letzten Mal in meinem Leben als Organisator auf. Die Sache kam so:

Wir machten mit dem BK einen Ausflug an den Wannsee. Dort erhielten wir in einem frommen Zelt Sammelbüchsen aus Pappe, ich glaube für Kollekten für eine neue Kirchenglocke, wobei das Geld jedoch nur im engsten Familien- und Freundeskreise eingesammelt werden durfte. Ich weiß nicht, was in mich fuhr, aber auf dem Nachhauseweg beschloß ich in meinem Glaubenseifer, einen eigenen BK, jetzt Bibel*kreis* statt *-kranz*, zu gründen und überzeugte meine Kameraden Fritz Lantzsch und Kuno Schrey davon, für diesen Bibelkreis auf der Straße mit unseren Kirchenglocken-Büchsen Geld einzusammeln.

Fritz Lantzsch und Kuno Schrey sahen ein, daß an einem so frommen Zweck nichts Böses sein konnte, und bald befanden wir uns auf den Straßen von Berlin und sammelten.

Die Büchsen waren an sich für Münzen bestimmt, doch Münzen

hatte keiner der von uns angesprochenen Fußgänger. Man drückte uns statt dessen Banknoten in die Hand, oft bündelweise (meine großen schwarzen, späterhin nichtarischen Augen schienen viele Herzen zu erweichen) – Zehntausender, Hunderttausender, Millionenscheine, Milliardenscheine, zweimal sogar einen Billionenschein: Es war 1923, die Inflation.

Am Abend versammelten wir uns bei mir zu Hause – die Eltern waren verreist –, der lange Fritz Lantzsch, der dicke Kuno Schrey und ich. Wir kramten unsere Millionen aus allen Taschen und Tüten, häuften sie auf den Eßtisch und mußten diesen schließlich zu beiden Seiten ausziehen, um ein bißchen Ordnung in die Papierberge zu bringen. Der Anblick war beunruhigend. Geld, bares Geld überall auf dem großen, ausgezogenen Eßtisch. Wie ein Massengrab von Fledermäusen sah das Ganze aus.

Wir begannen am unteren Tischende mit Zehntausendern und arbeiteten uns dann systematisch Stoß für Stoß tischaufwärts vor: Fünfzigtausendmarkscheine, Hunderttausend, Hunderttausend mit Aufdruck 1-10 Millionen, Millionenscheine, Milliardenscheine, zunächst zu je einer Milliarde und dann, gesondert, solche mit Aufdruck 50, 100, 500 Milliarden, und schließlich stolz zuoberst am Eßtischende unsere zwei Billionenscheine, die wir in der Kulmer Straße, einer besonders ärmlichen Gegend, ergattert hatten. Arme Leute sind am freigebigsten.

Es waren insgesamt 3 472 630 700 000 Mark. Des Abends, auf dem Wege ins Bett, mußte ich noch einmal an dem großen Eßtisch vorbei, allein. Ich versuchte nicht hinzusehen und ging sehr schnell. Die grauen Fledermäuse verfolgten mich, wollten mich nicht schlafen lassen: Ich war ein Betrüger.

Erst als ich am nächsten Morgen in einem Devotionalienladen bei der katholischen Kirche am Winterfeldplatz erfuhr, daß das Geld für eine billige Bibel reichte, ja daß ein paar hundert oder tausend Millionen noch für ein kleines vernickeltes Kruzifix übrigblieben, überkam mich etwas Seelenruhe. Am Nachmittag schafften wir, Fritz, Kuno und ich, das Geld in einem alten Koffer in den Laden, aber inzwischen waren die Preise weiter gestiegen, unser Vermögen reichte jetzt nur noch für das kleine Kruzifix.

Ein Bibelkreis ohne Bibel war undenkbar. Verschämt, nur um uns vor uns selber zu rechtfertigen, kauften wir das Kruzifix und wußten nichts damit anzufangen. Kuno meinte verlegen, er könnne es, da es aus Metall sei, allenfalls als Kontakt für seine selbstgebastelte elektrische Eisenbahn verwenden, als Ein- und Ausschalthebel sozusagen; aber dies fanden Fritz Lantzsch und ich nicht »standesgemäß«, wie wir sagten, und so beschlossen wir, das Kruzifix meiner frommen Schwester Gerda zu schenken, die es bis an ihr Lebensende bei sich trug.

»Die deutsche Nationalökonomie stand dem Phänomen der Inflation und einer fieberhaft druckenden Notenpresse ratlos gegenüber. Einzige Ausnahme: Alfred Lansburgh.« So stand es zu meiner Studentenzeit in Schäffers berühmten »Blauen Heften«, dem Repetitorium für Studenten, die kurz vor dem Examen standen. (Aus dem Gedächtnis zitiert.)

Siegfried Jacobsohns und Carl von Ossietzkys »rote« Weltbühne druckte die Warnungen dieses alles andere als roten Einzelgängers ab – Warnungen, die er seit etwa 1920 zwecks größerer Verbreitung in populärer Form als »Briefe eines Bankdirektors an seinen Sohn« unter dem Pseudonym »Argentarius« veröffentlicht hatte. Als mein Vater Siegfried Jacobsohn einmal erzählte, daß dieser »Sohn« seiner Briefe in Wirklichkeit noch ein Kind sei, kam, so mein Vater, Kurt Tucholsky im Auftrag Siegfried Jacobsohns zu uns herauf und schenkte mir einen Spielzeug-Druckkasten, so einen mit Stempelbuchstaben auf schmalen grauen Gummistreifen.

Am liebsten würde ich sagen: Das hat mich zum Schriftsteller gemacht.

Oder waren es Vaters Korrekturfahnen, deren unbedruckte Seite wir nach dem Krieg, so um 1919 herum, als Toilettenpapier benutzten? Oder war es jene größte literarische Chance meines Lebens, deren fahrlässiges Versäumnis noch heute wie eine offene Wunde blutet?

In der Luitpoldstraße, wo wir wohnten (Berlin-West), befand sich Ecke Eisenacher Straße eine Buchhandlung namens Wohlin. Diese hatte in ihrem Schaufenster handschriftlich ein Preisausschreiben angekündigt, das als ersten Preis für den werbemäßig besten Reim auf die Buchhandlung Wohlin ein großes, in echtem Schweinsleder gebundenes Wilhelm-Busch-Album verhieß, das verführerisch im Schaufenster prangte. Lange dachte ich über einen geeigneten Spruch nach, bis mir während des stets nebelhaften Mathematikunterrichts, gleichsam im Halbschlaf, ein großartiger Reim einfiel: »Was machen sie im Zeppelin?« – Hugo Eckeners Wunder-Luftschiff »ZR3«, deutsche Reparationsleistung an die Alliierten, hatten wir gerade in geschlossenen Schulklassen auf dem Tempelhofer Feld nach Amerika fliegen sehen, ganz tief war es geflogen, riesig groß kam es aus einer Wolke heraus, daaa!, ein silbergrauer, sonnenbestrahlter Luft-Wal – also: »Was machen sie im Zeppelin? / Sie lesen Bücher von Wohlin!«

Aus unerfindlichen Gründen, vielleicht, weil ich mit meinen zwölf Jahren denn doch noch ein wenig an meinem schriftstellerischen Talent zweifelte, reichte ich den Vers nicht ein. Bald aber sollte sich herausstellen, daß »mein« Wilhelm-Busch-Album, wie mit großen Buchstaben in jenem Schaufenster angezeigt, als erster Preis an einen Kurt Pichowiak für folgenden Spruch verliehen worden war: »Geht doch bitte alle hin / Zu den Büchern von Wohlin!«

Es ist und bleibt eine offene Wunde.

Wo gerade von verpaßten literarischen Chancen die Rede ist, und von Bibelkreisen und Baptisten, fällt mir ein Verlag in Aßlar ein.

1977. Ein neuer Rückkehrversuch aus meinem nunmehr fast vierzigjährigen schwedischen Exil nach Berlin war fehlgeschlagen, ich hatte mich dort nicht länger als fünf Monate mit schlecht oder gar nicht bezahlten freiberuflichen Arbeiten über Wasser halten können. Der letzte Strohhalm für eine Bleibe in Deutschland war eine ziemlich positive Antwort auf eine von mir aufgegebene Anzeige, und zwar ein Stellenangebot als Übersetzer aus dem Englischen in einem »evangelikalen« Verlag in Aßlar (wo war das?); allerdings, so hieß es in dem Brief des Verlages, diese Anstellung hinge von meiner »Einstellung zu Gott« ab.

Einstellung zu Gott? Die können diese guten Leute gratis haben, wenn sie mich nur anstellen, sagte ich mir, packte hoffnungsfroh meine beiden schweren Koffer für eine Zukunft in Aßlar und kündigte telefonisch meinen Vorstellungsbesuch für den nächsten Tag an. Man antwortete freundlich, betonte aber nochmals die Wichtigkeit meiner Einstellung zu Gott.

Aßlar, etwa sechs Stunden von Berlin entfernt, in der Nähe von Wetzlar, besaß einen Bahnhof, der einer größeren Hundehütte glich.

Es regnete in Strömen, auch gab es dort keinen Platz, meine Koffer abzustellen. Im Regen schleppte ich mich mit ihnen durch den »Aßlar« genannten Flecken: ein paar Häuser, Baracken und Stallungen, nicht mehr. Mein zukünftiger Lebensraum? Vielleicht bei schönem Wetter gar nicht so übel. Weit mehr als die halbe Menschheit lebt in kleinen Flecken. Bescheide dich! ARBEIT!

Nach einigem Herumfragen fand ich den Verlag, ein kleines Haus, das außerdem noch einen Fleischerladen und eine Garage beherbergte. Aber Kopf hoch! Ich wartete lange im Flur, dann führte mich eine kleine Dickliche, offenbar die Tochter des Hauses, an Regalen vorbei, die mit Stapeln von versandfertigen Taschenbüchern angefüllt waren (gut!), hinein in ein größeres, mit graugelb karierten Plüschmöbeln ausgestattetes Zimmer. In einem Sessel saß ein älterer Herr, offenbar der Vater der Dicklichen, der Verleger. Neben ihm, stehend, ein priesterlich schwarzgekleideter, gutaussehender junger Mann, zu dem meine Dickliche voller Liebe und Bewunderung aufblickte.

Ob ich an Gott glaube, fragte man. Ich antwortete mit einem lauten Ja. Aber *wie* ich denn an ihn glaube, fragte der Schwarzgekleidete.

Ich sagte, ich glaube an die Bergpredigt und (das war wohl leicht übertrieben) an die Zehn Gebote – »absolut«, fügte ich zwecks größerer Glaubwürdigkeit hinzu und bangte um meine Existenz.

»Ist das alles?« Der Schwarze war entrüstet. Ich glaube also nicht daran, daß jedes Wort der Bibel, Altes und Neues Testament, *jedes Wort*, die direkte und unmittelbare Offenbarung des Heiligen Geistes sei?

Ich zauderte. Der Schwarze durchschaute meine schwarze Seele und stellte lapidar fest: »Dann können Sie auch unsere Bücher unmöglich aus dem Englischen und Amerikanischen übersetzen.«

Der Vater-Verleger fuhr mich zum Bahnhof, nicht ohne Stolz vorbei an einem auffälligen Schild, das mit einem dicken Pfeil den Weg zu einem privaten Rundfunksender irgendeiner Sekte wies. Nein, vorher bog er noch zu sich ein, wir aßen Mittag in seiner bescheidenen Wohnung, die Dickliche servierte. In seinem Tischgebet bat er um die Erlösung eines armen, jetzt unter uns weilenden Verblendeten. Es gab Kabeljau, wie einst zu Hause. Ich hasse Kabeljau.

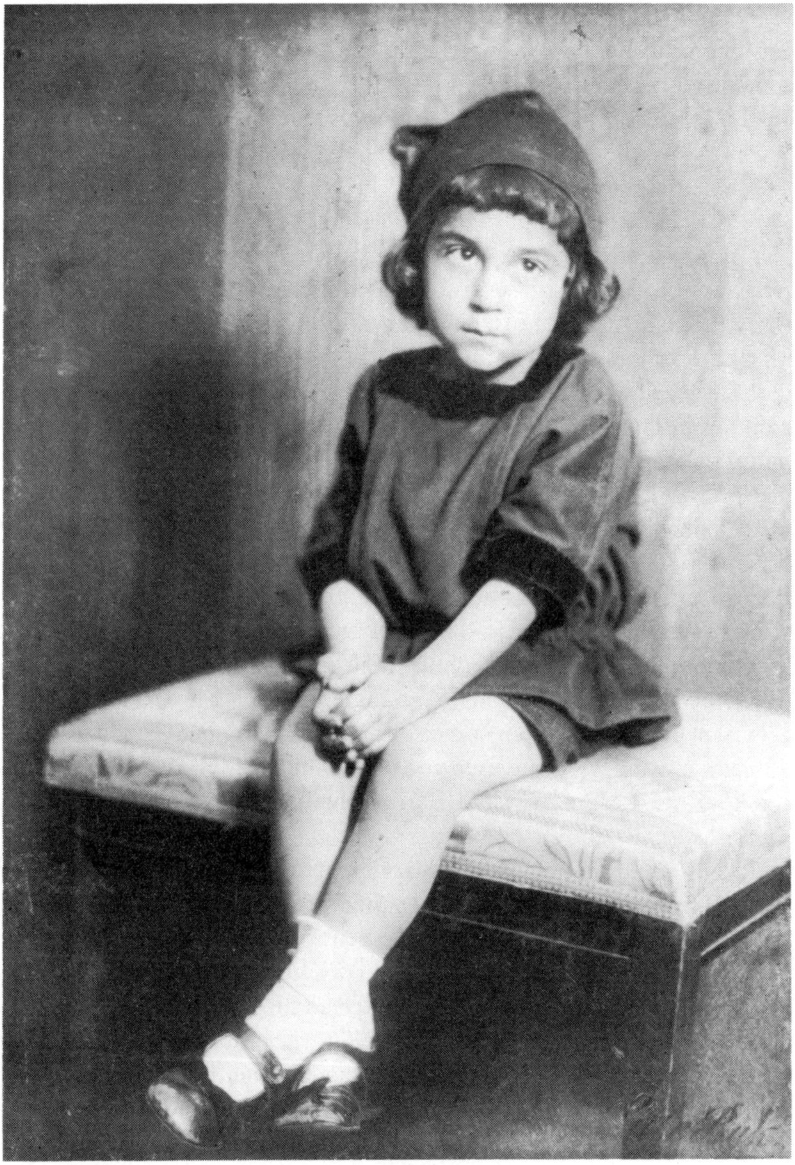

Mein dunkelgrüner Samtanzug war aus einer Portiere im Herrenzimmer geschnitten. Es war Krieg.

3
Die Turnhalle

Auf unserer Toilette in der Luitpoldstraße klappte ich in meiner frühen Kindheit stets die braune, hölzerne Brille hoch und setzte mich direkt auf den kalten, oft nassen Rand des Porzellanbeckens, weil ich glaubte, dieses schöne weiße Porzellan sei nur für Besuch bestimmt, also besonders »fein«.

Der Hang zum Feinen hat mich meine ganze Jugend hindurch begleitet und wirkt auch heute noch als eine nur schwer unterdrückte, hoffentlich immer schwächere Tendenz zum Snobismus fort. Als Kind litt ich unter den verschiedenen Formen von Trinkgläsern, die alltäglich auf unserem Mittags- und Abendbrottisch standen – bei »Gesellschaften« natürlich nicht, Gott bewahre, da gab es ja unser »Kristall«. Auch litt ich unter meinen Schulbroten, die nicht so dünn und »fein« bestrichen waren wie die meiner Klassenkameraden. Unsere Möbel, Lampen, Teppiche sah ich in meinem Feinheitsdrang nicht mit eigenen Augen an, sondern mit denen von »Besuch«: Das Ganze wirkte muffig. Besonders, wenn wir aus der Sommerfrische an der Ostsee mit der Pferdedroschke durch das staubig-glutheiße Berlin nach Hause kamen, das stickig teppichbelegte Treppenhaus hinauf. Ich litt.

Und doch bestand unsere Wohnung aus ganzen acht Zimmern in der zweiten Etage, mit einem Aufgang »nur für Herrschaften« und einer Hintertreppe für Dienstboten, die im Erdgeschoß durch einen gruselig dunklen Kellergang führte. An dieser Hintertreppe lag naturgemäß die Küche mit zwei höhlenartigen Mädchenzimmern für Isa und Anna, unsere zwei Spreewäldlerinnen, die ich heute noch vor mir sehe, wie sie sich in der Küche auf sorbisch anschrien und schließlich mit Besen aufeinander losgingen. Vor den großen weißen, oben mit blauen Schablonen verzierten Küchenschränken.

Isa schenkte mir übrigens zu meinem sechsten oder siebten Geburtstag eine große rot-weiße Fuchsie in einem Blumentopf mit rosafarbener Kreppmanschette. »So ein dummes Ding weiß eben nicht, was ein Junge in dem Alter gerne haben möchte«, kommentierte meine Mutter. Seitdem sind diese Fuchsien trotz ihrer etwas spießig herausgeputzten roten Röckchen und weißen Unterröckchen meine Lieblingsblumen.

Da war noch etwas anderes mit Isa und Anna. Ihre alte Mutter im Spreewald, bei Cottbus irgendwo, so berichteten die beiden einmal, schlief während des Krieges ohne Matratze auf den harten Fliesen einer zugigen Küchenecke, weil doch ihr Jüngster, der Hans-Gerhard, an der Westfront auch auf dem harten Schützengrabenboden schlafen müsse.

Meine Mutter gab diese Geschichte immer wieder im Kreise von Freunden und Bekannten preis. (»So eine dumme Gans, als ob ihr Sohn auch nur das Geringste davon hätte!«) Man zollte ihr Beifall, auch wir Kinder taten das, wir glaubten blind an den unumstößlich nüchternen Sachverstand unserer Mutter. Bis ich eines Tages, ich war wohl dreizehn oder vierzehn, als sie sich wieder einmal bei einem Damentee in dieser Geschichte erging, völlig unbeherrscht und unberechnet durch die offene Tür des Nebenzimmers brüllte: »Natürlich hatte der Sohn etwas davon, sehr viel sogar hatte er davon, UNERMESSLICH VIEL!«

Das war der Anfang dessen, was meine Mutter fortan »Bullern« nannte, worunter sie eine Art von oppositionell pubertärem Aufbrausen verstand. Es nahm ihr gegenüber, wenn auch mit den Jahren in etwas zivilisierteren Formen, zeit ihres langen Lebens ständig zu.

Soviel zu Isa und Anna. Von der Küche aus führte ein langer dunkler Korridor ins »Schrankzimmer«, wo auch die Nähmaschine stand und wo ich als Kind Kakao und Bahlsens Leibniz-Keks zu bekommen pflegte, wenn ich über Kopfschmerzen klagte. Aus diesem Grunde war das Schrankzimmer der Schauplatz meiner ersten Gewissenskämpfe: Hatte ich wirklich Kopfschmerzen oder bildete ich sie mir nur ein, ja gab ich sie etwa fälschlich vor, um Kakao und Leibniz-Keks zu bekommen?

Küche, Korridor und Schrankzimmer führten ins Eßzimmer, das typische »Berliner Zimmer«: ein großer halbdunkler, mit einem einzigen Fenster zum Hinterhof hin versehener Durchgangsraum, durch den sich der gesamte Verkehr in alle Richtungen der Wohnung bewegte, mit einem dementsprechend an allen Seiten abgetretenen Teppich (ich litt). Das Zimmer wurde von einem riesigen eichenen Buffet beherrscht, das einer Kathedrale glich – unten gedrungen romanisch, oben gotisch, mit geschliffenen Spiegeln versetzt. Es bedrückte, es war nicht »fein«. Auch die dunkelgelbe, krinolinenförmige Tuchlampe über dem Eßtisch bedrückte (es gab schließlich Kristallkronen), auch wenn dieses Tuchding für Gesellschaften »Oberlicht« hatte und unten eine herrschaftliche Klingel für Isa und Anna herabbaumelte.

Viel weniger bedrückte dagegen der große, ebenfalls eichene und mit seinen gedrechselten Beinen kaum schönere Eßtisch unter der Tuchkrinoline. Vielleicht, weil ich stolz darauf war, daß Isa und Anna von dem hier aufgetragenen Essen *vorher* ihren Teil in der Küche einbehalten durften. Das war ungewöhnlich, Dienstmädchen bekamen zu jener Zeit entweder gesondertes Essen oder das, was von der Mahlzeit übrigblieb. So wenigstens in den meisten nichtjüdischen Familien, was ein weiterer, von Soziologen bisher übersehener Grund für den deutschen Antisemitismus war: Juden, so hieß es, verwöhnten und verdürben unsere Dienstmädchen.

Vom Eßzimmer ging es über eine recht muffige, Kelim-geschmückte Diele, vorbei an einem Attrappen-Kamin (ich litt), in das Wohnzimmer, einen mit hochpolierten, geflammten Birkenmöbeln von dem Nobelgeschäft Pfaff »komplett« möblierten Raum. Derlei fertige Möbelgarnituren für ein ganzes Zimmer beunruhigten mich als unfein, diverse antike oder auch nur ehrlich ererbte Möbel hätten mir weit mehr zugesagt. Weshalb mein einziger Stolz in diesem Zimmer – außer dem spektakulären Bechstein-Flügel, an dem ich mehr posierte als spielte – zwei kleine Chodowiecki-Stiche in Birkenholzrahmen waren, auf jeden Fall, bis ich erfuhr, daß sie von der Firma Pfaff »komplett« mitgeliefert worden waren.

Auch das neben dem Wohnzimmer gelegene Herrenzimmer war komplett geliefert worden, echt Eiche, mit flach geschnitzten Eulen und korinthischen Kapitellen, vielleicht sogar einschließlich des großen bronzenen Colleoni auf seiner eichenen, ebenfalls mit Eule und Korinthischem geschmückten Säule; aber die vielen Bücher an den Wänden und der schöne dunkelrote Buchara-Teppich auf dem Parkett trösteten ein wenig. Auch verbindet mich mit diesem Teppich noch heute eine der schönsten Erinnerungen an meine Mutter. Ich war vier oder fünf, stolperte über die Teppichkante, und die kostbare van Eycksche Kaffeemaschine (so hieß sie wohl, das Wunderwerk), die ich aus der Küche geholt hatte und zu Vaters Überraschung im Herrenzimmer auf den Schreibtisch stellen wollte, lag mitsamt Tasse und Teller in Scherben am Boden. Ich weinte bitterlich, war verzweifelt, meine Mutter kam herbei, ich zitterte am ganzen Körper, aber sie streichelte mich und sagte: »Dafür kannst du doch gar nichts, du hast ja nur helfen wollen.«

Was außer Wohnzimmer und Herrenzimmer »vorne«, zur Straße hin, übrigblieb, war Gerdas Zimmer und der Eingangsflur. »Hinten«, direkt neben dem Berliner Eßzimmer, lag mein eigenes kleines Zimmer, von dem aus ich des Nachts im Bett alle Ereignisse im Eßzimmer mithören konnte. So bangte ich bei »Gesellschaften« mit Herzklopfen, ob nebenan endlich das Stimmengewirr angeregter Tischgespräche in Gang kommen und somit einen geretteten Abend verheißen würde. Auch hörte ich oft des Nachts Diebe im Eßzimmer an der Arbeit – dort stand der Silberschrank –, schlich mich zu meinen nebenan schlafenden Eltern und flüsterte zitternd, ich habe gehört, wie sie das Silber »in Seidenpapier einwickelten«.

Obwohl mir unser Silber nicht »fein« genug war. Es war im »ersten Geschäft« gekauft (bei Raddatz in der Friedrichstraße), komplett für vierundzwanzig Personen, in einem Silberschrank aus Mahagoni, der seinerseits im Kathedralen-Buffet untergebracht war. Bei von Bardeleben, meinem Klassenkameraden, hatten sie altes, uraltes Familiensilber, das war eben fein. Und arme Bauern hatten schlichte Holzlöffel, das war vielleicht sogar noch feiner. Je älter ich wurde, desto unfeiner waren wir in meinen Augen. Erst als wir kurz vor Hitler in ein feudales Mietshaus in der Landshuter Straße 15 zogen, direkt gegenüber von Albert Einstein, war ich einigermaßen beruhigt.

Dieser Feinheitsdrang ist vielleicht vielen Kindern und Jugendlichen eigen, wohl ein innerer Trieb zur Gruppenanpassung oder eine natürliche Opposition zu den Eltern. Nur dauerte die Sache bei mir überaus lange. War es ein Drang zum Insidertum, wo mein Vater ein Außenseiter war? Auf jeden Fall war es eine Sehnsucht nach dem »Echten«: ein unterschwelliges Unbehagen darüber, daß das Milieu, das mich umgab, etwas Künstliches, etwas Unechtes an sich hatte.

Wir waren sogenannte assimilierte Juden. Nun sind ja die meisten

Juden, außer den streng orthodoxen, mehr oder weniger assimiliert, haben also ganz oder teilweise die Sitten und Gebräuche, die Sprache und die Kultur ihres Wohnlandes angenommen. Juden wie Walther Rathenau oder Sigmund Freud waren weiß Gott assimiliert, trotz ihres mosaischen Glaubensbekenntnisses, das für sie eine reine Formsache war. Wir aber waren, wie recht wenige Juden, noch einen Schritt weitergegangen: Meine Eltern hatten uns Kinder christlich taufen lassen und waren gleichzeitig selber zum Christentum übergetreten, nicht gerade zum Entzücken meiner Großeltern. Das war nicht aus gläubiger Bekehrung, sondern pro forma geschehen; meine Eltern wollten ganz einfach »wie alle anderen« sein, wie das auch Heinrich Heine durch die Taufe hatte sein wollen, und sogar Karl Marx.

Aber waren wir »wie alle anderen«? In meinen Augen waren wir es nicht. Wir standen gleichsam zwischen den Klassen, waren nicht Fisch, nicht Fleisch. Orthodoxe Juden mit ihren lächerlichen Löckchen und langen Kaftanen schienen mir echter, wenn wir auch nichts von ihnen wissen wollten. Auch die Holzlöffel bettelarmer Bauern schienen mir – ich sagte es schon – echter als unser ganzes »echtes« Silber von Raddatz.

Oder war ganz Berlin und halb Deutschland ebenso talmi? Waren wir nur das Spiegelbild einer halbzivilisierten, neureichen Nation? »Jedes Volk hat die Juden, die es verdient«, pflegte mein Vater zu sagen.

Ich lechzte nach »Echtem«. Erst spät, vielleicht erst im schwedischen Exil, wurde mir klar: Ich war ohne Kultur aufgewachsen. Gewiß, meine Eltern waren »hochgebildet«, wie man auf deutsch zu sagen pflegt: Meine Mutter sprach vier Sprachen (es mochte ihrem indiskreten Naturell entsprochen haben); mein Vater las ihr nachts im Bett das jeweils letzte Stück von Bernard Shaw oder Marcel Pagnol vor, oder auch ein eigenes Theaterstück oder Tucholskys neuesten *Wendriner*; sie unterhielten sich auf französisch, wenn wir Kinder sie nicht verstehen sollten; sie diskutierten André Gide, Proust und Thomas Mann – weshalb ich mein Milieu lange und sehr deutsch als »hochkultiviert« empfand. Als mir einmal der Basler Germanist und Anthroposoph Ernst von Schenck, in dessen E. T. A.-Hoffmann-Zirkel ich als junger Emigrant ging, auf meine Frage, was ich für meine weitere Entwicklung tun solle, freimütig antwortete, ich könne »ruhig ein bißchen Kultur ansetzen«, war ich entrüstet: meine Familie! Und schließlich hatte ich selber das Abitur »mit Auszeichnung« gemacht und hatte Cervantes und Dante im Original gelesen! Nach einigen Jahren aber sah ich ein, daß er recht gehabt hatte.

Ich wurde nicht zum Zuhören erzogen, zu einem lebenden Interesse für andere – nicht einmal eine Katze hatten wir –, zu mitbürgerlichem Engagement, zu humorvoller Toleranz und Stille, kurz: nicht bewußt sozial (bis auf unsere gute Behandlung von Isa und Anna) – nicht »zivilisiert« im englischen Sinne. Dieses Manko wohl deshalb, weil die vorherrschende Einstellung unter Juden damals eine Art Defensive, eine Art Selbstverteidigung war, ja vielleicht sogar ein »Rette sich, wer kann«. Aber war das nicht fast jedermanns Devise in den zwanziger Jahren, wenn nicht gar zu jeder Zeit? Und warum hatte man mir nicht die Spur sozialen Verhaltens in der Schule beigebracht?

Oder war diese Art von Unkultur am Ende doch spezifisch für meine Familie? War ihr wirklicher Grund eine allzu oberflächliche Assimilation, die Wurzellosigkeit meines Vaters, der merkantile Provinzialismus meiner Mutter? Wie oft mußte nicht meine arme Schwester Gerda, die von der Natur so stiefmütterlich behandelte, ihre Mutter bei allen möglichen Gelegenheiten ausrufen hören: »Hüübsche Frau!«, »Stattliche Erscheinung!« Waren wir vielleicht irgendwo ein kleines bißchen vulgär? Es gab schließlich »feine« Juden, wie es »feine« Deutsche gab.

Meine Einstellung zu Juden war ambivalent. Vielleicht lag das an meinen jüdischen Klassenkameraden. Es waren drei, allen voran Manfred Landsberg, der Primus. Teils waren wir drei einander vertrauter als wir das gegenüber den meisten anderen Klassenkameraden waren, teils standen wir in einem Rivalitätsverhältnis, einer Mischung von Neid, Eifersucht und gegeneinander ausgespieltem Geltungsbedürfnis. Ganz wie es später in der Fremde unter den meisten jüdischen Emigranten der Fall war, von denen der eine immer etwas Besseres sein wollte als der andere. (Weltweite Solidarität der Juden ist ein Ammenmärchen, das vor allem von den Nazis stammt.)

Mit etwa elf Jahren war ich von der Lektüre der *Ilias*, gekürzte deutsche Volksausgabe, so tief ergriffen, daß ich eine Tragödie in hundsmiserablen Versen schrieb, »Helena«, in drei Akten oder drei blauen Schulheften, schön auf den vorgedruckten Linien hingeschrieben.

Manfred Landsberg stahl die Hefte aus meinem Pult und las besonders schlecht gereimte, dafür aber um so gefühlvollere Passagen lauthals in den Pausen auf dem Schulhof vor, umstellt von einer Schar heillos kichernder Klassenkameraden.

Alle Bitten, mir »Helena« zurückzugeben, stießen bei Landsberg auf Unverständnis. Ich meldete schließlich den Diebstahl ohne Namensnennung unserem Klassenlehrer Dr. Specht, einem stillen rotblonden Friesen. Kurz vor der großen Pause unterbrach der sonst so kühl wirkende Mann seinen Unterricht, sah die Klasse schweigend und mahnend an und sprach dann leise und feierlich mit puterrotem Kopf von einem »heiligen Recht, dem Copyright oder Urheberrecht«. Es war dies das erste englische Wort, das ich in meinem Leben hörte, es hat mir später beim Schreiben so mancher von Verlagen immer wieder retournierter Romane tröstlich zur Seite gestanden. (Dr. Specht, so erfuhr ich nach seinem Tode, hatte Hunderte von unveröffentlichten Sonetten geschrieben.) Aber »Helena« bekam ich nie wieder.

War dieses Urerlebnis der Grund für meine lebenslange kritische Empfindlichkeit gegenüber Juden, getauften und ungetauften? Nun läßt sich ja sagen, daß jedes anständige Volk selbstkritisch sein sollte (die Franzosen zum Beispiel könnten das gebrauchen), und weiter, daß man gegen seinesgleichen oft allergisch ist – das fängt schon in der eigenen Familie an. Bei den Juden scheint diese Haßliebe besonders ausgeprägt zu sein, von Heinrich Heine bis zu Kurt Tucholsky. »Die Juden sind ein kleines, aber mieses Volk«, hieß es damals in assimilierten jüdischen Kreisen.

Bei mir wurde diese Einstellung wohl auch dadurch gefördert, daß die drei Juden in meiner Klasse anders waren als ich: Erstens waren sie nicht getauft; zweitens waren ihre Väter etablierter als meiner: ein Arzt, ein Rechtsanwalt, ein Großkaufmann; drittens aber und vor allem waren sie *links*, während ich, wie schon erwähnt, aus Rücksicht auf meinen Vater nie meinem jugendlichen Drang nach links zu folgen wagte und mich auch später von der weitgehend sozialistisch orientierten jüdischen Intelligenzija distanzierte.

Mit Landsberg schlug ich mich sogar, obwohl er, wenn auch plump und aufgeschwemmt, einen Kopf größer war als ich. Ich blutete stark, und Dr. Specht mußte Landsberg und Lansburgh mit Brachialgewalt auf dem Schulhof auseinanderbringen. Später lud mich Landsberg,

Sohn reicher Eltern, vermutlich aus purer Prahlerei zu seiner Geburtstagsgesellschaft in sein vornehmes Haus in der Brückenallee ein. Es gab sehr viel Kuchen und Schlagsahne, vor allem eine herrliche Blaubeertorte. Beim Blindekuh-Spiel erbrach ich mich, die Blaubeertorte zuerst, auf den kostbaren Aubusson-Teppich des Salons. Landsberg strahlte vor Schadenfreude, seine Mutter sah mich ungehalten an. »Das geht nie raus«, sagte sie. Ich lief weinend nach Hause.

Es ging nie raus. Nach vielen Jahren, während des Zweiten Weltkrieges, saßen sich drei Juden, deutsche Emigranten, an drei zusammengestellten Schreibtischen der Britischen Gesandtschaft in Stockholm gegenüber und exzerpierten die Nazipresse für das *Ministry of Information*, London, Abteilung Psychologische Kriegführung: Herr Finkelstein aus Königsberg, Frau David, geb. Frankfurter aus Mannheim, und ich. Wir sprachen in gebrochenem Englisch miteinander, jeder von uns hielt die anderen zwei für miese Juden und jeder behauptete, ein Arier zu sein und wegen seiner antifaschistischen Überzeugung Deutschland verlassen zu haben...

Trotz der »linken« Juden in meiner Klasse war meine Schule, das ehemals königliche, nunmehr staatliche Prinz-Heinrich-Gymnasium in der Grunewaldstraße, Berlin-Schöneberg, eine sehr preußische, erzkonservative Anstalt, die vor allem von Offiziers- und Beamtensöhnen besucht wurde. Wie schon mein wesentlich älterer Schulkamerad Hans Fallada in seinem *Damals bei uns daheim* schreibt, waren die Prinz-Heinrich-Schüler oft Söhne von Kammergerichtsräten – auch Fallada war einer –, da das Kammergericht, Preußens oberster Gerichtshof, ein prächtiger Wilhelminischer Bau, ganz in der Nähe der Schule lag, am Kleistpark. (Seit dem Zusammenbruch übrigens Sitz des Alliierten Kontrollrats, vor dem Zusammenbruch Volksgerichtshof unter Roland Freisler über die Männer des 20. Juli.)

Es war im Grunde eine gute Schule, wenn auch nur im Grunde, denn allzuviel Gutes haben weder Fallada noch ich über sie vorzubringen. Erzkonservativ: Als um 1925 herum, also nach mehrjährigem Bestehen der Weimarer Republik, unser deutschnationaler Schuldirektor von dem nunmehr sozialdemokratischen preußischen Kultusministerium ersucht wurde, das große Ölgemälde mit dem Prinzen Heinrich, dem Bruder des Exkaisers und Namengeber der Schule, von der Frontalwand der Aula zu entfernen, tat er das ohne Widerspruch, denn siehe da, hinter diesem meterhohen Ölgemälde entpuppte sich ein ebensogroßer, auf der Wand al fresco verewigter kaiserlicher Reichsadler mit goldener Krone und schwarzen, drohenden Krallen. Nicht viel anders war das, was derselbe Schuldirektor auf dem Rednerpult unter jenem Reichsadler bei den Morgenandachten als den »Geist des Prinz-Heinrich-Gymnasiums« verkündete: Vaterlandsliebe, Pflichterfüllung und ARBEIT. (Das mit der Arbeit kannte ich schon von Vater her.)

Unsere Lehrer waren nicht minder reaktionär, trotz – oder leider genauer: gerade wegen – der Weimarer Republik. Oft trugen sie noch ihre Uniformen aus dem Ersten Weltkrieg, in denen sie kaisertreue Offiziere gewesen waren. Einige von ihnen – wie »Onkel Willi«, der uns Kindern während des Unterrichts unablässig unanständige Witze erzählte, die wir nicht verstanden – waren verschüttet gewesen, und andere waren aus anderen Gründen »manoli«, wie wir es damals nannten.

Da war zum Beispiel Willbock, unser Rechtschreiblehrer in der untersten Klasse. Wir hatten jede Schreibübung auf dem oberen, leeren Rand des Blattes zu datieren, 12. 4. 1919. zum Beispiel. Man beachte den unsinnigen Punkt hinter »1919.«; denn um diesen Punkt zu kontrollieren, schlich Willbock von Bank zu Bank und verabfolgte jedem, der nur »1919« geschrieben hatte, eine Ohrfeige mit den Worten: »Den Punkt mach ICH wohl?!«

Oder Stimsen, unser Geschichtslehrer – manche Namen sind hier übrigens geändert –, immer noch in verschlissen feldgrauer Uniform, in schneidig schnarrendem Ordonnanzton:

»Es warr in den Vogesen. Ich saß als Oberrstleutnant in einem bombensicherren Unterrstand. Vorr mirr ein Berrg, den neuntausendsiebenhunderrtundsiebzig Frranzosen besetzt hielten. Neben mirr ein rroterr Knopf. Auf ein bestimmtess Signal vom Hauptquarrtierr werrde ich auf diesen rroten Knopf drrücken, und derr ganze Berrg fliegt in die…«

Er hielt plötzlich inne, wie aus tiefer Trance erwachend, starrte mich an und sagte: »Lansburgh, *Sie* lachen?« Ich gab vor, ich hätte vor lauter Spannung nervös um den Mund gezuckt.

Einmal protestierte Landsberg, als dieser Mann erklärte, nur hochverräterische Zivilisten hinter der Front hätten 1918 die unbesiegbaren deutschen Armeen... usw., die allbekannte Dolchstoßlegende also. Landsberg meldete sich fingerschnalzend (er hatte stets einen irritierend tintigen Zeigefinger) und behauptete das Gegenteil. Darauf Stimsen: »Sie werrden Ihrren Lehrrerr derr Geschichte doch wohl nicht derr Lüge zeihen!«

In der Oberprima bekamen wir dann als Nachfolger Stimsens einen bereits weißhaarigen, aber wenn möglich noch schneidigeren Geschichtslehrer, Professor Kurrer, »Kurr« genannt. Als er zum Jahre 1918 kam, zur Unterzeichnung des Waffenstillstandes in Compiègne und zur Proklamation der Republik, sagte er, es sei seine Pflicht als Lehrer, hier zwei Namen zu nennen. »Ich nehme sie aber nicht in den Mund«, sagte er, griff zu einem Stück Kreide, ging an die Tafel und schrieb mit haßerfüllt kratzender Steilschrift: Erzberger, Scheidemann. Darauf begab er sich gravitätisch zur Klassentür und benutzte den neben ihr befindlichen Spucknapf.

So etwa unser Unterricht, und so etwa die Weimarer Republik. Eine häßliche, lästige Verlegenheitslösung, das war diese Republik in den Augen einer entweder an Krieg, Kaisertum und deutsche Hegemonie oder an die Diktatur des Proletariats glaubenden Mehrheit.

Dieser Professor Kurrer entpuppte sich übrigens später als einer der ersten NS-Parteigenossen Berlins. Als ich ihn nach der Machtergreifung zufällig im Anhalter Bahnhof traf, mit meinen Siebensachen auf dem Weg ins Exil, begrüßte er mich freundlich, und als ich angesichts seines Parteiabzeichens ernst und reserviert mein Schicksal andeutete, nahm er meine beiden Hände in die seinen, sah mich lange schweigend an und sagte: »Wo Sie auch hinkommen, Lansburgh, vergessen Sie nie, daß Sie ein Deutscher sind.«

Er sollte leider recht behalten.

Genug. Nach »Helena« folgte als meine zweite literarische Tat eine Schülerzeitung, fünfunddreißig per Matrize produzierte Exemplare, das Stück für fünfzehn Pfennig. Als ersten Preis für die Lösung des selbstgefertigten Kreuzworträtsels meiner ersten Nummer hatte ich eine große Tüte gemischter Bonbons ausgesetzt, die ich für eine Mark fünfzig erstanden hatte. Ich sehe mich noch heute die ganze Tüte langsam auflutschen, da keine Lösung eingegangen war.

Auch erlebte die Schülerzeitung, teilweise aufgrund von Landsbergs ständiger Gegenpropaganda, nicht mehr als acht Nummern. Das war noch weniger als die etwa gleichzeitig von meinem Vater mit unserem ganzen Vermögen und massiven Darlehen gestartete Montagszeitung *Die Chronik*. (Montags erschienen damals keine regulären Tageszeitungen.) *Die Chronik* war als liberal-konservatives Gegengewicht zu Leopold Schwarzschilds eher »linkem« Montagsblatt *Montag Morgen* gedacht – Lansburgh gegen Landsberg. Diese Zeitung, die unsere maroden Finanzen endlich einmal sanieren sollte, lebte achtzehn Nummern, will sagen achtzehn Wochen lang, um dann eines finanziellen Hungertodes zu sterben, mit gewaltigen Schulden meines Vaters. Ein Grund mehr, ihn zu lieben.

Doch noch einmal zurück zur Schule, von deren Lehrern ich bisher nur wenig Schmeichelhaftes habe berichten können. Es gab auch andere. So verehrte ich unseren milden, graubärtigen Zeichenlehrer namens Straube. Einmal gab er uns als Hausarbeit auf, das schöne Gedicht von Matthias Claudius, *Der Mond ist aufgegangen*, mit Wasserfarben zu illustrieren. Ich bemühte mich, ein Meisterwerk zu schaffen, mußte dann aber feststellen, daß das Bild von Blaschek, diesem bleichen Musterknaben, in seiner ätherischen Durchsichtigkeit vielleicht – oder gar bestimmt – noch schöner war als mein pastos wie mit Ölfarben verdicktes Aquarell. Dies war ein Schock für mich, denn ich wollte Maler werden. Nach ein paar Tagen stummen Leidens tröstete ich mich jedoch: Ich war zu dem Schluß gekommen, daß es ja schließlich keine Katastrophe sei, wenn Deutschland in Zukunft *zwei* große Maler besäße...

Noch mehr aber als Straube liebte und verehrte ich meinen Deutschlehrer Dr. Ehrlich, einen kleinen Mann mit einem Klumpfuß, der uns von der Obertertia bis zum Abitur unterrichtete und uns nicht nur Goethe, Schiller und Gerhart Hauptmann, sondern auch Büchner, Heine und Thomas Mann nahebrachte. (Einmal, ich sehe das noch heute vor mir, kam er hinkend auf mich zu und drückte mir *Tonio Kröger* in die Hand, den er ganz privat aus der Leihbibliothek für mich mitgebracht hatte.) Er gab uns gleichzeitig Religionsunterricht, ohne jedoch jemals die Existenz Gottes ausdrücklich zu behaupten. Nach 1933 aber, so berichtete man mir, wurde er deutlicher und betonte sowohl in seinen Deutschstunden als auch in seinem Religionsunterricht, daß es vor Gott keine »Rassen« gäbe. Er wurde mehrmals verwarnt, hörte aber mit diesen Bemerkungen nicht auf. Als ihm darauf der von den Nazis neuernannte Direktor während einer Deutschstunde vor der gesamten Klasse seine Zwangspensionierung mitteilte, verließ er still das Klassenzimmer, brach im Schulkorridor zusammen und war tot.

Richard Ehrlich.

Das größte Problem meiner Schuljahre war die Turnstunde, wenigstens seitdem ich dreizehn oder vierzehn war. Ich weigerte mich, einen Turnanzug anzuziehen oder in Reih und Glied mitzumarschieren, und ging schließlich soweit, in der Turnhalle die Böcke umzuwerfen und die Klettertaue zu demolieren. Ich wurde immer wieder bestraft, mein Vater wurde in die Schule zitiert, aber nichts half, obwohl ich sonst ein stiller und fügsamer Schüler war.

Ich bin mir über die Gründe dieser leidenschaftlichen Sabotage nie ganz klar geworden. Da ich schon in jungen Jahren ein glühender Pazifist war – auch, als ich dieses Wort noch nicht kannte –, kann ich nur hoffen, daß meine Sabotage ein intuitiver Protest gegen die verkappte Wehrertüchtigung der in ihrer Heeresstärke durch den Versailler Vertrag zwangsbeschränkten Weimarer Republik war, ein Protest gegen den heraufdämmernden Militärstaat. Schon als Schüler konnte man damals merken, wie der Weimarer Staat insgeheim aufrüstete: Lange vor Hitlers »Wehrsport« wurde das Fach Turnen, nunmehr »körperliche Ertüchtigung« genannt, plötzlich zu einem zeugnismäßig ausschlaggebenden Hauptfach erklärt, sicher mit dem vollen Einverständnis des damaligen sozialdemokratischen Kultusministers Adolf Grimme. (Später in der Bundesrepublik Kultusminister von Niedersachsen und Generaldirektor des Norddeutschen Rundfunks.) *Dulce et decorum est pro patria mori*, »Süß und ehrenvoll ist es, fürs Vaterland zu sterben« (Horaz), verkündete ein großer, lorbeerumkränzter Spruch am Eingang der Schule.

Oder war mein Verhalten gar nicht so idealistisch, stand mein Protest unter dem Vorzeichen der Pubertät? War er von heimlicher Erregung beim Anblick der Muskeln und nackten Schenkel meiner turnenden Mitschüler geprägt?

Oder hing das eine intim mit dem anderen zusammen, wie bald darauf in der Nazizeit eine zynische Kanonenfutter-Produktion mit pubertär brünstigem Blut und Boden?

Das Prinz-Heinrich-Gymnasium in Berlin. Unten die Turnhalle, oder »Gesunder Geist im gesunden Körper«, wie es uns zwecks Körper- und Kriegsertüchtigung in der Weimarer Republik immer wieder der Vorsitzende unseres Elternrats einschärfte. (Das war ein Dr. Dibelius, nach dem Zusammenbruch der Bischof von Berlin. Ich schmiß meinen Fernseher ein, als ich ihn aus der Gedächtniskirche hörte.)

4
Eigentlich ganz nett

Der erste Anflug der Geschlechtsreife, ein erigierendes Glied, verwirrte mich in frühen Jahren. Ich fragte meine Mutter, ob das krankhaft sei. Sie antwortete, das sei ganz normal und allgemein.

»Aber wenn es allgemein ist«, meinte ich, »dann müßte es doch ein Sprichwort dafür geben oder eine Redensart«, man sage ja auch »die Nase rümpfen« oder »die Ohren spitzen« und so.

Noch heute höre ich mich das sagen, sehe mich vor meiner Mutter stehen, wie sie an ihrem Schreibtisch aus hochglanzpoliertem geflammten Birkenholz sitzt und nichts auf meinen Einwand zu erwidern hat. Noch heute fühle ich das unbefriedigte Gefühl, mit dem ich mich aus ihrem Zimmer entfernte.

»Modern« wie sie für die damalige Zeit war – in den Ferien zum Beispiel durften wir als Kinder splitternackt am Ostseestand herumlaufen, unter finsteren Blicken aus anderen Strandkörben – »modern« wie sie war, hätte sie ja diese Gelegenheit für eine nähere Erklärung wahrnehmen können. Aber sie tat es nicht, auch später taten das weder Vater noch Mutter. Doch, einmal, als ich etwa siebzehn war, fragte mich mein Vater, ob ich denn wüßte, wie das zwischen Mann und Frau eigentlich so zuginge. Ich sagte, ich wüßte, obwohl ich keine Ahnung hatte, und damit war der Fall erledigt.

Ich muß an meine Freundin Esther Peterson denken, die ich an der Amerikanischen Botschaft in Stockholm kennenlernen sollte, eine großartige Frau, später übrigens Vize-Arbeitsminister unter Kennedy. Als ihre drei Teenager-Kinder sich bei Tisch über Sex unterhielten und Larssie, ihr fünfjähriger Nachkömmling, fragte, was das eigentlich sei, »Sex«, antwortete sie: »Well, Larssie, it's a special appetite. You –« na, lieber weiter auf deutsch: »Du hast diesen Appetit noch nicht, wirst ihn aber später kriegen. Macht Spaß.« (*It's fun.*)

Unaufgeklärt wie ich mit meinen dreizehn oder vierzehn Jahren war, las ich immer wieder das Stichwort »Pubertät« in Meyers Konversations-Lexikon, dessen zwanzig, mit hellgoldenen Jugendstil-Ranken geschmückte Lederrücken in der Diele standen, über dem kelimbedeckten Sofa. »Bei dem Jüngling«, so erinnere ich mich noch heute mit unverminderter Wollust an den Wortlaut jenes Stichworts, »brechen« in dieser Zeit die Schamhaare »hervor«. Das erklärte vieles. Unter anderem das in Latein immer wieder gepaukte »*capillus*, das Haupthaar«. Was war ein »Haupthaar«, hatte ich mich mehr als einmal gefragt, ein »hauptsächliches« Haar, das Haar eines »Oberhauptes« oder was? Jetzt wußte ich: es gab neben den Haaren des »Hauptes« noch andere Haare.

Das Wort »Pubertät« hatte ich übrigens von unserem neuen Biologielehrer, Herrn Dr. Gossen, aufgeschnappt, einem freimütigen, uns Schüler begeisternden jüngeren Studienrat. Im Gegensatz zu den großen Taschenuhren oder »Zwiebeln« seiner Kollegen (mit blechern bleigrauen Kriegs-Uhrketten, »Gold gaben wir für Eisen«) trug Gossen eine Armbanduhr, dazu noch eine viereckige, was eine Mischung von Bewunderung und leisem Argwohn einflößte. Außerdem stand er im Verruf, ein »Kommunist« zu sein – wir flüsterten dieses Wort wie etwas Gespenstisches – und wurde aus dem Prinz-Heinrich-Gymnasium hinausgeekelt, noch bevor er uns aufklären konnte.

Wenn ich auch nicht aufgeklärt war, so fühlte ich mich doch fast wie ein »Großer«. Ich erinnere mich noch wie heute an das mächtige schmiedeeiserne Tor am Eingang des Kleistparks, das zum Preußischen Kammergericht führte, vielleicht noch führt. Ich war etwa dreizehn, stand vor diesem Tor und wartete auf meinen Freund Georg, dessen aus Posen flüchtige Eltern eine vorläufige Dienstwohnung im Kammergericht bezogen hatten (der Vater war Kammergerichtsrat). Plötzlich hatte ich vor diesem Tor ein beglückendes Gefühl: Ich bin erwachsen. »Ja, ich bin erwachsen«, sagte ich mir, »ich werde mich zum Beispiel von jetzt an in meinem späteren Leben an alles erinnern können, was mir passiert und was ich denke.« (Es stimmte nicht, aber an dieses Tor und dieses Gefühl erinnere ich mich, als sei es vor ein paar Stunden gewesen. Vielleicht bin ich immer noch nicht ganz erwachsen.)

Eine große Rolle spielte bei diesem plötzlichen Gefühl des Erwachsenseins eine von mir jüngst mit Stolz entwickelte Erklärungstheorie, die ich »Umkehrschluß« nannte, eine Art umgekehrter ontologischer Beweis, der mir vieles erklären half, was mir rätselhaft vorkam. Wann immer ich mich fragte, warum es dieses oder jenes Komische oder Unnötige oder Unbegreifliche eigentlich gäbe, verhalf mir mein Umkehrschluß zu der Antwort: »Wenn es das nicht gäbe, dann würde schon irgend jemand so etwas erfinden.« Das gab mir zum Beispiel den erklärenden Schlüssel für Blutwurst. Und für Dada, der damals in aller Munde war, und für Ballett, Griechisch-Unterricht, Nashörner. Und gereimte Gedichte.

Dieser Umkehrschluß, der bei Philosophen sicher einen ganz anderen und viel gelehrteren Namen hat, hilft mir übrigens noch heute, Unnötiges zu erklären, zum Beispiel Heideggers Philosophie, Kreditkarten, Kabelfernsehen, Joseph Beuys, die *Bild*-Zeitung und Gott.

»Erwachsen«, damals vor dem Kammergerichtstor, mit dreizehn. Wie schrecklich war es da, als meine Mutter mit mir zu Peek & Cloppenburg am Hausvogteiplatz ging, um mir meine ersten langen Hosen zu kaufen, und der Verkäufer, ein krausköpfiger, blaurasierter Mann mit einem rollenden R (er sah aus wie Richard Nixon) beim Anprobieren sehr bestimmt sagte: »Das Geschlecht bitte auf die andere Seite.« Ich wollte in den Boden sinken.

Den tiefsten, erschütterndsten Eindruck aber hinterließ die Impfschwester. Das war eine blonde, sehr teutonisch aussehende Krankenschwester mit straffem Haarknoten, die in unsere Klasse kam, um uns gegen irgend etwas zu impfen. Wir standen in Reih und Glied, sie faßte jeden beim entblößten Oberarm und stach. Ich kam an die Reihe, sie nahm meinen Arm, betastete ihn und sagte tonlos: »Keine Muskeln.«

Diese zwei Wörter verfolgten mich. Gesunder Geist im gesunden Körper. Süß und ehrenvoll ist es, fürs Vaterland zu sterben. Wochenlang hatte ich immer wieder denselben Traum: Ein Schlachtermeister legte mich auf eine Schlachtbank, betastete mich, besonders Arme und Schenkel, sagte: »Keine Muskeln«, schob mich als wertlos zur Seite, stückelte dann meine einzelnen Körperteile mit einer stumpfen Axt, bis ich tot war und aufwachte.

Die Impfschwester. Dr. Mengele. Die Rampe von Auschwitz.

Der Leviathan. Der Staat. Blindwütig schrieb ich schlechte Gedichte gegen den Krieg, klebte sie an die Klassentür, weigerte mich wieder, in der Turnstunde einen Turnanzug anzuziehen, demolierte aufs neue die Turngeräte, wurde aufs neue bestraft. Auf unserem Boden entdeckte ich schwere gußeiserne Hanteln, versteckte sie unter meinem Bett und übte frühmorgens und nachts so lange zwecks Muskelentwicklung, bis ich schweißtriefend auf mein Bett sank, mit mühselig unterdrücktem Keuchen (die Eltern im Schlafzimmer nebenan durften nichts hören.)

Ach, hätte ich doch die vollen, muskulösen Schenkel von Hans Joachim! (Man trug damals sehr kurze, geradezu exhibitionistisch kurze Hosen, wie später in der Hitlerjugend.) Hans Joachim, größer als ich, ein bildschöner blonder Junge, war ein Klassenkamerad und Freund, mit dessen Hilfe und Erfahrung ich zu Hause mein erstes Rundfunkgerät zusammenbastelte, einen »Detektorapparat«. Er brachte mir bei, wie man Draht um eine Flasche wand, um ihn dann als »Spule« von ihr abzuziehen. Danach bohrten wir Löcher in eine Platte aus Sperrholz, kauften Bananenstecker, das überaus wichtige Detektorkristall unter der spitzen Nadel, mit der wir unermüdlich den stärksten Ton herauszupicken suchten, und dann natürlich die kostspieligen Kopfhörer. Atemlos hörte ich die erste Sendung, Griegs Musik zu Ibsens *Peer Gynt* war es, aus dem Vox-Haus in der Potsdamer Straße, mit Alfred Braun als feierlich heimlichtuendem Ansager. Hans Joachim hörte mit einer Kopfhörermuschel mit und lächelte scheu.

Dann blieb er in der Schule sitzen, ich sah seine schönen Schenkel nur noch manchmal auf dem Schulhof wieder und verlor ihn dann aus den Augen. Erst viele Jahre später kam mir auf dem Hof der Berliner Uni ein bebrillter, dürr aufgeschossener, etwas linkisch aussehender Student entgegen, den ich an seinem scheuen Lächeln als Hans Joachim wiedererkannte. Aus dem jungen Gott war ein rührend kurzsichtiger, geradezu vertrockneter Philologe geworden, der ungeniert auf mich, den Juden, zukam (es war kurz nach dem Reichstagsbrand) und mit vorgehaltener Hand auf »diesen schwitzigen Anstreicher aus Braunau« schimpfte.

Hans Joachim fiel in den ersten Monaten des Zweiten Weltkriegs an der Westfront, als einer der ersten, im *phony war* oder Scheinkrieg, als außer vereinzelten Spähtruppen-Aktivitäten an der französischen Grenze noch keinerlei Kämpfe begonnen hatten.

Meine Begeisterung für Hans Joachims Schenkel wäre vielleicht eine Lappalie gewesen, wenn nicht Günter Sorof aufgetaucht wäre.

Günter, Primaner, etwa 17, drei bis vier Jahre älter als ich, war der Sohn des Schuldirektors (»Der Geist des Prinz-Heinrich-Gymnasiums«) und der beste Turner der Schule. So machte er bei dem Turnerfest zur Einweihung unseres Kriegerdenkmals dreimal hintereinander die Riesenwelle am Reck, nachdem, wie schon berichtet, der spätere Bischof von Berlin schwungvoll, mit einem vor Erregung zitternden Kneifer, vom Gesunden Geist im Gesunden (Kanonenfutter-)Körper gesabbert hatte. Dieser gefeierte Günter nun kam eines Tages vom Primanerhof auf »meinen« Hof hinüber, bot mir unvermittelt seine Freundschaft an und lud mich in meinem blamabel kindlichen Tertianeranzug zu einem Radausflug in den Grunewald ein.

Die Ausflüge mit Günter wurden immer häufiger. Ich war glücklich und stolz, einen so erwachsenen Freund zu haben, noch dazu den leibhaftigen Sohn des Direktors (der Hang zum Feinen). Ja, selbst Günters turnerische Leistungen erfüllten mich, den Turnhallen-Saboteur, mit heimlicher Ehrfurcht. Nur war ich etwas verwundert darüber, daß er mich immer dazu überredete, einen Badeanzug anzuziehen, ohne daß wir an einen Badestrand radelten. Auch berührte er mich unerklärlich oft und flüsterte dabei geheimnisvoll etwas von »Versuchung« und »Zusammennehmen«.

Ich erzählte das meiner Mutter. Sie sagte, die Ausflüge mit Günter müßten aufhören, Günters Zuneigung zu mir sei »anormal«, man nenne so etwas »homosexuell«.

Ich gehorchte, erklärte Günter die Sachlage, die Ausflüge hörten auf. Der Verlust des Freundes schmerzte, aber das war nicht das Schlimmste. Das Schlimmste war meine Begeisterung für Hans Joachims Schenkel. Noch schlimmer: ich liebte schon seit langem einen kleinen schwarzen, viel jüngeren Italiener aus der Quinta, Giacomo Tavarini. Ich liebte ihn innig aus der Ferne, hatte noch nie mit ihm gesprochen, nur immer wieder im Telefonbuch seine Nummer nachgeschlagen – »Kurfürst 6315«, ich weiß es noch heute –, hatte dann einmal bei ihm anzurufen gewagt, seine Stimme gehört und eiligst den Hörer aufgelegt. Auch putzte ich täglich mein Opel-Fahrrad mit geheimnisvoll streng riechendem Sidol, besonders die schön verchromte Lenkstange, die Felgen und sämtliche Speichen, hatte mir auch eine kleine Fahne vorn für die Lenkstange angeschafft (kaiserlich schwarzweißrot; schwarzrotgold war in meiner Schule, und nicht nur dort, als

»Mostrichfahne« verpönt) und war solchermaßen herausgeputzt fast täglich auf dem Schulweg in sausendem Tempo an Giacomo vorbeigefahren.

Nun wußte ich es also, nach Hans Joachims Schenkeln und Giacomo Tavarini: Ich war homosexuell. Meyers Konversationslexikon über dem Kelim-Sofa, Stichwort »Homosexualität«, tat ein übriges: es sprach – auch daran erinnere ich mich noch wie heute – von einer »angeborenen perversen Empfindung« und von einer »entnervten Geschlechtssphäre«.

Dies war neben »Egofilm« – davon später – der größte Schicksalsschlag meiner Jugend, er verfolgte mich bis in meine Studentenzeit. Wieder einmal wollte ich um jeden Preis normal sein, »wie alle anderen«, war es aber offenbar nicht. Den Eltern sagte ich kein Wort. Ich fraß die Sache in mich hinein und fand immer neue Bestätigungen für meine Perversität: Schon als kleiner Junge, auf der Bahnfahrt zur Großmutter nach Hannover, hatte ich die nackten, sonnengebräunten Oberkörper der Bahnarbeiter mit ihren schönen Muskeln bewundert. (»Keine Muskeln.«) Auch die vier Brüder Simnack im Kohlenladen-Keller uns gegenüber in der Luitpoldstraße hatte ich um ihre schwellenden Bizepse und ihre breiten Schultern beneidet, auf denen sie die Kohlenkiepen für unsere Kachelöfen trugen. Und warum, bitte – warum wollte ich mich in der Turnstunde nicht umziehen?

Ich fing von Hans Joachim zu träumen an, und von den Gebrüdern Simnack. Michelangelos Jünglinge begeisterten mich. Bald mußte ich Liebesgeschichten, die ich las, etwa Romeos Gefühle für Julia, in Gefühle für einen Mann übersetzen. Und die »Busen« der Bücher übersetzte ich in die strotzenden Oberkörper von Atlanten, die an den Stuckfassaden der Luitpoldstraße reichlich vertreten waren.

Paragraph 175! Die Sache war strafbar! Keinem sagte ich ein Wort davon, auch meinem besten Freund Georg nicht, mit dem ich lange Wanderungen durch den Harz und den Spessart machte. Die Basis unserer Freundschaft war übrigens die Tatsache, daß auch er sich weigerte, einen Turnanzug anzuziehen, wenn auch aus einem anderen Grund: Er war dünn wie eine Bohnenstange und fand sich mordshäßlich. Außerdem war er ein gläubiger Katholik, »Fleischliches« diskutierten wir nie, liefen uns lieber im Spessart Wasserblasen unter den Füßen an.

Meinen ersten Kuß gab ich als Primaner einem wunderschönen blonden Mädchen namens Lieselotte, der Tochter von Freunden meiner Eltern. Aquamarinblaue Augen, »Milch und Blut«, wie es so geschmackvoll auf deutsch heißt, schlank wie eine Gerte und doch irgendwie füllig zugleich: ein Gemälde von Gainsborough. Sie wurde allgemein als so bildschön angesehen, daß ich mich verpflichtet sah, sie zu umwerben, ja ihr einmal beim Abschied aus freien Stücken besagten ersten Kuß auf die Wange zu drücken. Das war ein großes Ereignis, eine Tat: vielleicht war ich jetzt auf dem richtigen Wege? Kurz vor dem Abitur gab ich mit ihr als meiner »Freundin« auf dem Schülerball an, mein geliebter Deutschlehrer Ehrlich war entzückt von ihr, »Tonio Krögers Inge«, sagte er. So glaubte ich denn, tief zu leiden, als sie sich mit einem schneidigen, wenn auch kleinwüchsigen und nervös zwinkernden Referendar mit Monokel und Schmissen verlobte. Der muß dann ein sehr prominenter Nazi geworden sein, denn während des Kampfes um Berlin erschlug er Lieselotte und ihre drei kleinen Kinder mit einer Axt und jagte sich selber eine Kugel in den Kopf.

Jener erste Kuß blieb lange mein letzter, ich hatte nun schon das Abitur gemacht, nichts war geschehen, und von einer leidenschaftlichen Zuneigung zu Frauen war immer noch keine Rede. Mein Freund Franz, Sohn eines noch heute bekannten Berliner Malers und seiner Pariser Frau, die dem französischen Zirkel meiner Mutter angehörte, war mir da ein Trost. Er war trotz seiner jungen Jahre erfahren, hatte seinen Erzählungen nach schon mehrere Frauen gehabt und sagte einmal beiläufig beim Tischtennis: »Versuch's doch mal, ist eigentlich ganz nett.«

Wenn es »eigentlich ganz nett« war und nichts weiter, also gar nicht so welterschütternd, dann konnte ich's, so sagte ich mir, doch nun wirklich einmal versuchen, es verpflichtete sozusagen zu gar nichts, setzte keine große Begeisterung voraus und konnte somit wohl auch von mir, der ich nun schon neunzehn war, irgendwie zustande gebracht werden. (Daß Franz impotent war, erfuhr ich erst nach Jahren von der Mutter seiner außerordentlich attraktiven Frau, die er in Johannesburg erwürgt hatte, wohl aus Eifersucht, bevor er sich selber erhängte.) Sorry: Ein bißchen Mord und Totschlag auf einmal – aber es war so.

Das Mädchen, das ich zu diesem »eigentlich ganz netten« Zweck aufs Korn nahm, war Marianne, eine siebzehnjährige Gymnasiastin. Obwohl mich die blonde, stämmige Ruth in der Tanzstunde des Fräulein Bernstein (für bessere jüdische Kreise) am meisten anzog, war die dunkle Marianne nun einmal die anerkannt Schönste der Tanzstunde, und mit dieser mußte es »folglich« gelingen, insbesondere, da sie mir im Gegensatz zu der kalten Ruth sagte, sie »liebe« mich.

Mein Taschengeld ging für ein Stundenzimmer in der Bülow- Ecke Potsdamer Straße drauf. Es klappte nicht, die Sache war ein ewiges Hängen und Würgen. Unter gegenseitigen Liebesbeteuerungen und immer sabberigeren Küssen schrumpelte jedesmal mein Glied beim Versuch, ein Kondom darüberzuziehen – »Fromms Act«, in entmannend gelbviolett gestreiften Schachteln. Auch Mariannes recht große Brüste schreckten ab, sie wirkten wie ein unerbittliches Naturgesetz. Überhaupt: sobald sie ihr kesses Polohemd und ihre frechen Netzstrümpfe abgestreift hatte und nackend vor mir lag, sah sie erschrekkend altmodisch aus. Dazu meine fehlende Kenntnis ihrer genaueren Anatomie (wie viele Löcher eigentlich?) und die bereits genannte, mehr und mehr irritierende Sabberei unserer Küsse.

Doch sie war nun einmal die Schönste, der Neid meiner Tanzstundengenossen. So beschlossen wir schließlich, im Sommer auf acht Tage ins Erzgebirge zu fahren – den Eltern spiegelten wir eine Gruppenreise vor –, um es dort aufs neue zu versuchen.

Es klappte wieder nicht. Ich erinnere mich noch lebhaft an einen Abend nach einem sehr schwülen Hochsommertag. Ein frisches Windchen wehte vom Fichtelberg her, ich lag im Liegestuhl in der Dämmerung auf der herrlich kühlen Veranda meines Hotelzimmers, wartete wieder einmal auf Marianne, die anstandshalber in einem anderen Zimmer wohnte. Ich wartete und wartete, sie kam nicht, sie war wohl, wie das häufig geschah, ein wenig verstimmt (kein Wunder). Ich kostete jede Minute des Alleinseins aus wie noch nie in meinem Leben: die Stille! die Ruhe! die frische Abendbrise auf dieser Veranda, die Kühle ohne Sabberküsse! (Noch vor einer Stunde hatte uns ein alter, weißhaariger Herr unten am Hoteleingang küssen sehen und wehmütig, fast neidisch ausgerufen: »Ja ja! junge Liebe!«) Die Ruhe! Die Stille! Ich schlief selig ein.

Dann kam sie mitten in der Nacht, hatte eine Flasche Mampe »Halb und Halb« mitgebracht, ich betrank mich. Wieder lag sie nackt und altmodisch vor mir, beängstigend marmorweiß wie eine klassizistische Liebesgöttin, aber ich sah nicht so genau hin, und siehe, es gelang: Ich befand mich auf unerklärliche Weise in ihr, und nach einer Weile trat zu meiner völligen Überraschung ein Samenerguß ein, den ich nie erwartet hatte – mir war, als rase ein D-Zug in fliegender Fahrt über eine Weiche, tack-tack-tack, auf das richtige Gleis, das Gleis der Normalität. Hurra! Der Bürger triumphierte. Viel Spaß hatte es allerdings nicht gemacht.

So ging es denn »normal« ein paar Monate weiter, bis ich die Spucke von Mariannes und meinen Küssen, vor allem aber ihren unersättlichen Bedarf an verbalen Liebesbezeugungen – unter anderem in stundenlangen Telefongesprächen – nicht mehr ertragen zu können glaubte. Ich trennte mich von ihr. Sie war verzweifelt und drohte wiederholt, ernsthaft oder nur vorgeblich, sich das Leben zu nehmen, so daß ich immer wieder zu ihr hinausfahren und lieb zu ihr sein mußte. Aber ach, wieder diese sabberige Küsserei. (»Ja ja! junge Liebe!«)

Dennoch, die Trennung gelang allmählich, obwohl Marianne untröstlich war, und wir verloren uns aus den Augen. Erst nach ein oder zwei Jahren sah ich sie zufällig wieder. Sie saß auf dem Oberdeck des 69er Busses, Richtung Universität. Aus purem Mitleid ging ich auf sie zu, wie sie da allein in ihrer Ecke saß, und fragte gönnerhaft, in männlich sonorem Baß, wie es ihr denn jetzt so ginge.

»Gut«, antwortete sie.

»Wie schön«, sagte ich großmütig und klopfte ihr auf die Schulter, »da bist du also über das Ärgste hinweg?«

»Aber sicher«, sagte sie; »einen Freund habe ich übrigens auch.« Und dann, nach einer Pause: »Du hast mich ja nie befriedigt.«

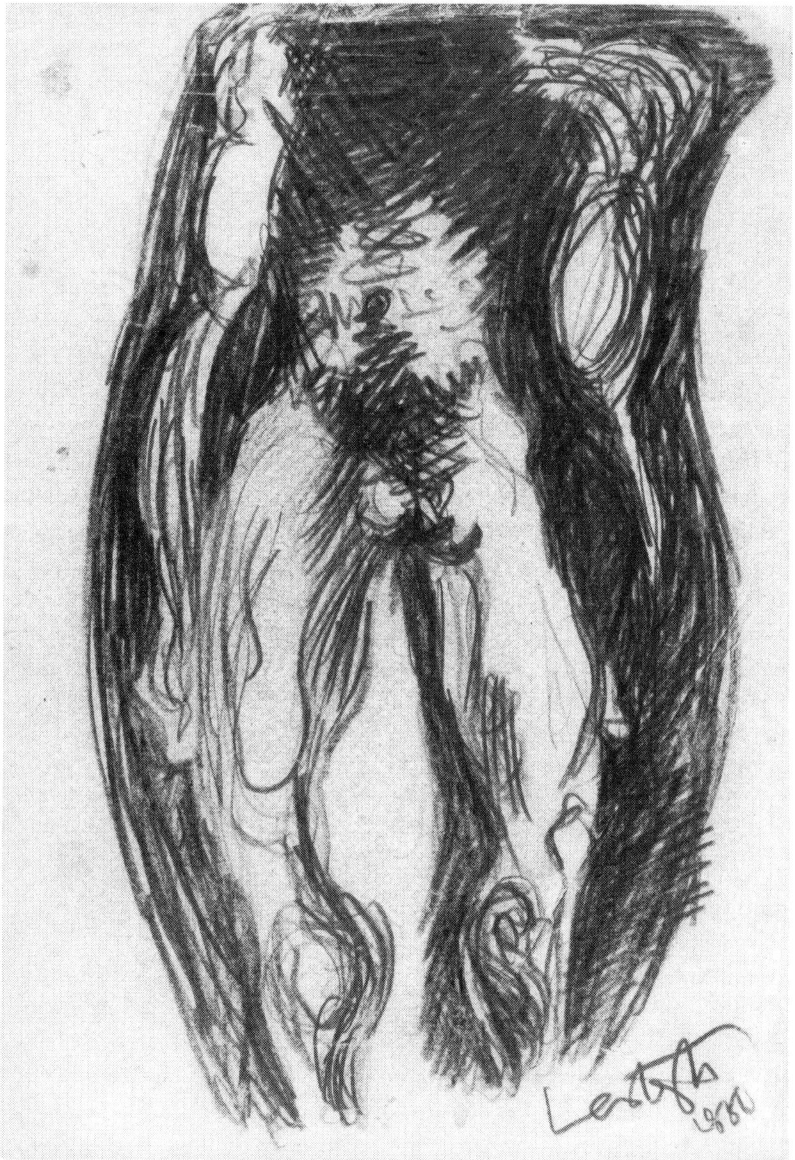

Kurz vorm Abitur. Ich zeigte keinem diese Zeichnung.

5
»Ich studiere nämlich Jura«

Mein halbwegs erwachsenes Leben fing mit einer Tragödie an, der »Egofilm«-Tragödie, die meinem ganzen Leben eine falsche Richtung gab. Schuld daran waren Arthur Schnitzler und Elisabeth Bergner. Ich muß da etwas weiter ausholen.

Schnitzler hatte eine Novelle geschrieben, *Fräulein Else*, in der die Handlung völlig subjektiv, unter damals neuartiger Verwendung des inneren Monologs, nur mit den Augen des sozusagen unsichtbar bleibenden Fräulein Else gesehen und erlebt wird. (Um ganz deutlich, vielleicht überdeutlich zu sein: »unsichtbar« wie eine Tagebuchschreiberin, die nur mit Tagebuchblatt und Feder sichtbar wird, nicht als »erzählte« Romangestalt.) Das wurde nun verfilmt – wir sind etwa im Jahre 1929, kurz vor meinem Abitur –, und siehe da, das unsichtbare Fräulein Else verwandelte sich in die höchst sichtbare Elisabeth Bergner. Das störte mich, ganz abgesehen davon, daß mir die professionell rehäugige Bergner mit ihren kokett verschränkten Füßchen von jeher auf die Nerven gegangen war.

Die »subjektive Kamera« war damals so gut wie unbekannt, vielleicht mit Ausnahme von Autofahrten, wo man die Landschaft gleichsam mit den Augen des Fahrers vorbeifliegen sah, ohne den Fahrer selbst zu sehen. *Fräulein Else* hätte nun, wenn man Schnitzlers Intentionen gefolgt wäre, so subjektiv gefilmt werden sollen, wie sie konzipiert worden war – dergestalt, daß ihre Augen mit dem Objektiv der Kamera zusammenfielen, sie selber also nur sichtbar war, wenn sie sich *selber* sah, etwa ihr Gesicht im Spiegel oder ihre Hände beim Briefeschreiben, kurz: ganz so, wie jeder Mensch gleichsam aus sich selber herausschaut. Dies brachte mich auf eine, wie ich glaubte, epochemachende Entdeckung: Es ließ sich ganz allgemein ein »Ich-Film« denken (Egofilm), in dem die Hauptperson überhaupt nicht auftritt, weil der Zuschauer die Geschehnisse »durch sie«, mit ihren Augen und

Ohren, will sagen mit dem Objektiv der Kamera und dem Tonstreifen des Films sieht und hört – wie ein ureigenes Erlebnis.

»Welch eine geniale Entdeckung!« rief ich aus (ich war siebzehn): Man denke sich einen Egofilm über Jesus, der den Teufel der Versuchung in der Wüste *sieht*, gleichgültig, ob es nun die »objektive« Wahrheit ist oder nicht. Oder ein Beethoven-Film, in dem der Taube die Neunte Symphonie mit seinem inneren Ohr *hört* (der Tonfilm war gerade im Kommen) – donnernd *hört*, gegen die nur zirpend vernommenen Töne des vom Meister in rührend falschem Takt dirigierten Orchesters. »Genial!« rief ich nochmals in meinem immer noch jungfräulich weiß möblierten Kinderzimmer aus. »Der Film hat endlich seine Eigengesetzlichkeit gegenüber dem Theater gefunden!« Wie wollte man denn zum Beispiel auf der Bühne auch nur das Ende von *Fräulein Else* adäquat darstellen? Dieses großartige Ende: »Ich fliege... ich träume... ich schlafe... ich träu... träu – ich flie......«

»Epochemachend!« versicherte ich mir.

In der Schule durften Schüler, die sich in irgendeinem Fach besonders hervorgetan hatten, vor dem Abitur eine »Jahresarbeit« schreiben, um sich ein Abitur »mit Auszeichnung« zu sichern. Nun hatte ich mich in Deutsch hervorgetan, und Ehrlich, Richard Ehrlich, mein Deutschlehrer, nahm freudig meinen Vorschlag an, eine Jahresarbeit über den Film als neues, wichtiges, seiner Eigenart noch nicht völlig bewußtes Medium zu schreiben.

Ich nannte die Jahresarbeit »Egofilm – Von der Vollendung der Kunst«. Der Untertitel war besonders wichtig (wie gesagt, ich war siebzehn): Begeistert schilderte ich den langen, mühseligen Weg der Kunst von objektivistisch gebundener, »dinglicher« Darstellung längst vergangener Zeiten über die persönlichkeitsbewußte Renaissance und den befreiend subjektivistischen Impressionismus des späten 19. Jahrhunderts bis hin zu ihrer letzten Konsequenz und höchsten Vollendung in der ersten Hälfte des 20. Jahrhunderts, eben Werner Lansburghs Egofilm. Und illustrierte die historischen Hauptphasen einer etwa zehntausendjährigen Kunstentwicklung mit Zeichnungen, die ich im Alter von drei bis siebzehn Jahren gemacht hatte, »denn wie der Embryo im Mutterleib alle Hauptphasen der Evolution des Menschen durchläuft, vom Kiemenfisch bis zum Wirbeltier, so der Heranwachsende alle Hauptphasen der Kunst«.

Es wurden 180 Seiten daraus, obgleich die Beschreibung des Kerns, eben meiner Filmidee, nur etwa zehn Seiten in Anspruch nahm. Format Folio, auf dickem, doppelseitig gehämmertem Elfenbeinpapier, mangels eigener Schreibmaschinenfertigkeit einem betagten Tippfräulein diktiert, die noch einen Fischbeinkragen mit großer Rubinbrosche trug und mir, als ich beim Diktieren begeistert dem Egofilm-Höhepunkt zusteuerte, unablässig von einem entzückenden Katzen-Trickfilm vorschwärmte. Es ging nur sehr langsam voran, die Lettern ihrer Schreibmaschine mußten immer wieder gereinigt werden, da das offenbar gewachste Elfenbeinpapier die Typen verklebte.

Richard Ehrlich hatte ein gütiges Einsehen mit dem allzu ego-enthusiastischen jungen Mann und gestand der Arbeit ein »Sehr gut« zu. Ein Gleiches tat Straube, der Zeichenlehrer. Meine Karriere als Künstler schien gesichert, auf jeden Fall mein Studium der Kunst- und Literaturgeschichte. (Ich wußte noch nicht recht, ob ich Maler oder Schriftsteller werden wollte, und schmeichelte mir, daß Goethe das zeitweise auch nicht gewußt haben soll.)

Da aber trat die Katastrophe ein. Der neue Schuldirektor, ein militanter Sozialdemokrat namens Schönbrunn, vom gleichfalls sozialdemokratischen preußischen Kultusminister Grimme dem lauthals protestierenden, erzkonservativen Lehrerkollegium des Prinz-Heinrich-Gymnasiums vor die Nase gesetzt – dieser neuernannte Schuldirektor schätzte »Egofilm« bzw. »Von der Vollendung der Kunst« anders ein. Er fand das Ganze, natürlich mit Recht, schwülstig und arrogant und war überdies, wie er sagte, ein ausgesprochener Gegner eines »Starkults«, der einen einzelnen Schüler über Gebühr aus der Gruppe heraushob, statt das Schülerkollektiv als ganzes zu heben.

Meine Lehrer widersprachen sehr heftig und sehr gerne, der latente Antagonismus zwischen deutschnationalem Lehrerkollegium und sozialdemokratischem Direktor blühte in Sachen Lansburgh wieder auf. Es soll sehr leidenschaftlich hergegangen sein. Um das letzte Wort zu behalten, überwies Direktor Schönbrunn die Arbeit an eine höhere, »neutrale« Instanz, wie er sagte, nämlich das preußische Kultusministerium (Grimme), mit der Bitte um ein Gutachten.

Mit diesem Gutachten in der Hand kam Direktor Schönbrunn eines Tages während der Deutschstunde in unsere Klasse, um die Ansicht des Kultusministeriums vorzutragen.

Ich kann mich nur noch an den letzten Satz des langen Gutachtens erinnern: »Es fragt sich, ob sich aus diesem Wust von größenwahnsinnigen Phrasen jemals ein ehrliches Bemühen um sachliches Denken, geschweige denn ein Funken künstlerischen Empfindens wird emporringen können.«

Ich nahm leise meine Schulmappe aus dem Pult und verließ schweigend die Klasse. Auf dem Nachhauseweg, beim Überqueren der Hohenstaufenstraße, überlegte ich, ob ich mich vor ein Auto werfen sollte. Meine Zukunftspläne waren zerschlagen. Den Eltern berichtete ich gar nichts, schloß mich stundenlang auf der Toilette ein (mein eigenes Zimmer, einen Durchgangsraum, konnte ich nicht abschließen).

Dann machte ich die größte Dummheit meines Lebens: Aus Protest, in kindisch melodramatischer Resignation als »verkanntes Genie«, teils aber wohl auch aus tiefer Verunsicherung heraus, entschied ich mich nach dem Abitur zur großen Zufriedenheit meiner Eltern für das unkünstlerischste, trockenste, mir widerwärtigste Studium, das ich mir denken konnte: Jura. Damit warf ich mir für meine Zukunft selber einen Knüppel zwischen die Beine, denn selbst im Exil hätte mir ein »brotloses« Studium wie etwa das der Kunstgeschichte mehr geholfen als das verfluchte, rein national bedingte, im Ausland völlig wertlose Jurastudium. Auch sollte es mehr als ein halbes Leben lang dauern, bis ich nach Schönbrunn, Grimme und Genossen eine so anständige politische Orientierung wie die sozialdemokratische gebührend zu würdigen wußte.

Alles wegen Arthur Schnitzler, Elisabeth Bergner, ein bißchen jugendlicher Unreife und einigem pädagogischem Unverstand.

»Ich studiere nämlich Jura« war mein Spitzname in Fräulein Bernsteins Tanzstunde (Marianne verriet es mir), weil ich jedem Mädchen beim Tanzen unbedingt erklären mußte, wie fürchterlich ich als geborener Künstler – meine Künstlermähne zeugte davon – unter diesem Studium litt. (Etwas schweigsamer war ich nur beim englischen Walzer, dessen beschwingtes *Eins*-zwei-drei, *Eins*-zwei-drei beschwichtigte: »*Reich*-mir-zum *Ab*-schied-noch *ein*-mal-die *Hän*-de...«)

Mein vom »Geist des Prinz-Heinrich-Gymnasiums« geprägter Arbeitsdrang wurde durch das Egofilm-Trauma nur noch verkrampfter. In preußischer Pflichterfüllung, aus Rücksicht auf den unstudierten Vater und vor allem in der Hoffnung, vielleicht doch noch das verhaßte Studium durch größeres Wissen ein wenig liebgewinnen zu können – schließlich hatten Goethe, Heinrich Heine und Kurt Tucholsky ja auch Jura studiert –, lernte ich jede Vorlesung auswendig, aus emsigen Aufzeichnungen in meinen Kollegheften, die allmählich zu einer kleinen Bibliothek schwarzer Wachstuchhefte anwuchsen. »Welch ein Wahnsinn, jedes Wort dieser Professoren mitzuschreiben, als wenn die Buchdruckerkunst noch nicht erfunden wäre!« protestierte ich lauthals meinen Kommilitonen gegenüber und schrieb emsig mit. (Meine Kommilitonen protestierten weniger, schrieben dafür aber auch weniger emsig mit.)

Kommilitonen: Da war Hermine, ein älteres, verarmtes, dank eines Stipendiums in Berlin studierendes Mädchen, Vorsitzende irgendeines linken Studentinnenverbandes. Eine Freundschaft verband uns vor allem deshalb, weil sie an den Lesetischen des Juristischen Seminars fast ebenso litt wie ich, wenn auch aus einem anderen Grunde. Besonders quälte ich mich dort mit einer staatsrechtlichen Seminararbeit ab, bei der die einschlägigen Kommentare und Reichsgerichtsentscheidungen zur Weimarer Verfassung zu studieren waren. Diese Kommentare, und die Verfassung selbst, versetzten mich in einen Zustand permanenter Rage, wie einstmals die Kommandorufe in der Turnhalle des Prinz-Heinrich-Gymnasiums:

Überall, in fast jedem Paragraphen, lauerte ungreifbar, aber stets präsent der STAAT, der Leviathan, der uns per Notverordnung (Artikel 48) und ähnliche konstitutionelle Hintertüren in den nächsten Krieg führen würde, auf die Schlachtbank. Die Impfschwester. So wie Terroristen den bundesdeutschen Staat, einen unvergleichlich barmherziger und menschlicher gewordenen Staat, in blindwütiger Verblendung als das absolut Böse verabscheuen, so konnte man das damals mit Fug und Recht mit der Weimarer Scheinrepublik tun. Vergessen wir nicht: Hitler ist konstitutionell, völlig legal, an die Macht gekommen. Wie Münchhausen sich an seinen eigenen Haaren aus dem Sumpf gezogen haben will, so zog sich die Weimarer Republik mittels ihrer Verfassung und ihrer Justiz am eigenen Schopf in den Sumpf hinein.

Doch wo gab es damals wirklich greifbare, konkrete Anhaltspunkte für einen jungen Menschen wie mich, der sich einer »roten« Ideologie mit ihrem neuen roten Leviathan nicht verschreiben wollte? Auch das marxistische Dogma der »Klassenjustiz« half da wenig. Meine Wut war so unartikuliert, so ohnmächtig wie einst in der Turnhalle, der Leviathan so ungreifbar, so aalglatt und hinterhältig, daß mich am 30. Januar 1933 geradezu ein Gefühl der Erleichterung überkam: die Pestbeule war endlich aufgegangen.

Bevor ich es vergesse: Hermine, das ältliche linksorientierte Mädchen, litt ebenfalls im Juristischen Seminar, und zwar, weil es dort, wie sie sagte, so entsetzlich *zog*. Als ich beschloß, meine Vorarbeiten für jene staatsrechtliche Seminararbeit abzubrechen (der Leviathan) und meine zahllosen Exzerpte in den Papierkorb des Seminars verbannte, holte Hermine, die das gleiche Thema hatte, den Stoß wieder aus dem Papierkorb heraus. Ob sie mein Material verwenden dürfe? Sie tat es, ohne eine Antwort abzuwarten.

Der unmittelbare Anlaß meiner Papierkorb-Aktion steht heute noch so lebhaft vor mir wie vor sechzig Jahren. Ich war bei meiner Vorarbeit auf eine Reichsgerichtsentscheidung gestoßen, in der zwei Journalisten, die unbestreitbare Fakten über die heimliche, vollkommen illegale Wiederaufrüstung der Weimarer Republik veröffentlicht hatten, im März 1928 wegen Landesverrats zu je neun Monaten Festungshaft verurteilt wurden – ganz wie ein paar Jahre später, ebenfalls in Weimarer Zeit, Carl von Ossietzky wegen einer ähnlichen Veröffentlichung in der *Weltbühne*. Die Urteilsbegründung des Reichsgerichts leugnete keineswegs die Illegalität der von den zwei Journalisten angeprangerten Tatsachen, *aber*:

> »Die uneingeschränkte Anerkennung des Gedankens, daß... das Wohl des Staates in seiner Rechtsordnung festgelegt sei und sich in deren Durchführung verwirkliche, ist abzulehnen.« (Entscheidungen des Reichsgerichts in Strafsachen, Band 62, S. 67.)

So geschehen in der Weimarer Republik, fünf Jahre vor Hitler: Staat geht vor Recht.

Jene in den Papierkorb verbannte Seminararbeit war übrigens für einen Staatsrechtprofessor namens Smend bestimmt gewesen, einen Herrn mit einer ebenso poliert demokratischen Oberfläche wie die der Weimarer Verfassung. Er legte in seinen Vorlesungen unermüdlich den Begriff des Staates und der Nation dar (da gab es viele Theorien), entwickelte eine sogenannte »Integrationstheorie« – der Staat als Integration von unwägbaren Werten wie Fahne, Nationalgefühl und ähnlichem Gefasel – »denn«, so schloß er immer wieder seine Argumentation, »denn ohne diese Werte wäre der Staat ja nichts anderes als eine Feuerwehr«. Gejubel und Getrampel der Studenten.

Das mit der Feuerwehr wiederholte sich in fast jeder Vorlesung des Professor Smend. Ach hätte ich doch im Gejubel und Getrampel der Studenten dazwischengeschrien: »Der Staat IST eine Feuerwehr! Oder SOLLTE ES ZUM DONNERWETTER SEIN!« Ich kann mir meine Unterlassung noch heute nicht verzeihen. Jeder hat eben seinen kleinen Anteil an der deutschen Kollektivschuld.

Da war noch ein anderer Staatsrechtprofessor namens Löffel. Dieser Professor Löffel, oder wie er nun hieß, pflegte zu meiner Zeit, zur späten Weimarer also, irgend etwas Republikanisch-Demokratisches mit dem Hinweis von sich zu geben: »Schon 1920 sagte ich, ...«, mithin im zweiten Jahr der Republik. Dann, als die Nazis kamen, beschwor derselbe Löffel Völkisch-Säbelrasselndes in seinen Vorlesungen mit dem Hinweis: »Schon 1916 sagte ich, ...« Das war zur Kaiserzeit gewesen. Und traute ich meinen Augen? Als ich nach dem Zusammenbruch einmal eine Berliner Zeitung aufschlug, schrieb dieser Löffel Rechtsstaatlich-Antifaschistisches mit dem Anfangssatz: »Schon 1920 sagte ich, ...«

Furchtbare Juristen – das Wort stammt von Rolf Hochhuth. In den ersten Jahrzehnten der Bundesrepublik saßen die Smends und Löffels, ja noch Ärgere, immer noch an entscheidenden Stellen der deutschen Justiz. So stellte der Bundesgerichtshof noch 1968 die Feststellung der Vorinstanz nicht in Frage, daß der Volksgerichtshof, das Werkzeug des nationalsozialistischen Justizterrors, »ein unabhängiges, nur dem Gesetz unterworfenes Gericht« gewesen sei. Staat ist Staat, Gesetz ist Gesetz, Turnhalle ist Turnhalle. Folglich wurde nicht ein einziger der an den unzähligen Justizmorden des Volksgerichtshofs beteiligten Blutrichter zur Verantwortung gezogen. (Auch ich bekam übrigens diese Herren zu spüren: der Bundesgerichtshof in Karlsruhe verweigerte mir jegliche Wiedergutmachung.)

Vieles hat sich geändert. Meine Generation ist Gott sei Dank weg vom Fenster, zum Glück auch die fast noch schlimmere Generation vor mir. Die jüngeren Richter und (mehr noch!) Richterinnen der Bundesrepublik sind weitgehend eines anderen Geistes Kinder. Dank der

Schulen, der Grundrechte, überhaupt des menschlicheren Gesichts einer barmherzigeren Gesellschaft sind unsere Juristen zwar nicht viel besser, aber glücklicherweise auch nicht schlechter als der durchschnittliche Bundesbürger. Wie verläßlich, wie demokratisch ist nun aber der »durchschnittliche Bundesbürger«? Wir wissen es nicht. Doch eines wissen wir: er ist besser, weit besser, als die Juristen meiner Zeit.

Doch zurück zur Friedrich-Wilhelm-Universität Unter den Linden, heute Humboldt-Universität, noch DDR. Ich plante auszureißen, fing an, trotz aller preußischer Arbeitsmoral, Vorlesungen zu schwänzen, und las statt dessen hell begeistert, als Ausweichmanöver zwischen Vaters »Kapitalismus« und Lenins Kommunismus, Max Stirners *Der Einzige und sein Eigentum*, die Bibel des Anarcho-Individualismus. Es folgte die Lektüre von Anarchisten wie Proudhon, Bakunin und Kropotkin, alle glühende Bekämpfer des Leviathan. Auch hatte ich einen engen Freund gefunden, einen nihilistischen Kommilitonen namens Meinhard, der das Jurastudium ebenso haßte wie ich und gleichfalls ausreißen wollte. (Die lange Freundschaft mit Georg, meinem dürren Klassenkameraden, der einst so antimilitärisch wie ich gegen Turnanzüge gewesen war, war jäh zu Ende gegangen, als er mich auf dem gemeinsamen Weg zur Universität aufforderte, ihn »ehrenbezeugungshalber« rechts zu führen, da er im Gegensatz zu mir einer Burschenschaft angehöre. Ich ließ ihn stehen, machte kehrt und sah ihn nie wieder.)

Meinhard, Sohn reicher jüdischer Eltern, war ein besonders gutaussehender junger Mann mit brennenden schwarzen Augen und schon so mancher Erfahrung mit schönen Frauen. Etwa im fünften Semester planten wir eine Nudelstube irgendwo im Süden zu eröffnen, Schwerpunkt: Spaghetti, die wir liebten und gut zubereiten konnten. Das fast unbekannte Tenerife, so hatte ich herausgefunden, hatte gute 30000 Einwohner (damals), »also« müsse es dort doch genug Kunden für unsere künstlerisch ausgestattete Boheme-Nudelstube geben.

Als wir einmal nebeneinander auf seiner Couch lagen, um den Dekor unserer Nudelstube zu planen – meine Zeichnungen unter den von unten angestrahlten Glasscheiben der Tische und seine Lieblingsflaschen in der Bar –, war ich versucht, seine vollen Schenkel zu berühren, meine waren viel schmaler. Aber ich ließ es sein. Noch heute trauere ich diesem versäumten Erlebnis nach. Schließlich hätte ich es mir doch ohne jedes Risiko erlauben können, wo ich, siehe Marianne, garantiert und gesetzlich geschützt »normal« war. Auch aus der Nudelstube wurde nichts, Meinhard heiratete ein steinreiches Mädchen und wanderte mit ihr nach Kanada aus, von wo sie mir ein Foto ihrer säulengeschmückten Villa mit Swimmingpool schickten. Was sonst noch von Meinhard übriggeblieben ist, ist eigentlich nur seine ausgezeichnete, von mir mein ganzes Leben lang übernommene Einteilung von Frauenbeinen – nicht in hübsche und häßliche, dicke und dünne, lange und kurze, sondern in »intelligente«, »einigermaßen intelligente« und »saudumme«.

Wir saßen meistens in den Kollegs zusammen, Meinhard und ich. So auch im Auditorium maximum, um den großen Martin Wolff zu hören, Sachenrecht. Der große Martin Wolff war sehr klein, ein Zwerg, wenn auch ein ganz normal proportionierter. Hinter dem Katheder saß er auf drei Lederkissen und krächzte sein »römisch eins: die Hypothek«, dann nach einer Weile »römisch zwei: die Grundschuld« über Hunderte von eifrig mitschreibenden Köpfen hinweg (als sei die Buchdruckerkunst noch nicht erfunden). Seine Popularität war so groß, daß seine Vorlesung über Wechselrecht, ein ausgefallenes Thema, eine Stunde wöchentlich, das Trockenste vom Trockenen, in der Aula der Universität gehalten werden mußte, vor über tausend Zuhörern, weil seine alten Schüler, jetzt Richter und Rechtsanwälte in Berlin, das krächzende »römisch eins« ihres geliebten Lehrers wenigstens einmal in der Woche wieder vernehmen wollten, auch wenn sie in dem großen Saal kaum die Hälfte des Textes verstehen konnten. (Mikrophone waren damals noch nicht üblich.)

Es war ein Bild christlich-jüdischer Verbrüderung, den winzigen Martin Wolff Hand in Hand mit dem hünenhaften und massiven Ernst Heymann, Koryphäe der Rechtsgeschichte, durch die Korridore der Berliner Universität wandeln zu sehen. Erst als Hitler kam und Heymann als Sekretär der Preußischen Akademie der Wissenschaften das Mitglied Albert Einstein aus der Akademie entfernt hatte, sah man die beiden nicht mehr zusammen. Martin Wolff, der Jude, las dann noch während einer kurzen Gnadenfrist, bis 1935 etwa, in einem winzig kleinen Hörsaal vor einem halben Dutzend Zuhörern, »römisch eins: ...«

Sehr verschwommen ist mir noch der damals irgendwo veröffentlichte Briefwechsel zwischen Heymann und dem von ihm herausgeworfenen Einstein in Erinnerung. Der genaue Wortlaut ist mir entfallen, auch meine neuerlichen Recherchen waren vergeblich, aber der allgemeine Eindruck jenes Briefwechsels ist geblieben: Heymann, der Täter, gelassen, vornehm, ausgewogen; und Einstein, das Opfer, unwürdig keifend wie ein Querulant. Ich werde auf den tragischen Würdeverlust von Verstoßenen noch mehrmals in eigener Sache zurückzukommen haben.

Ein Kolleg Heymanns, und zwar über die altgermanischen Ordalien (Feuer- und Wasserproben Angeklagter: »Gottesurteile«) ist mir noch in besonderer Erinnerung. Dies wegen meines Armbanduhr-Reifens, der, von einem Silberschmied nach Maß aus einem Stück gefertigt, mein ganzer Stolz war. Ich saß in diesem Ordalien-Kolleg neben dem Sohn eines Staatssekretärs im preußischen Finanzministerium, Jude, höchst etabliert, der mich gezielt mit dem Bescheid verletzt hatte, sein Vater lese Leopold Schwarzschilds *Magazin der Wirtschaft* und habe von der Zeitschrift *Die Bank* (mein Vater) noch nie etwas gehört. Dann zeigte er ein großes Interesse für mein silbernes Uhrarmband, nahm es in die Hand und verbog es. Der Knick ließ sich nicht mehr reparieren. (Landsberg, Lansburgh.)

In der gleichen Reihe saß Theodor. Er studierte in demselben Semester und hatte mich einmal in der Cafeteria der Uni angesprochen, er wolle mich kennenlernen. Aus einer Tasse Kaffee wurde eine enge Freundschaft. Der feinsinnige Theodor machte mich mit Aspekten von Kunst und Literatur vertraut, die mir vorher nur oberflächlich bekannt waren – mit François Villon, Paul Klee, Hölderlin, Nolde, auch mit Ludwig Meidner, dem Berliner Expressionisten, mit dem er befreundet war und den wir häufig besuchten (ich zeichnete dann oft mit ihm). Unsere Gesprächsthemen waren unbegrenzt, nur das Thema Frauen, wenn immer ich es zu berühren versuchte, vermied Theodor. Als Hitler kam, entdeckte er, daß er einen jüdischen Großvater hatte, und beschloß, Theologie statt Jura zu studieren und Priester zu werden (er war Katholik). Einem katholischen Priester, meinte er, könne keiner etwas anhaben, »und Bücher, Rituale und andere schöne Dinge genügen mir«. Ich vermied, ihn über seine Einstellung zum Zölibat zu fragen, auch stellte ich nicht die Gretchenfrage, wie er es denn mit dem lieben Gott halte. Gleichviel, Theodor wurde in der Hedwigskirche zum Priester geweiht und konnte in Deutschland bleiben.

Nach etwa fünfzig Jahren, bei meiner Rückkehr nach Deutschland, erfuhr ich durch einen Zufall auf einer Lesereise durch Bayern, daß es ganz in der Nähe einen Monsignore jenes Namens gäbe, und daß dieser mein alter Freund Theodor sei. Ich besuchte ihn in seiner Pfarrei, der weißhaarige, wie auch ich weit über siebzigjährige Monsignore tischte in seinem exquisit eingerichteten Studio ein köstliches, von ihm bereitetes Mahl auf. Wir sprachen über tausend Dinge, über Botho Strauß, Peter Handke, Stockhausen, Weingelee und Hundertwasser. Beim Mokka konnte ich nicht länger an mich halten: »Ich wollte dich eigentlich schon immer fragen, ob du an Gott glaubst – ich meine an Christus und so«, sagte ich, »aber ich lasse es lieber sein.«

Er stand auf, nahm eine wunderschöne Ikone von der Wand, wir betrachteten sie schweigend. Dann saßen wir wortlos einander gegenüber, zwei alte Männer, jeder hing seinen Gedanken und Erinnerungen nach. Als der Glockenschlag einer Rokoko-Pendüle uns gleichsam weckte, stieß der Monsignore an mein Glas, sah mich an und sagte: »Ich habe dich sehr geliebt.«

Kleiner künstlerischer Rückfall auf dem Weg zum Jura-Kolleg: Eine Putte aus Schnee in der Berliner Siegesallee, dem einstmaligen Hohenzollernschen Größenwahn-Panoptikum. (Pressefoto, 1932.)

6
49 bis 51 Prozent

Nazilümmel, die mich im Herbst 1932 auf der Straße so blutig schlugen, daß ich ins Krankenhaus mußte, brachten mir ein wenig Sinn für Proportionen bei. Das Jurastudium wurde unwichtiger. Auch ließen mich kleinere Erfolge auf sein Ende hoffen. Es war mir geglückt, im Feuilleton des in den zwanziger Jahren führenden *Berliner Tageblatt* zu schreiben, dort immer öfter und immer länger, auch in Ullsteins anspruchsvollem *Querschnitt* und in Leopold Schwarzschilds *Tagebuch*. Der erste gedruckte Satz meines Lebens, im *Berliner Tageblatt*, war dieser gewesen: »Feuer kann man nicht verbrennen.« Ich bezog ihn mit mächtigem Künstlerstolz auf mich selbst – bis zum April 1933, als mir die neue Redaktion des *Tageblatts* mitteilte, meine »seichten, jüdisch zersetzenden Schreibereien« seien in Zukunft unerwünscht.

Meine kleinen Essays in der Berliner Presse verschafften mir einiges Ansehen. Ich begann in Kreisen zu verkehren, die man damals teils »Berlin W« (etwa »Schickeria«), teils »Salonbolschewisten« nannte. In einem solchen Kreis bat mich ein mit osteuropäisch rollendem R sprechender junger Mann im roten Hemd, ein Sektglas in der Hand, Gedichte zu einer Anthologie »Prroletarrische Lyrrik« beizutragen, die bei Rrrowohlt herauskommen sollte. Das brachte mich in einen Gewissenskonflikt: War ich wirklich ein proletarischer Dichter? Auf dem Nachhauseweg von der Sektparty, um vier Uhr nachts, den langen Südwestkorso entlang, versuchte ich, ein paar Protestreime zusammenzubringen – etwas Wichtiges und Wesentliches gegen »Krieg« würde sich schon auf proletarisch Klingendes à la »Fabrik« reimen lassen –, ließ dann aber die Hände davon, als ich im frühen Morgengrauen vor der Haustür stand und meinen Vater da oben bei seiner blau abgeschirmten Lampe arbeiten sah.

Statt dessen verliebte ich mich in Ruth Siodmak, eine Mitstudentin, doch dies erst dann, als ich ihren Namen erfahren hatte. Ich verehrte

Robert Siodmak, den Autor und Regisseur des von mir bewunderten, heute klassischen Films *Menschen am Sonntag* – ein Wochenende junger, verliebter Menschen am Berliner Wannsee –, und glaubte, Ruth sei seine Tochter. Das war, wie mir erst heute klar wird, ein Ding der Unmöglichkeit, denn Robert Siodmak kann damals kaum dreißig Jahre alt gewesen sein. Aber ich fragte sie nicht, ja wagte nicht, sie überhaupt anzusprechen, bewunderte sie aus der Ferne. So sehr, daß ich mich im Statistik-Seminar einer überaus trockenen Dozentin namens Charlotte Lorenz – Ruth Siodmak war anwesend – so leidenschaftlich in mein auf zehn Minuten veranschlagtes Referat über die deutsche Bevölkerungspyramide hineinsteigerte, daß das Referat fast eine Stunde in Anspruch nahm, mit improvisierten Zitaten aus Nietzsche, Tucholsky und Oswald Spengler (*Der Untergang des Abendlandes*). Bis ich hochrot auf wiederholte Anmahnung des Fräulein Lorenz das Katheder räumen mußte. Ruth Siodmak hatte den Hörsaal schon vorher verlassen. Hieß sie überhaupt Ruth Siodmak? Ich bin mir noch heute nicht sicher, hatte ihren Namen nur einmal recht undeutlich von einem Kommilitonen gehört.

Ich kann nicht sagen, daß ich Ruth Siodmak körperlich begehrte. Die großen Liebesleidenschaften meines Lebens waren eigentlich immer eher platonischer Art, entfacht von künstlerischen Ambitionen (»Egofilm«: Siodmak!) oder später, im Exil, von Heimweh. Mein Geschlechtstrieb, so übermächtig er auch zeitweise gewesen sein mochte, hat es jedenfalls zum Glück nie fertiggebracht, mir nach den tückischen Regeln der Natur so etwas wie »Liebe« vorzugaukeln.

Übrigens: mein erstes, durch und durch leidenschaftlich erotisches Erlebnis war eine Frau im *Berliner Tageblatt*, Anzeigenteil, die in den kleinen, fast täglich erscheinenden Sexualstärkungsmittel-Annoncen der Firma Okasa abgebildet war. Diese Frau, eine füllige, mit knappen Federstrichen gezeichnete Blondine, saß nackt und breitschenklig auf einer kräftigen, überlebensgroßen Männerhand und lächelte satt, befriedigt. Sie erregte mich unsäglich.

Robert Siodmak blieb in der Ferne. Dagegen ermutigte mich Fritz Langs großartiger Film *M* (1932, mit Peter Lorre), ein Film mit einer leidenschaftlichen Beschwörung des untergehenden Rechtsstaates – *M* ermutigte mich, meinen »Egofilm« auf dem gehämmerten Elfenbeinpapier in die Hohenzollernallee zu Fritz Lang zu tragen. (Ein Diener öffnete.) Es war am 18. November 1932, ein Datum, an das ich mich noch heute als »historisch« erinnere, weil ich mir von ihm eine Wende zu einem künstlerischen Beruf, ein Ende des Jurastudiums versprach. Nach drei Monaten fiebernden Wartens klingelte ich erneut an Fritz Langs Tür, der Diener öffnete und gab mir nach einigem Suchen das Paket mit meinem Manuskript ungeöffnet zurück. Zu Hause angelangt, öffnete ich den Umschlag und hoffte immer noch, in dem Paket einen begeisterten Brief des Meisters zu finden.

Etwas mehr Glück hatte ich bei dem damals sehr bekannten Ufa-Regisseur Joe May (alias Mandel, wie er mir lachend gestand). Er interessierte sich zwar recht wenig für meinen Egofilm, er war auf Leichteres aus, gab mir aber dann und wann ein Drehbuch zum Redigieren – meist läppischen Kitsch, den ich mit noch läppischeren Mätzchen zu verschönern suchte. Viel ist mir von dieser Arbeit nicht mehr erinnerlich. Einmal aber filmten wir im Freibad Wannsee, ich holte saure Gurken für das Filmteam, ging den Strand hinauf zu den Kiefern am Waldesrand zum Gurkenstand. Es war ein heißer Berliner Sommertag, die Comedian Harmonists erklangen in irgendeiner Liebesecke aus einem Electrola Koffer-Grammophon (»Veronika, der Lenz ist da,... / die ganze Welt ist wie verhext – Veronika, der Spargel wächst!«). Am Gurkenstand sah ich in der Schlange der Leute eine kleine untersetzte Dunkle in noch feuchtem Badeanzug. Kleine Wassertröpfchen schillerten auf dem leichten Flaum ihrer Schenkel. Ich sah sie nicht länger als höchstens eine halbe Minute und träume seither von ihr mein Leben lang.

Viele meiner »arischen« Freunde und Mitstudenten – wir sind kurz vor der Machtübernahme – fielen um, erklärten mir gleichsam im Vorbeigehen die Gründe ihrer nationalsozialistischen Bekehrung (»die einzige Alternative«, »es muß jetzt ganz einfach etwas passieren«), verkrümelten sich, grüßten schließlich nicht mehr oder fragten kalt: »Wie geht es *euch* denn jetzt?« (Ich hörte erst wieder nach einem guten Jahrzehnt von ihnen, unmittelbar nach dem Zusammenbruch, als sie um Freßpakete aus dem Ausland bettelten, in das sie und ihresgleichen uns vertrieben hatten.) Als dann Hitler zur Macht kam, gingen einem auch die alten Klassenkameraden aus dem Weg und später, bei der Beerdigung meines Vaters, fand sich keiner der alten Freunde ein. Langsam, aber sicher beschlich mich ein zehrendes Gefühl, das mich während der ganzen Hitlerzeit nicht mehr verlassen sollte: das Gefühl, ein minderwertiger Mensch zu sein, ein schmarotzender Jude. Ich war nun einmal mit meinen einundzwanzig Jahren nicht gefestigt genug, den Invektiven meiner eigenen deutschen Sprachgemeinschaft unberührt gegenüberzustehen, den Zeitungen, dem Rundfunk, der kalten Gelassenheit ehemaliger Freunde. Wer mit Schmutz beworfen wird, *ist* schmutzig.

Meine jüdischen Freunde reagierten meistens anders: Wir seien in nichts verschieden von den »Deutschen«, um keinen Deut anders oder gar minderwertiger, alle Menschen seien gleich. Ich versuchte, diese frohe Botschaft zu glauben, aber es mißlang mir; ich fand, daß Menschen, die Tausende von Jahren verfolgt worden waren, irgendwie verschieden von ihrer Umwelt sein müßten, ob nun im guten oder schlechten Sinne. (*Nach* Hitler war's umgekehrt: Viele Juden wollten sich von den »Deutschen« wesentlich verschieden wissen, während ich mich, vielleicht ebenso unlogisch wie sie, mit dem deutschen Schicksal solidarisch erklärte...)

Ich erinnere mich noch wie heute an meinen letzten Gang in meine Universität, und zwar ins Kriminalistische Seminar, um geliehene Bücher zurückzubringen. Ein mir wohlbekannter Assistent, jetzt mit Parteiabzeichen, nahm meine Bücher grußlos entgegen und rief mir, als ich gehen wollte, ein schrilles »Hierbleiben!« zu. Ich blieb stehen und wartete, ohne zu wissen, worauf. Er blätterte die Bücher Seite für Seite durch, weil man ja, wie er sagte, »bei solchen Schmutzfinken« nie wissen könne. Das war der Anfang eines langen Prozesses, an dessen Ende, in den Vernichtungslagern, Menschen nicht mehr zu bloßen Schmutzfinken erniedrigt wurden, sondern zu Tieren, zum Furchtbarsten, was man Menschen antun kann: zum Verlust des Glaubens an sich selbst.

Wie konnte das alles kommen, wie war ein Hitler überhaupt möglich? Der entscheidende Faktor, glaube ich (und nicht nur ich), war eine von maßloser Verbitterung ausgelöste Aggressivität, wie man sie sich heute gar nicht mehr vorstellen kann – eine Verbitterung breitester Bevölkerungsschichten als Folge einer Inflation, die den Mittelstand zerrüttet hatte, einer von Hunger und Elend begleiteten Arbeitslosigkeit von sechs Millionen und einem brutalen, von sozialen Bremsen noch weitgehend unbehinderten Kapitalismus. Ganz zu schweigen von einer weltweiten Wirtschaftskrise, drückenden Reparationen, der »Schmach des Versailler Diktats« und einem zähneknirschenden Zorn über den angeblich ohne Not verlorenen Krieg: die Dolchstoßlegende, der »jüdische Verräter« Erzberger. Aggressivität eines ganzen Volkes, gepaart mit schizophrener Ordnungssucht, preußischem Untertanengeist und dem alten deutschen Übel: Misanthropie, will sagen einer nach außen projizierten Unsicherheit und Nichtachtung der eigenen Person. Das bitterböse, bestialisch verbiesterte Gekeife eines Hitler, jungen Bundesdeutschen von heute im Originalton akustisch und sachlich ein unerklärliches Phänomen, war damals dem kleinen Mann geradezu genial aus dem Herzen gesprochen.

Dazu das propagandistische Geschick der Nazis: Millionen von Unzufriedenen, die sich zu dem einen Extrem bekannt hatten, zum Kommunismus, wurden von Marx und Engels, Brecht und Toller als »Proletarier« angesprochen, was keinem Deutschen, vielleicht überhaupt keinem Menschen, richtig behagen wollte, während sie auf der anderen Seite des Extrems von Hitler und Goebbels als »Arier« geadelt wurden. Das war schon was Besseres.

Noch einmal: Wie war das alles möglich? Ich muß meinen Vater zitieren, der mir Endgültiges zu dieser Frage gesagt zu haben scheint. Ich habe das in meinem Buch *Strandgut Europa* schon einmal erzählt, man verzeihe die Wiederholung.

Combien d'Allemands, wie viele Deutsche, glaube er, seien Gegner des Nationalsozialismus? Ein Korrespondent des Pariser *Temps* interviewte meinen Vater kurz nach der Machtergreifung, ich lauschte an der angelehnten Tür.

»Etwa 49 bis 51 Prozent«, antwortete mein Vater; »die Majorität, dieser entscheidende Unterschied von ein oder zwei Prozent, schwankt hin und her.«

Mais non, rief der Journalist aus, seien wirklich ganze – mit der Selbstgefälligkeit französischer *logique* rechnete er an seinen langen gallischen Fingern Prozente zu absoluten Zahlen um – seien wirklich ganze dreißig oder vierzig Millionen Deutsche Gegner des Nationalsozialismus? *Où, dans quel lieu*, wo steckten sie denn, diese Millionen, wo in Gottes Namen sei denn da der sichtbare Widerstand, *la résistance concrète*?

Mein Vater schüttelte müde den Kopf, sah den Journalisten noch müder an und sagte, es ginge hier nicht um Millionen, so etwas sei völlig unwesentlich (– ach, wie er sich an den verdutzten Augen des Journalisten weidete!); es ginge um 49 bis 51 Prozent – die Majorität schwanke wie gesagt – um 49 bis 51 Prozent *en chaque Allemand*, in JEDEM Deutschen.

Wie sieht dieser Prozentsatz, dieser deutsche Aggregatzustand heute aus, in der Bundesrepublik? Liegt das deutsche Schicksal immer noch in der Waagschale von ein bis zwei Prozent, besonders wenn die Waage einmal größeren Erschütterungen ausgesetzt sein sollte? Ist die Bundesrepublik nichts anderes als eine Schönwetter-Demokratie? Ist der deutsche Rechtsstaat nur Wohlstands-Politur, lauert immer noch der Leviathan, die Impfschwester, der Bischof von Berlin? Wie tief darf man in Zeiten wirklicher Belastungen an dieser Politur kratzen? Die türkischen Gastarbeiter, die Asylanten: relativ kleine Erschütterungen, und schon steigt die Zahl der Neonazi-Wähler beängstigend an. Traurig auch, daß noch im Jahre 1989 nur 49 Prozent der von Infratest befragten Bundesbürger an eine alleinige deutsche Kriegsschuld glaubten. (*49 Prozent en chaque Allemand?*)

Und dennoch. Meine Hoffnung, fast schon meine Überzeugung ist, daß die Bundesrepublik von heute eine unvergleichlich glaubwürdigere und gefestigtere Demokratie ist, als es damals Weimar war. Ich weiß: die Tatsache, daß ungezählte alte Nazis – meine speziellen Freunde, die Juristen zum Beispiel – nun endlich aus ebenso ungezählten Ämtern der Bundesrepublik verschwunden sind, ist nicht das Verdienst der Bundesrepublik, sondern das der Zeit. Aber die Zeit ist kein schlechter Baumeister gewesen. Mag dieses Land auch kommerzieller, weniger »kultiviert« sein, als es zu meiner Zeit das ach so idealistisch verrannte Volk der Dichter und Denker war, so ist es doch ein barmherzigerer Staat geworden – ein Staat, der, im englischen Sinne, unvergleichlich zivilisierter ist, *civilized*, als wir es zur Weimarer Zeit waren. Mir scheint es Anzeichen dafür zu geben: die Schulen heute, die Beamten, die Versachlichung, will sagen Entschwulstung durch eine allumfassende Technik, die gegen jeden Chauvinismus sprechende Internationalisierung unserer lebenswichtigsten Probleme – Umwelt, Kernkraft –, dazu die weithin vermenschlichende Frauenbewegung (das alles gewiß auch in anderen Ländern), und nicht zuletzt der im Vergleich zu meiner Zeit unvergleichlich zivilisiertere Umgangston. Ja, der Umgangston! Man zeihe mich nicht weltfremder Ästhetisiererei. Die leisere, die menschenfreundlichere Sprache von heute! Der Jugend, der soviel besseren, sei's gesagt, es ist meine Pflicht als Zeitzeuge, das zur Ermutigung, zum Weitermachen in diesem Geist zu sagen – trotz Millionen von *Bild*-Lesern. Kleine Ursachen, große Wirkungen: Wo nicht »bitte« und »danke« gesagt wird, wo nicht zugehört wird, wo geschrien statt gesprochen wird, wo Türen geschlagen werden, da kann es Gaskammern geben.

Kollektivschuld eines ganzen Volkes damals? Ja und nein. Man vergesse nicht, daß selbst viele, wenn nicht gar die meisten deutschen Juden bis zur sogenannten Reichskristallnacht im November 1938 in Deutschland blieben, ganze fünf Jahre unter Hitler also, und sich wie viele, wenn nicht gar die meisten anderen Deutschen mit frommen Sprüchen vertrösteten wie »Es wird alles nicht so heiß gegessen wie es gekocht wird« oder »Wem Gott ein Amt gibt, dem gibt er auch Verstand« oder »Hunde, die bellen, beißen nicht«.

Aber: Hitler bellte, um dann langsam, Stück für Stück, zuzubeißen: *Langsam:* Was Nachkriegsgenerationen von heute gleichsam in perspektivischer Verkürzung sehen, als einen mehr oder weniger plötzlichen Prozeß des Grauens, den sie gerade deshalb so schwer verstehen können – etwa die perspektivisch verkürzte Vorstellung, daß ein rabiater Hitler gleich nach der Machtübernahme sechs Millionen Juden ergreifen und vergasen ließ –, das war in Wirklichkeit eine infame Taktik der kleinen und kleinsten Schritte: Das Netz wurde ganz allmählich zugezogen, über Juden und Nichtjuden.

Trotzdem: Die Fahrlässigkeit, mit der ein damals höchst kulturbeflissenes, leider aber völlig unzivilisiertes und zutiefst misanthropisches Volk wie die Deutschen während der Kristallnacht 1938 (und auch vorher, und auch späterhin) die Augen zudrückte, ist auch als bloße Fahrlässigkeit *culpa*, ist Schuld, und zum Donnerwetter nicht nochmal: ist Kollektivschuld, wenn es so etwas überhaupt gibt.

Und wir selber? Wie hoch hätten wir deutschen Juden den Arm zum Hitlergruß emporgestreckt, wenn uns das als vollwertigen Volksgenossen erlaubt gewesen wäre? Die meisten jüdischen Emigranten, die ich getroffen habe, behaupteten, sie seien »selbstverständlich« gegen alle Anfechtungen des Faschismus gefeit, unter welchen Umständen auch immer. Es steht mir nicht zu, ihre Worte zu bezweifeln. Aber ich habe die Pflicht, mich selber zu fragen, wie ich mich als hypothetischer »Arier« verhalten hätte. Und meine Antwort ist: Ich weiß es nicht. Ich bin zur Arbeit erzogen worden, ich liebe sie über alles, und die Nazis hätten mir übergenug davon gegeben, in meinen besten, schaffensfreudigsten Jahren. Wenn ich auch eine wackere Haltung für mich erhoffen möchte, innig und aufrichtig erhoffen möchte und erbete, so kann ich doch nicht ausschließen, daß ich womöglich eine Art Kurt Georg Kiesinger geworden wäre, der von 1940 bis 1945 emsig als engagierter Intellektueller die nationalsozialistische Rundfunkpropaganda betreute. Die Ohrfeige, die er später als deutscher Bundeskanzler von Beate Klarsfeld bekam, hätte dann auch ich verdient. Ja, vielleicht hätte ich als das preußische Arbeitstier, das ich war, *noch* emsiger als andere NS-Tintenkulis gearbeitet und wäre dabei auf so viele Verbesserungsideen gekommen, daß ich mich früher oder später in meinem Eifer mit meinem Chef, in diesem Fall Herrn Dr. Goebbels, überworfen und ihn mit allen anderen Nazischweinen zum Teufel gewünscht hätte. Womöglich wäre ich auf diese Weise sogar in einem KZ gelandet und hätte dann nach dem Zusammenbruch einen komfortablen Persilschein gehabt...

Die »goldenen« zwanziger Jahre! Man sah es schon damals genau: Der Glanz dieser Jahre, die ins Dritte Reich mündeten, war nichts anderes als das prachtvolle Erblühen zahlloser herrlicher Lilien auf dem riesengroßen, stinkenden Sumpf einer von Inflation, Massenarbeitslosigkeit und Hunger zersetzten Gesellschaft. Allein in Berlin, dem kranken Berlin, welcher Glanz: Albert Einstein, Max Planck; die Schriftsteller Bert Brecht, Alfred Döblin, Kurt Tucholsky, Else Lasker-Schüler; die Dirigenten Bruno Walter, Furtwängler, Klemperer, Kleiber; die Regisseure Max Reinhardt, Erwin Piscator, Leopold Jessner; die Schauspieler Fritz Kortner, Ernst Deutsch, Emil Jannings, Gustav Gründgens (!) und Elisabeth Bergner; die Verleger S. Fischer und Ernst Rowohlt; die Maler und Zeichner Max Liebermann, Käthe Kollwitz, George Grosz... Übrigens über die Hälfte von ihnen Juden.

Berlin. Was war das eigentlich, dieses flimmernde Ding? Bert Brechts von einer bürgerlichen Kaviar-Schickeria bejubelte *Dreigroschenoper* am Schiffbauerdamm? Ernst Tollers vor Salonbolschewisten gespieltes *Hoppla, wir leben!* in Erwin Piscators »proletarischem Theater« am Nollendorfplatz? Die mageren zehn- oder fünfzehntausend Leser der *Weltbühne*? Magnus Hirschfelds Sexualforschungsinstitut im Schatten der Kaiser-Wilhelm-Gedächtniskirche? Die Kontakttelefone im Resi-Tanzpalast, die Schwulen im Eldorado? Der Bubikopf, der Foxtrott, das Kokain auf dem Kurfürstendamm?

Hoppla, wir leben! »Unser« Berlin, war es nicht so etwas wie eine geliehene Stadt? Eine Stadt, in der man nicht lebte, sondern *von* der man lebte? So wenigstens schien es mir. Gewiß, als blutjunger Mensch konnte ich nicht vergleichen, nicht sehen, daß sich im Berlin der Nachkriegszeit ein gewaltiger Bruch mit der Wilhelminischen Ära vollzog. Und dennoch: War der Glanz dieser Stadt nicht eigentlich nur das fieberhaft erregte, künstlich aufgeputschte Leben einer auf seiner dünnen Oberfläche herumkrauchenden Intelligenzija, die in diesen flimmernden, schwirrenden, zerrissenen Jahren, später die goldenen zwanziger Jahre genannt, mit zentrifugaler Kraft von der Mitte nach außen geschleudert wurde, ins Extrem?

Und dazu die Juden. Der Nationalsozialismus verstand es meisterlich, die antikommunistische wie antikapitalistische wie antiintellektuelle wie jede andere anti-Bitterkeit des kleinen Mannes, eben die deutsche Misanthropie, in einen primitiven Antisemitismus umzufunktionieren, der keinem außer einer kleinen Minderheit, eben den Juden, weh tun konnte und jedem anderen noch obendrein den Volksorden verlieh, etwas Besseres zu sein. Das Manöver glückte über die Maßen, denn das Unglück wollte es, daß deutsche Juden, nach jahrhundertelanger Isolation und Diskriminierung endlich frei, in der Weimarer Republik sowohl als Kapitalisten, vor allem als Bankiers, wie auch als Kommunisten (Liebknecht, Rosa Luxemburg), von der Intelligenzija im übrigen ganz zu schweigen, eine sehr prominente Rolle spielten – »sich mausig machten«, wie Vater, der wohl auch aus diesem Grunde so still konservative, tief besorgt zu sagen pflegte. Ein idealer Sündenbock also, ein perfektes Ventil für eine allgegenwärtige Verbitterung und Aggressivität.

(»Ach, streichen Sie doch bitte diesen Absatz, Herr Lansburgh«, unterbrach mich hier bei einer Probelesung eine recht strikt aussehende Dame, die sicher zur Hitlerzeit eine gute BDM-Führerin abgegeben hätte. »Wissen Sie, Herr Lansburgh«, fügte sie hinzu, »als glühend antinazistische Deutsche bin ich nun einmal in Sachen Juden empfindlicher als Sie.« Ich lasse die Dame empfindlicher sein und fahre fort:)

Zu den bedauerlicherweise oft allzu sichtbaren deutschen Juden kamen – das muß hier gesagt werden, es ist wohl nirgendwo nachzulesen und bringt leider die Gefahr mit sich, den widerlichsten Reaktionären Munition zu liefern – zu diesen Juden kamen zu allem Überfluß die kürzlich eingewanderten Ostjuden, damals »galizische Juden« genannt, die, kaum der deutschen Sprache mächtig, ihre armseligen, durch Valutaspekulationen oder Nachkriegsschiebereien erworbenen Reichtümer inmitten allen Elends auf den Boulevards von Berlin, Frankfurt und Wien zur Schau trugen: dicke Madams mit Brillantringen an den fetten Fingern, Silberfüchsen, glitzernden Autos; kleine miese Raffkes, primitivste Glaubensgenossen von Tucholskys Herrn Wendriner, die durch ihre bloße Präsenz Antisemiten am laufenden Band fabrizierten. Während die wirklich Schuldigen, die Drahtzieher des Dritten Reichs, die Krupps, Thyssens und Hugenbergs, die preußischen Junker und Herrenklub-Herren fein säuberlich und unsichtbar in ihren Schlössern und Rivieravillen residierten; sie trugen keine Brillanten auf dem Kurfürstendamm zur Schau, und keine Silberfüchse, wie ein paar armselige, zu ein bißchen Geld gekommene galizische Juden, die nichts anderes waren als die unschuldigen Produkte einer kranken Gesellschaft.

»Die Juden sind unser Unglück«, zitierte Meinhard, mein Nudelstuben-Freund, bitter Hitlers bekanntes Schlagwort. »Wenn der Mann wüßte, wie recht er hat! Wo wäre heute der Nationalsozialismus, eben das Unglück – wo wäre es ohne all die Cohns und Levys, die der Nazi-Propaganda ideales Material zugeführt haben?«

Das mochte maßlos übertrieben sein, aber Meinhard und ich meinten es ernst damit. Während antisemitisch-rechtsradikale Femeprozesse und jüdische Finanzskandale Schlagzeilen machten – wir sind im Herbst oder Winter 1932 –, beschlossen Meinhard und ich, eine jener galizischen Madams auf dem Kurfürstendamm niederzuknallen, um als *Juden* vor Gericht gestellt zu werden – als Juden, die *auch* gegen Juden reagiert hatten, und zwar gegen solche, die das Bild der Juden in Deutschland gröblich verzerrten.

Wir arbeiteten im voraus unser Plädoyer aus und sahen uns melodramatisch im Scheinwerferlicht der Presse als Märtyrer zu lebenslänglichem Zuchthaus verurteilt, während wir Deutschland durch Zerschmetterung seiner wirksamsten Propagandawaffe vor dem Nationalsozialismus bewahrt hatten. Aber unsere großen Pläne scheiterten an den Schwierigkeiten, eine Pistole zu beschaffen. Auch hatte sich Meinhard gerade einmal wieder verliebt (übrigens in eine kraushaarige galizische Jüdin), und so kam es denn zu Hitlers Machtergreifung...

Im Frühjahr 1933 stand fest, daß »Nichtarier« vom Jurastudium ausgeschlossen werden würden, auf jeden Fall von der Ablegung des Staatsexamens. Zu meiner Schande muß ich gestehen, daß ich aufatmete. Endlich von diesem Studium befreit! Endlich war die Pestbeule aufgegangen: von Papen, Zentrum, Vizekanzler unter Hitler; die Deutschnationalen Geburtshelfer beim Ermächtigungsgesetz, das Hitlers unbegrenzte Diktatur ermöglichte. Endlich hatten die Herren Smend und Löffel mitsamt dem Reichsgericht ihr wahres Gesicht gezeigt: Ja ja, der Staat war mehr als eine Feuerwehr; ja ja, schon 1916 hatte er gesagt: nein nein, der Staat war nicht in seiner Rechtsordnung festgelegt... Die mäuschenstillen, mit blauen Lampenschirmen gewichtig gedämpften, bedrückend verpflichtenden Seminare hatten ihre Schlangeneier ausgebrütet: Tierischer Ernst, schwülstige Abstraktionswut, nebuloser Tiefsinn, blinde Paragraphenreiterei – alles, was bisher deutsche Gründlichkeit geheißen hatte, war, seiner selbst überdrüssig, geradezu wollüstig in sein hundertfaches Gegenteil umgeschlagen, in pubertär primitiven Blut und Boden. Mit geradezu masochistischer Freude sah ich, wie von allen Fakultäten die Juristen zuerst umfielen (die Theologen folgten fast auf dem Fuße, die Mediziner kamen zuletzt). Von Georg Wilhelm Friedrich Hegels höchst abstraktem Staat als »Wirklichkeit der sittlichen Idee« bis zu seinem ach so hegelianisch-dialektischen Gegenteil, dem Terror-Regime und den Vernichtungslagern von Auschwitz und Maidanek, war nur ein Schritt.

Ade Juristen! Befreit schrieb ich an Joe May, der nach Hollywood gegangen war und mir von dort aus eine Arbeit bei den Columbia-Pictures angeboten hatte, sagte zu und bereitete meine Auswanderung in die USA vor.

Mein Vater meinte, Hollywood sei nichts für einen Zwanzigjährigen und brachte in Erfahrung – es war im März 1933, kurz nach der Machtübernahme –, daß man in Basel weiterstudieren und seinen Doktor machen konnte. Meine Eltern fanden dies das einzig Richtige, es sei doch jammerschade, sechs Semester Jurastudium aus dem Fenster zu werfen, ein Doktortitel sei doch schließlich ein guter Abschluß.

Ich gehorchte. Leider.

Selbstporträt für die Eltern beim Abschied von Berlin.

7
Alles halb so schlimm

Professor Germann, Universität Basel, Strafrecht, gab mir kurz nach meiner Ankunft das Thema meiner Doktorarbeit. Ich hatte Strafrecht gewählt, weil es mir verhältnismäßig noch am menschlichsten erschien. Ein Mörder war jedenfalls irgendwie menschlicher als eine Aktiengesellschaft. Vielleicht der Grund, weshalb Zivilrechtler, wenigstens zu meiner Zeit, auf Strafrechtler als »Schmalspurjuristen« herabsahen. Na gut, um so besser.

Das von Professor Germann gewünschte Thema lautete: »Der Rücktritt des Teilnehmers vom Versuch«. Ich stellte mir vor, daß das ein ziemlich einfaches Thema sei. Der Rücktritt des *Täters* vom Versuch, also das reuevolle Abstehen eines Verbrechers von seinem bösen Vorhaben – der Mörder wirft die Pistole beim Anblick seines Opfers beschämt aus dem Fenster –, dieser Rücktritt vom Versuch eines Straftäters wurde und wird sowohl nach dem deutschen als auch nach dem schweizerischen Strafgesetzbuch ausdrücklich mit Straffreiheit belohnt, um das Abstehen vom Verbrechen im letzten Augenblick zu ermuntern. Über den Rücktritt des *Teilnehmers* am Verbrechen – der Anstifter oder Gehilfe schlägt dem von ihm unterstützten oder angestachelten Täter im letzten Augenblick die Pistole aus der Hand –, darüber enthielt zwar kein Strafgesetzbuch der Welt ein einziges Wort, aber, so sagte ich mir, da könnte man wohl irgendwie per Analogie ebenfalls Straffreiheit konstruieren. So schwer konnte das alles nun wirklich nicht sein, und frohgemut kaufte ich mir zur Feier meines Themas ein halbes Pfund Kirschen auf dem Basler Marktplatz, das ich gemächlich im Torgang des wunderschönen Rathauses verzehrte.

Langsam aber entdeckte ich in der ebenso wunderschönen Universitätsbibliothek an der Bernoullistraße, daß ich mich in ein juristisches Wespennest gesetzt hatte. Die zwei umstrittensten Fragen des gesamten Strafrechts – ganze Bibliotheken waren über jede von ihnen geschrieben worden – waren erstens »Versuch« und zweitens »Teilnahme«, und ausgerechnet diese beiden überkreuzten sich in meinem gottverdammten »Rücktritt des *Teilnehmers* vom *Versuch*«.

Zunächst konnte der Teilnehmer, was das auch immer war, überhaupt nicht von *seinem* Versuch zurücktreten, denn versuchte Teilnahme gab es nicht. Er konnte nur vom Versuch eines *anderen* zurücktreten, nämlich von dem des Täters, also den Täter an der Ausführung des Verbrechens hindern. Wenn der sich aber nicht hindern ließ? Oder wenn er bereits zurückgetreten oder sonstwie an der Vollbringung der Tat gehindert worden war? Wie dann der Teilnehmer?

Nun, das wäre vielleicht schon zu lösen gewesen, wenn nicht auch der Versuch des *Täters* eine überaus umstrittene Sache gewesen wäre. Da gab es nämlich, wie überall im Strafrecht, zahllose Spielarten »subjektiver« und »objektiver« Lehrmeinungen. Extrem subjektiv: der Versuch begann schon mit dem bloßen Gedanken, ein Verbrechen begehen zu wollen – eine, wie wohl fast jeder einsehen wird, abstruse Theorie. Na, man konnte ja auch »objektiv« sein, also einen tatsächlichen, greifbaren Anfang der Ausführung des Verbrechens voraussetzen, sagte ich mir beim Birchermüesli im billigen Blau-Kreuz-Haus, dem spartanischen Abstinenzler-Lokal am Petersplatz, ganz in der Nähe der Universitätsbibliothek. Bis ich entdeckte, daß mein Professor Germann ein entschiedener Anhänger der extrem subjektiven Theorie war.

Das war ein Unglück. Sollte etwa ein Anstifter (also ein Teilnehmer), der »subjektiv« den von ihm angestachelten Mörder im letzten Augenblick am Mord hindern *wollte*, straffrei ausgehen, obwohl der Mord zur Ausführung gekommen war? Das konnte doch selbst mein Professor Germann nicht wollen. Die »objektive« Theorie war offenbar das einzig Vernünftige. Das Strafrecht, das wurde mir immer klarer, war wie ein ganz gewöhnlicher Polizist: Es reagiert nur, und soll nur reagieren, wenn etwas tatsächlich, also »objektiv« *passiert*, nicht aber, wenn sich irgend etwas »subjektiv« im Kopf eines potentiellen Täters zuträgt. »Das Strafrecht ist kein Moralkodex«, belehrte ich mein Birchermüesli. Wie aber konnte ich mit meinen zwanzig Jahren gegen einen Professor angehen, der sich ein Leben lang mit strafrechtlichen Problemen befaßt und mir sicher dieses Thema zwecks weiterer Bestätigung seiner abstrusen subjektiven Theorie gegeben hatte?

Und führte meine schöne »objektive« Einstellung nicht ebenfalls ad absurdum? Gerade bei der Teilnahme kam die konsequenteste objektive Lehrmeinung, die sogenannte akzessorische Theorie, zu dem Ergebnis, daß auch der böseste Anstifter und der übelste Gehilfe straffrei ausgingen, wenn der Täter gegen ihren Willen und ganz ohne ihr Zutun die Tat im letzten Augenblick aufgegeben hatte, also vom Versuch zurückgetreten war: Es war ja nichts *passiert*, liebes Birchermüesli, kein Polizist brauchte einzuschreiten, die Teilnehmer waren straffrei. Das war wieder einmal abstrus. Weshalb Dutzende von vermittelnden Lehrmeinungen – ganze zweiundzwanzig Doktorarbeiten waren bereits über mein Thema geschrieben worden – eine Brücke von dem einen Wahnsinnsresultat zu dessen ebenso wahnsinnigem Gegenteil, eben Professor Germanns extrem subjektiver Theorie, zu schlagen versuchten: stufenweise, halb objektiv, halb subjektiv, oder ein Viertel objektiv, oder ein Achtel, oder noch schlimmer, halb subjektiv, dreiviertel objektiv, zweidrittel subjektiv, vierdrittel objektiv usw., kurz: faule, undurchsichtige, immer kompliziertere Sophistereien.

Da half kein Hitchcock. Ich verzagte, das Birchermüesli schmeckte nicht mehr, die wunderschöne Universitätsbibliothek mit ihren (damals) in zartem, himmelblauem Barock geschwungenen Regalen voller schön gebundener Bücher fiel mir auf den Kopf.

Was jene zweiundzwanzig Doktorarbeiten betraf, die diese subjektiv-objektive Rabulistik um zweiundzwanzig Varianten vermehrten, so hatten es sich die Doktoranden in Tübingen, Erlangen, Heidelberg und wo auch immer offenbar recht leicht gemacht, um das Examen möglichst schnell hinter sich zu bringen. Mir schien, als spielten sie seelenruhig auf den Tasten einer riesigen Orgel, ohne die schrille Kakophonie der Orgelpfeifen zu vernehmen.

Na also! Warum es nicht ebenso machen? Schließlich war man ja nur hier, um auf die Schnelle einen Doktortitel zu ergattern. (»Dr., der jüdische Vorname«, hieß es damals in besseren jüdischen Kreisen in Berlin.) »Nimm's leicht, es ist alles halb so schlimm!« sagte ich mir immer wieder, wenn ich nach zehnminütigem Aufenthalt in meinem Bücher-Dschungel aus der Bibliothek eilte, um draußen etwas Luft zu holen.

Leichteren Herzens in die Bibliothek zurückgekehrt, mit besten Vorsätzen (»alles halb so schlimm«), fielen mir die Bücher nach weiteren zehn Minuten abermals auf den Kopf. Die Orgelpfeifen. Wieder eilte ich hinaus.

Konnte ich mich nicht zum Donnerwetter beim Kragen nehmen und einfach ein paar Orgelregister mit zugehaltenen Ohren ziehen, wo mir die ganze Juristerei ja sowieso völlig gleichgültig war und schließlich ein paar Kilometer von hier ganz Deutschland vergewaltigt wurde? Ein bißchen Sinn für Proportionen, mein Lieber! Und außerdem: Ein Dutzend Doktoranden aus Berlin, jüdische Emigranten wie ich, exerzierten mir das flinke Orgelregisterziehen täglich in der Bibliothek vor, obwohl sie weitaus überzeugtere Juristen waren als ich, und nach zwei oder drei Monaten waren sie mit der Sache fertig. Konnte ich mir nicht ein Beispiel an ihnen nehmen? Einer nach dem andern verschwanden sie aus der Bibliothek, waren als frischgebackene Doktoren abgereist, nach Amerika, Australien, Neuseeland. Auch Landsberg war unter ihnen gewesen und hatte sich mit einem sarkastischen »mach's gut« verabschiedet, während ich immer noch verzweifelt meine Bücher wälzte. Ich wußte nicht, ob ich ihn beneiden oder hassen sollte.

Ein Verrückter tröstete mich. Er saß am Nebentisch, nahm wahllos irgendwelche Bücher aus den Regalen, juristische, theologische, philologische, medizinische, schlug sie ebenso wahllos irgendwo auf, notierte dann die aufgeschlagenen Seitenzahlen mit geradezu wissenschaftlicher Akribie säuberlich untereinander, Spalte auf Spalte, auf vorgedruckten Postkarten, und addierte dann das Ganze, Karte für Karte. War dies nicht ein Gleichnis? Konnte man es da nicht selber etwas leichter nehmen? Ein bißchen Sinn für Proportionen! Denk an die Nazis! Schludere den Quatsch hinunter!

Doch mich umgab die ernsteste aller Städte. Dieses mittelalterliche, trutzige Basel, das sich in seiner »Dreiländerecke« jahrhundertelang gegen drohende Nachbarn hatte behaupten müssen, gegen Napoleon, gegen Hitler, und ernst und stark dabei geworden war. Diese Stadt verpflichtete.

Und Vater verpflichtete. Es war die alte Geschichte: dem Maverick ohne Abitur, jetzt unter Hitler bald ohne Zeitschrift und Arbeit, einen Sohn antun, der von seiner Doktorarbeit weglief, das Weglaufen in der zweiten Generation wiederholte und sich die Karriere verbaute, wie Vater es einst getan hatte? Es ging einfach nicht.

Der Winter kam und ging, ein Jahr lang war ich schon hier, mit dem Geld der Eltern. Wie lange würden die Nazis noch diese Geldsendungen erlauben, wie lange würden meine Eltern überhaupt noch Geld genug haben? Die Uhr tickte, neue Emigranten kamen, doktorierten und gingen, Landsbergs auf Landsbergs warfen mir beim Abschied von der Bibliothek ironische Blicke zu. Der Druck schien unerträglich. Und dabei, welch verwöhntes Leben! Draußen Hitler. *Das* solltest du tragisch nehmen! Schäme dich! Benimmst dich wie Millionen Nazi-Mitläufer, die ihre kleine Scheißarbeit so wichtig nehmen, daß sie für den Hitler-Terror nur ein Achselzucken übrig haben. ARBEIT! Der Geist, das Gespenst, das Prinz-Heinrich-Gymnasium. Gehe in dich! Hier, in diesem schönen Lande ist die Freiheit, hier darfst du studieren, ein Luxusleben führen, darfst die *Neue Zürcher Zeitung* beim Frühstück lesen, bei Brötchen, Butter, Erdbeermarmelade im Blau-Kreuz, mit Gänseblümchen auf dem gedeckten Tisch: Heimat.

War denn dieses Wort zu schwer für mich geworden?

Oft saß ich auf der Pfalz, einem der schönsten Plätze der Welt, vorm Kreuzgang des Münsters, hoch über dem Rhein, und wollte mich in den Fluß stürzen. Das erleichterte: Nach jedem Selbstmordentschluß erschien das Leben wie geschenkt – »geschenktem Gaul sieht man nicht ins Maul« –, gleichsam zu nichts verpflichtend, »alles halb so schlimm«. Aber das hielt nicht lange vor, nach einer halben Stunde verpflichteten die Arbeit, der Vater, die Stadt aufs neue.

Oft floh ich aus der Bibliothek in ein kleines Café in der Nähe, wo es guten Sandkuchen gab. Einmal kam die weißhaarige Inhaberin an meinen Tisch und fragte in langsam und bedächtig ins Hochdeutsche übersetztem Schwyzerdütsch: »Glau-be Sie an das e-wig-ge Lä-ben?« Ich nickte abwesend, dachte an Versuch und Teilnahme. Sie ging an ihre Theke, nahm eine große Tafel Milchschokolade (Tobler) aus dem Glaskasten und sagte: »Ich dank-ke Ih-nen.«

Das tröstete nur eine kleine Weile. In einem Spielzeugladen kaufte ich einen weißen Teddybären und setzte ihn neben die Strafrechtskommentare und Reichsgerichtsentscheidungen auf meinen Bibliothekstisch, als »menschliches« Gegengewicht. Heinz Cohn, einer der neuen Schnelldoktoranden aus Berlin, kam mit einem Bücherstoß vorbei, sah den Teddybären, schüttelte den Kopf, zuckte ein paarmal nervös mit den Augen (das taten viele angehende Juristen damals: der Tic der Vertrocknenden), ging an seinen Tisch, neben dem von Marion Gräfin Dönhoff, und schrieb, schrieb, schrieb. Nein, der Teddybär tröstete mich nicht. Ich eilte nach Hause, riß mir die Kleider vom Leib und betäubte mich mit der kleinen Dunklen am Gurkenstand im Freibad Wannsee.

Meine Exzerpte, nunmehr Tausende an der Zahl, waren kaum noch überschaubar. Wer die Liebe nicht hat, dem fehlt das Maß. Ich floh in die Stadt, zum Spalentor, zum St. Alban-Tor, an Buden und Kneipen vorbei, vorbei am »Totentanz« – ja, so hieß die Straße, so mittelalterlich ernst, ach was, »alles halb so schlimm« – die Freie Straße hinunter zum Rathaus, den Rheinsprung hinauf zum Münster, zum Kreuzgang, vorbei an den alten, weihevoll einfachen Bürgerhäusern, auf die Pfalz. Aber die Schönheit dieser Stadt befreite nicht, ihre strenge Schlichtheit ermahnte. Spießbürger, die Schweizer? Bürger! Bürger!

Oben auf der Pfalz, über die Brüstung hinweg, da hinten rechts, fiel der Blick auf die grünen Hügel von Lörrach. Dort lag Deutschland. War mir der Sinn für das Maß erst jetzt so total verlorengegangen, erst seitdem ich den heimatlichen Boden unter den Füßen verloren hatte?

Ich floh in das nahe Dornach, ins Goetheanum, den Sitz der Anthroposophen. Ging in die Bibliothek, suchte »Menschliches«, wie es die Vorsilbe »anthropo-« versprach. Aber die großen, ätherisch zerfließenden Aquarelle an der Wand, in mattem, diffusem Lila, Blau, Rosa, beängstigten durch ihre Ungreifbarkeit; die Texte Rudolf Steiners, *Doktor* Rudolf Steiners, verunsicherten nur noch mehr. Die Anthroposophen, ich wußte es, waren Leute mit Sinn für das Maß und waren von Hitler verfolgt. Konnte ich da zum Donnerwetter meine Arbeit nicht etwas leichter nehmen? Es ging nicht.

Ich floh ins Kunstmuseum, zu Holbein und Konrad Witz. Holbeins herrlicher Erasmus von Rotterdam half wenig, die ruhige Gelehrsamkeit, die gebieterische Konzentration dieses still und distanziert an seinem schlichten Holzpult Schreibenden war Vorbild und Mahnung: Dies war Basel, der ganze Ernst, die ganze Schlichtheit, das bodenständig Bürgerliche und urwüchsig Demokratische einer Stadt, die zu stark für mich war. Ich gelobte, ich Kindskopf, für eine blinde Nische in der Bibliotheksfassade eine kostbare Skulptur zu stiften, wenn ich je einmal zu Geld kommen sollte. Ich liebte diese Bibliothek, die mich erdrückte. Ich liebte diese Stadt.

Konrad Witz' *Synagoge* im Kunstmuseum half da schon eher, die wehmütig gebeugte, in gelber Judenfarbe gekleidete Frau mit ihrer gebrochenen Lanze – diese zarte Gestalt, die das geschlagene Judentum so unendlich geistvoller und menschlicher verkörperte als Witzens danebenhängende *Ecclesia*, die triumphierende christliche Kirche: eine eitel herausgeputzte, dummstolze Germania. Noch gestern hatte Erika Manns *Pfeffermühle*-Kabarett in Basel gastiert; eine große, fette, plumpe, »arisch« vollbusige Germania in weißem Nachthemd, mit dicken strohblonden Zöpfen hatte an der Bühnenrampe gestanden, solo im grellen Scheinwerferlicht, und ebenso stolz wie lauthals gesungen: »Ich – bin – die – DUMMHEIT!« Schön war das gewesen. Aber auch das hatte nur ein Weilchen geholfen.

Dr. Simon Silberstein, ein warm und gutmütig, wenn auch etwas gedrückt wirkender Privatgelehrter in mittleren Jahren, ein korpulenter Mann mit einem riesigen kahlen Gelehrtenschädel, dem Hörensagen nach ein »dunkler Ehrenmann«, saß oft beim Morgenkaffee im Blau-Kreuz am gleichen großen Tisch wie ich. Einmal, als wir allein nebeneinander saßen, zog er schweigend ein dickes Heft aus seiner verschlossenen Aktenmappe und gab es mir. Es war unglaublich: eine soeben in Breslau erschienene Dissertation, die dreiundzwanzigste also, über den Rücktritt vom Versuch, von einem Doktoranden namens Krauthammer – schon auf den ersten Blick eine außergewöhnlich klar disponierte Arbeit und außerdem, o Wunder, einigermaßen vereinbar mit den »subjektiven« Grillen meines Professors. Wie hatte Dr. Silberstein das herausgefunden? Es war unheimlich.

»Wenn Sie sonst noch Schwierigkeiten haben, Herr Lansburgh, wenden Sie sich nur an mich«, sagte er leise und schlürfte seinen Kaffee.

Ein Kindskopf, der ich war und bin, begriff ich nicht. Erst viel später, nach Jahrzehnten, erfuhr ich zufällig, daß dieser Mann in aller Heimlichkeit ausgezeichnete juristische Doktorarbeiten schrieb – für andere, gegen ein bescheidenes Honorar. Wieviel einfacher, schneller und billiger hätte ich meine ach so herzzerreißenden Probleme mit Dr. Silberstein lösen können! Mit diesem Außenseiter, der wie so viele andere Juden an die Peripherie der Gesellschaft abgedrängt worden war, bis in die Grauzone der Illegalität hinein, obwohl sein Können sicher für eine Professur gereicht hätte. Ich habe späterhin noch oft an ihn denken müssen, wenn immer ich selber in ähnliche oder noch dunklere Grauzonen abgedrängt wurde. Er soll sich später, völlig vereinsamt, das Leben genommen haben.

Um den Büchern zu entrinnen, auf der Flucht auch vor mir selber, fuhr ich immer häufiger per Anhalter nach Bern, zu Hannah und Eva, jüdischen Freundinnen aus Berlin, die dort zusammen in einer kleinen Wohnung lebten und Medizin studierten. Eva, Tochter eines der drei oder vier führenden deutschen Bankiers, mollig und warm, für meinen Geschmack ein wenig allzu mollig, und Hannah, die Schlanke und Herbe mit dem Sex-Appeal. Ich warb um Eva, nicht zuletzt, um meinen Maverick-Vater in hohen internationalen Bankkreisen heimisch zu machen. Und in Hannah hatte ich mich wegen ihres nackten Gesichts, ihrer Herbheit, ihrer gleichsam kaltblütig ausgesparten Figur verliebt. Die Folge war, daß ich zwischen beiden hin und her pendelte und mich für keine entscheiden konnte. Vielleicht wollte ich mich auch gar nicht entscheiden, war zu gequält, um mich zu binden, oder mit meinen einundzwanzig Jahren auch zu unreif. Aber die beiden zusammen waren so etwas wie ein Zuhause, ein Berlin – sicher auch ein bißchen »Berlin W«, ein verwöhntes Berlin, in Evas elegantem Adler-Cabriolet zum Beispiel.

Von den beiden in Bern nach Basel zurückgekehrt, ging ich fast unmittelbar zur nächsten Ausfallstraße, um wieder zu ihnen zu trampen. Flucht wurde zum Dauerzustand. Wenn in Basel, mied ich die Bibliothek und irrte in den Straßen planlos umher.

Vielleicht wäre es mir leichter ums Herz gewesen, vielleicht würde mich auch die Doktorarbeit nicht so erdrückt haben und Basel nicht so übermächtig, so unnahbar ernst für mich gewesen sein, wenn mein Professor und Doktorvater mich auch nur ein einziges Mal zu den gemütlichen Bierabenden dazugeladen hätte, die er allwöchentlich bei sich zu Hause mit seinen Schweizer Studenten und Doktoranden abhielt. Oder wenn mir auch nur ein einziges Mal ein Schweizer Student die Hand gedrückt und Sympathie mit meinem, unserem Schicksal gezeigt hätte, oder wenigstens ein bißchen Neugier. Das aber war nicht der Fall. Mein Gott, war man nicht schließlich ein Entrechteter?

Nein, nein, sie waren sicher keine Antisemiten, weder der Professor noch die Studenten, auch waren sie alle recht freundlich. Aber wer waren wir eigentlich in ihren Augen? Ganz einfach *Juden*? Juden, mit denen man kein besonderes Mitleid zu haben brauchte, weil sie ja bekanntlich meistens Geld hatten, ja, wie man sah, komfortabel im Ausland weiterstudieren konnten? Oder, als es uns schlecht und schlechter ging, *Juden*, nach deren Schicksal man sich aus Takt, Schüchternheit oder Gleichgültigkeit nicht groß erkundigen wollte? Oder war es ganz anders, hielten sie einen sehr lieb und human für einen Menschen ihresgleichen, bei dem sich jedes nähere Eingehen auf sein Schicksal erübrigte? Aber warum dann keine Bierabende?

Juden! Langsam, unmerklich fast, aber immer stärker wuchs in mir im Lauf der Jahre das Gefühl, ein zweitklassiger, jedenfalls aber ein Mensch anderer Klasse zu sein, bis ich meine Minderwertigkeit als völlig selbstverständlich empfand. Ich sagte es schon einmal, als ich in Berlin inmitten der Verbalinjurien eines ganzen Landes stand: Wer mit Schmutz beworfen wird, ist schmutzig.

Ein solchermaßen Besudelter wird sich selber deklassieren, wird keinem Menschen mehr anvertrauen wollen, wer er eigentlich ist. Er wird sein Kainszeichen verbergen und mit seinem Schicksal alleine bleiben. (Auch Juda Löw Baruch hatte den Namen Ludwig Börne vorgezogen, Leib Bronstein nannte sich lieber Trotzki, und Professor Wiesengrund taufte sich in Adorno um.)

Zwei Jahre waren vergangen, es konnte nicht so weitergehen. Ich schrieb meinen Eltern, ich sähe keinen andern Weg mehr, als mein Studium aufzugeben, sie möchten mir bitte verzeihen.

Mein Vater kam nach Basel. Sein schmales, gleichsam ziseliertes Gesicht mit der hohen Stirn und den jetzt fast weißen Haaren sah imposanter aus denn je, die Leute sahen sich auf der Straße nach ihm um. Wir aßen Abendbrot in einem guten italienischen Restaurant, mein Vater bestellte einen teuren Wein. Ich meinte, ich sei als Jurastudent schon immer so etwas wie ein morscher Baum gewesen, schon in Berlin, und morsche Bäume vertrügen nun einmal keine Umpflanzung.

Mein Vater verstand nicht oder wollte nicht verstehen. Die Doktorarbeit, meinte er, sei doch eine Lappalie, mehrere stupide Doktorarbeiten seien schon über ihn selbst geschrieben worden, und wenn ich nicht einmal diese Lappalie schaffe – »Werner«, sagte er, »ich wünsche mir ja nur, daß du *normal* bist; denke an deine arme Schwester.«

Ich nahm seine Hand und versprach, in Basel weiter an meiner Dissertation zu arbeiten.

Er nahm sich die Brille ab und putzte sie. Es waren wohl Tränen. »Es ist der Wein«, sagte er.

Ein oder zwei Wochen nach seiner Abreise saß ich wieder auf der Pfalz, wieder mit Selbstmordgedanken. Die hinterher sonst so befreiende Wirkung eines beinahe verlorenen, nun geschenkten und zu nichts verpflichtenden Lebens blieb diesmal aus. Wieder und wieder ging ich an die Brüstung, schaute den steilen Abhang zum Rhein hinunter, sprach laut mit mir selbst.

Eine »Lappalie«? War es denn krankhaft oder anormal, seine Arbeit ernst zu nehmen? War das nicht auch Vaters Moral? Und war es krankhaft oder anormal, daß ein Zweiundzwanzigjähriger *dieser* Arbeit nicht gewachsen war?

Schluß! Mit der Arbeit oder mit mir selbst, eines von beidem. Zehnmal um das Münster herumgehen, einschließlich Kreuzgang und Pfalz, und danach entscheiden, ob Schluß mit der Arbeit oder mit mir.

Ich ging zehnmal um Münster und Kreuzgang herum, immer schneller, dann geradewegs und ziemlich ruhig – sieht ein Zusammenbruch so aus? – von dem schönen Münsterportal die paar hundert Meter zur Universität hinab (sie befindet sich heute nicht mehr dort). Mechanisch gab ich dem Kastellan mit dem langen weißen Bart meine Studentenkarte und bat, mich zu exmatrikulieren. Er riß mein Foto aus der Karte, als köpfe er mich, schob das Bild über den Kanzleitisch zu mir herüber und sagte langsam, mit bedächtiger Schweizer Rechtschaffenheit: »Das ge-hört Ih-nen.«

In der Schweiz konnte ich nicht bleiben, nur als Tourist oder zahlender Student war man willkommen. Ich bezahlte die restliche Zimmermiete, warf etwa tausend Folioseiten mit Exzerpten in den Papierkorb, trug den Papierkorb in den Keller zur Mülltonne und telegrafierte nach Berlin, ich käme nach Haus.

Als der Zug über die Basler Rheinbrücke fuhr und man am Horizont das Münster ahnen konnte und die Pfalz, erhob ich mich von meiner Holzbank. Noch heute stehe ich auf, wenn mein Zug in Basel einfährt oder die Stadt verläßt. Falls ich nicht allein im Abteil bin, fasse ich mir beim Aufstehen leicht stöhnend an die Hüften und schütze Rückenschmerzen vor, damit die Leute mich nicht für verrückt halten.

Zu Hause empfing man mich freundlich, aber reserviert: Ich war ein verlorener Sohn. Als wichtigste Neuigkeit teilte mir meine Mutter sogleich mit, der tüchtige Franz (der Franz mit dem »eigentlich ganz netten« Liebesakt) habe seinen Dr.-Ing. gemacht.

Ich wanderte planlos in Berlin umher, kam so wenig wie möglich nach Haus, schon um das betrübte Gesicht meines Vaters nicht zu sehen (war es Hitler? war es mein Versagen?). Versuchte, mein brennendes Schuldbewußtsein vor den Rembrandts des Kaiser-Friedrich-Museums zu ersticken, vor dem Pergamonaltar oder über ein Paar Würstchen mit Gratisbrot bei Aschinger am Potsdamer Platz. Aber die Wunde blieb offen.

Spanien wurde kurzerhand als Auswanderungsland beschlossen, da mein Vater nach wie vor gegen Joe Mays Hollywood war und eine Arbeitserlaubnis für Spanien durch irgendwelche Beziehungen beschaffen konnte. Als ich mir für die Auswanderung einen schönen Koffer anschaffen wollte, »Rohrplatten«, meinte meine Mutter, ich sei wohl größenwahnsinnig geworden, wir hätten genug alte Koffer auf dem Boden.

»Größenwahnsinnig«: ich war eben nicht der tüchtige Franz. So war sie. Meine arme, verwachsene Schwester war ja auch keine »hüübsche Frau«, keine »stattliche Erscheinung«. Wie geduldig, ja belehrig hatten wir uns das krasse Erfolgsvokabular unserer Mutter in all den Jahren mit angehört. Auch jetzt noch, in Hitlers Berlin. Bis ich diese Frau als alter Mann, nach dreißigjährigem Exil, als ein in ihren Augen aus Lebensuntüchtigkeit Gescheiterter zu hassen begann.

Kurz vor meiner Abreise nach Barcelona – Barcelona, »weil es doch die größte Stadt Spaniens ist« – klingelte es an der Haustür, das Mädchen brachte ein Telegramm in mein Zimmer. Ich öffnete es, Hannah und Eva teilten mir mit, sie hätten ihren Dr. med. bestanden.

Mein Vater kam in mein Zimmer und fragte, was denn das für ein Telegramm sei.

»Nichts Wichtiges«, sagte ich.

Nun, was denn in dem Telegramm stünde, wollte er wissen.

»Ach, gar nichts. Hannah und Eva haben ihren Doktor gemacht.«

»*Gar nichts?*« rief er aus, »gar nichts! Ich finde das sehr wichtig, ganz außerordentlich wichtig finde ich das sogar! Was für eine maßlose Überheblichkeit!«

Ich schwieg. Dann sagte ich tonlos: »Ich muß dich bitten, mein Zimmer zu verlassen.«

Er verließ das Zimmer.

Bis zu meiner Abreise nach Spanien sprachen meine Eltern kaum mehr mit mir. Zum Bahnhof fuhr ich allein.

Meine Mutter, 1933. Sie fand, sie sähe auf meiner Zeichnung »unbarmherzig« aus.

8
Sagt, holde Frauen…

In Barcelona zog ich in der Nähe einer der »Ramblas«, der breiten Boulevards, in eine billige Pension im vierten Stock eines halb verfallenen Hauses, um mit dem mir bei der Auswanderung bewilligten Geld von dreitausend Reichsmark sparsam umzugehen. Dort schloß ich mich mit Ausnahme kurzer Mahlzeiten wochenlang in mein Zimmer ein, um »systematisch« spanisch zu lernen. Ohne Sprachkenntnisse unter die Leute zu gehen, ja womöglich die Sprache planlos auf der Straße aufzuschnappen, widersprach meinem preußischen Ordnungsgefühl. Außerdem wollte ich mir nach meinem Versagen in Basel durch diese Art des Lernens einen Beweis von Fleiß und Durchhaltevermögen erbringen.

Ich lernte etwa zehn Stunden am Tag. Meine Hilfsmittel waren Ullsteins *1000 Worte Spanisch*, ein ausgezeichneter, populär gehaltener Selbstlernkursus in zwölf Heften. (Den gibt's nicht mehr.) Dazu Langenscheidts Taschenwörterbuch, eine Grammatik und, als ich nach zwei Wochen den Ullstein-Kursus absolviert hatte, *El Vanguardia*, die führende Zeitung Barcelonas, deren Leitartikel und Kulturseiten ich täglich durchackerte, besonders auch die Anzeigenseiten: Namen von Lebensmitteln, Möbeln, Kleidern, Apparaten, Maschinen…

Daneben verband ich Sprachstudium mit Bildungshunger, schließlich war ich erst zweiundzwanzig. Es gab damals in spanischen Kiosken klassische Literatur in Zeitungsformat und auf billigem Zeitungspapier für eine halbe Pesete (rororos berühmte Rotationsdrucke nach dem Kriege waren nicht die ersten). So las ich Cervantes, Lope de Vega, auch die herrlichen *Sonatas* des Ramón del Valle-Inclán, Maxim Gorki (auf spanisch natürlich), Tolstoi und *La tragedia del joven Werther*. Er ergriff.

Wie schön doch Spanisch war! Die einfache, regelmäßige Aussprache, die klare, symmetrische Grammatik, die melodiösen »Umlaute«

von o zu ué von e zu ié (lieben: *querer – te quiero*!), diese tönenden Fermaten! Dazu die melancholisch arabische Untermalung des leichtschürzig Romanischen, das quijotesk Bizarre (*bizarro*, spanisch: ritterlich!) – ich schwelgte.

Einmal, in der Glut des Sommers, verließ ich meine Klausur und wollte baden gehen, so etwa wie damals im Freibad Wannsee oder an der Ostsee, schließlich lag ja Barcelona laut Landkarte am Mittelmeer. In einem ratternden, rostigen, schwitzig überfüllten Omnibus fuhr ich durch glutheiße Straßen zur einzigen Badeanstalt Barcelonas, einer drahtumzäunten Männerabteilung direkt am Wasser – »Meer« war zuviel gesagt – und befand mich bald auf engstem Raum zwischen Hunderten von haarig pigmentstrotzenden, laut gestikulierenden Männern eingezwängt.

Da fuhr es mir in die Magengegend: Plötzlich begriff ich, daß es unter all dieser üppig wuchernden mediterranen Maskulinität so etwas wie einen »interessant südländisch« aussehenden jungen Mann aus Berlin W nicht mehr gab, kein Freibad Wannsee mehr, kein Ostseestrand, mein Europa nicht mehr. (Napoleon: »Europa hört bei den Pyrenäen auf.«) Aber war »mein« Europa denn je etwas anderes gewesen als pure Verwöhntheit? »Braun brennen lassen in Spanien«! Nein, mein Junge, das ist aus.

Eine unsägliche Sehnsucht nach Wald, nach Grün, nach Kühle ergriff mich. Aber ich wollte mir das nicht eingestehen, sperrte mich wieder in mein Zimmer ein und betäubte mich lernbeflissen mit einer spanischen Übersetzung des *Zauberberg*, die ich auf einem Buchkarren arg zerfleddert für drei Peseten erstanden hatte. *La montaña mágica*. Mein Europa. Nein, mein Spanien.

Mehr und mehr durfte ich jetzt, nach Wochen, meine Studierkammer verlassen und auf die Straße gehen. Dort merkte ich bald, daß die Leute nicht spanisch, sondern katalanisch sprachen, eine Art Nuschel-Provenzalisch. Das entmutigte etwas, doch wenn man diese Katalanen auf spanisch ansprach, antworteten sie in der Hochsprache, zwar etwas langsam und unbeholfen, aber um so leichter verständlich. Außerdem gab es auch »echte« Spanier hier. So Francisco, ein Apothekergehilfe aus Malaga, mit dem ich mich anfreundete. Ich war in eine Apotheke gegangen, weil ich merkwürdige Tierchen in meinem Bett gefunden hatte, die von einem Zimmernachbarn als *chinches* bezeichnet und von meinem Langenscheidtschen Taschenwörterbuch als »Wanzen« übersetzt wurden. Ich war gebissen worden und glaubte nun, man benötige eine Medizin dagegen, etwa Tabletten gegen Hautkrankheiten oder Vergiftungen, und müsse sich am Ende noch dagegen impfen lassen, *vacunar*. Francisco lachte nur und meinte, ich solle die Füße meines Bettes in leere, mit Benzin gefüllte Konservenbüchsen stellen; das röche dann allerdings in der Nacht, halte aber die Wanzen davon ab, ins Bett zu kriechen. (Es hielt sie nicht ab. Ließen sich die Tiere des Nachts von der Decke ins Bett hinunterfallen oder saßen sie in der Matratze? Francisco wußte es nicht.)

Ich war von Francisco sehr angetan. Ein Arbeitersohn, stark links, der sich voller Bildungsambitionen zum Niveau eines Apothekergehilfen hinaufgearbeitet hatte – eine Klasse von Menschen, die damals zu den liebenswertesten des Landes gehörte. Der begüterte Mittelstand Spaniens war bigott, korrupt und obendrein erbarmungslos gegenüber dem Elend des Landes – als fürchte man, bei der geringsten Anteilnahme von der allgegenwärtigen Armut wie von einem Bazillus angesteckt zu werden. Das soll jetzt besser geworden sein, aber in den meisten spanischsprechenden Ländern Amerikas ist es wohl noch immer so.

Francisco verstand meinen spanischen Sprachehrgeiz nicht ganz, er war begeisterter Esperantist, er glaubte an die Internationale – und starb für sie im Bürgerkrieg. Aber hilfsbereit wie er war, sprach er spanisch statt Esperanto mit mir und führte mich bei seinen warmherzigen Eltern ein, ärmste Proletarier in einer verfallenen Vorstadt, die mich wie einen zweiten Sohn behandelten. Ich habe es vor allem Francisco zu verdanken, daß ich nach etwa vier Monaten die Sprache fast wie ein Spanier sprach, noch dazu mit Franciscos andalusischem Akzent. Ich dachte auf spanisch, sprach mit mir (etwas holperig) auf spanisch und war glücklich, wenn ich spanisch träumte oder im wachen Zustand auf irgendein deutsches Wort nicht mehr kam, ja Deutsch zu vergessen schien. Auch half mir mein Aussehen beim Sprechen, denn jedermann hielt mich für einen Spanier. Schön war's, bei der Sardana, dem öffentlichen Ringtanz mitten auf der Rambla, einfach an die Tanzenden heranzutreten, ihre Hände zu ergreifen und im Kreise mitzutanzen. Dabeisein dürfen.

Meine Eltern kamen zu Besuch. Das war 1935 noch möglich, aus taktischen Gründen zog Hitler die Judenschlinge wie alle anderen Schlingen nur allmählich zu. Ich hoffte, die Eltern mit meinem fließenden Spanisch zu beeindrucken, mich damit gleichsam rehabilitieren zu können. Doch meine Mutter meinte nur, Spanisch sei eine recht harte Sprache, Italienisch sei viel melodiöser, wie denn auch Spanien – »dein Spanien« – so etwas wie ein unterentwickeltes Frankreich sei. »Ich bin ja ehrlich«, pflegte sie bei derlei Gelegenheiten mit einigem Stolz zu sagen.

Sie reisten dann bald weiter, meine Mutter wollte unbedingt die Alhambra in Granada sehen. Mein Vater, dessen Zeitschrift inzwischen »arisiert« worden war und dessen Bücher nicht mehr verkauft werden durften, war sehr still geworden. An eine Emigration sei nicht zu denken, sagte er, er sei zu alt, um eine Sprache zu erlernen, in der er schreiben könne, und für ein Rentnerdasein im Ausland reiche das Geld nicht. Meine Fragen, wie er Hitler, die Aufrüstung und überhaupt die Zukunft beurteile, beantwortete er müde mit einem »Ich weiß nicht, ich bin verkalkt«. War es das verzweifelte »Es geht mich nichts mehr an« in Tucholskys letztem Brief? Oder steckte er nur den Kopf mit Selbstvorwürfen in den Sand, mit seinem wirtschaftspolitischen Konservativismus einen unfreiwilligen Beitrag zum Durchbruch des Nationalsozialismus geleistet zu haben?

Ich suchte Arbeit. Da ich zu meinem Leidwesen nicht nach Hollywood gegangen war, versuchte ich, unter Berufung auf meine »Regieassistenz« bei Joe May und unter Hervorhebung meiner deutschen Sprachkenntnisse in Spaniens führendem Filmunternehmen, der »Cifesa« in Valencia, anzukommen, notfalls gratis auf Probe (ich hatte noch etwas Geld).

Man nahm mich in einem freundlichen Schreiben als Praktikant an, ich siedelte nach Valencia über, aus Sparsamkeit wieder in ein Wanzenzimmer. Meine erste Aufgabe in der Cifesa war, die provisorischen Bleistiftbeschriftungen des Personalalbums, einer Sammlung von Fotos gemeinsamer Ausflüge, Betriebsfeste und Jubiläen, auszuradieren und mit Tinte zu ersetzen. Vielleicht eine nette Idee der Betriebsleitung, mich diskret mit den Gesichtern und Gepflogenheiten der Belegschaft bekanntzumachen? Allerdings, Tusche wäre mir lieber gewesen als die gewöhnlich blaue Tinte meines Berliner Montblanc-Füllfederhalters, der deutsche Werbetexter namens Retter nebenan besaß eine ganze Batterie von Tuschen, Spritzpistolen, Wasser- und Ölfarben. Aber vielleicht war Herr Retter ein Nazi, und da mir nichts von seinen Schätzen angeboten wurde, führte ich die Arbeit mit meinem Montblanc aus.

Mir wurde überhaupt sehr wenig angeboten, der Abteilungsleiter, ein Señor Cervera im gleichen Raum, sprach kaum mit mir, obwohl ich an sein gutes Herz mit dem Geständnis appeliert hatte, ich sei ein Hitlerflüchtling. (Mein Gott, schließlich war Spanien eine demokratische Republik.) Auch schien nach und nach keiner der sechs Angestellten in dem großen Zimmer an einer Unterhaltung mit mir sonderlich interessiert zu sein, während sie untereinander überaus lebhaft plauderten und dabei den ständig ratternden Gestetner-Vervielfältiger zu übertönen versuchten.

Meine nächste Aufgabe war, im Keller zusammen mit einem Lehrling namens Jesús blecherne Filmrollen-Dosen am Rand mit einer klebrigen Lackfarbe zu bepinseln, und zwar mit etwa vierzig immer wiederkehrenden Nummern, eine Nummer für jeden der vierzig Filme – 327, 328, 329 usw. Ich erinnere mich an diese Nummern noch heute, weil ich meinen ganzen Ehrgeiz daransetzte, die Ziffern *perfekt* zu pinseln, und zudem – das gehörte zur Perfektion – mit einem Minimum an Zeitaufwand. Wie schwer war es doch, auch die einfachste Arbeit perfekt auszuführen! Nicht eine einzige Nummer geriet zu meiner vollen Zufriedenheit, obwohl ich Hunderte, wenn nicht Tausende von Dosen auf ihren hohen Stapeln wochenlang bepinselte. Entweder geriet ein Auf- oder Abstrich zu dick und schmierig, oder die Zifferngruppe stand nicht genau in der Mitte des Dosenrandes oder war zu klein, zu groß, zu steil, zu schräg, ganz zu schweigen von der ästhetischen Perfektion der einzelnen Ziffern: Man versuche nur, eine 2 oder 5 oder gar 8 mit einem primitiven, haarenden, obendrein noch mit Lackfarbe verklebten Pinsel perfekt aufzumalen, und dies mit einem ökonomisch zu rechtfertigenden Zeitaufwand.

Jesús meinte, so genau käme es nun wirklich nicht darauf an. Aber ich war nicht bereit, mich von seiner Schnellpinselei demoralisieren zu lassen, wie sonst von den Schnelldoktoranden in Basel. Auch ignorierte ich die Bemerkung einer in einer gegenüberliegenden Kellerecke sitzenden Filmrollenprüferin (Verkleben schadhafter Stellen, Risse

u. dgl.), man solle für diese Kapitalistenschweine nur das Allernötigste tun. Sie hieß Maria de la Concha, wörtlich »Maria von der Muschel«, freier und richtiger in diesem heißen, schwelend lüsternen Lande vielleicht: »Maria von der Möse«. Conchita – so nannte sie Jesús – war Kommunistin, pechschwarz, etwa zweiundzwanzig, ihre baren, überaus festen Arme verrieten *buenas carnes*, wörtlich: »gute Fleische«, betörende. Mit ihrer sinnlich heiseren Stimme rief sie immer wieder die häufigen spanischen Flüche *coño*! (»Fotze«) bzw. *cojones*! (Eier) aus, wenn sie an eine schadhafte Filmstelle kam.

Conchita erregte mich. Ich nahm sie des Abends mit nach Haus, sie wußte nichts davon, und träumte von ihr. Sie wurde zeitweilig zu einer ernsten Konkurrentin meiner kleinen Dunklen am Gurkenstand im Freibad Wannsee, der mit den Wassertröpfchen auf dem Schenkelflaum. Vielleicht hätte ich Conchita, wenn ich etwas praktischer gewesen wäre, ins Kino einladen sollen, da war im Dunkeln ein gewisses Petting erlaubt. Sonst aber war damals mit Ausnahme von Bordellen, die ich mied, eine spanische Frau nur zu gewinnen, wenn man sich mit ihr verheiratete. Aber soweit wollte ich mit Conchita nicht gehen, wozu hatte man denn ein bißchen Phantasie.

Nach vollbrachter Numerierung kehrte ich aus dem Keller in das große Zimmer mit dem ratternden Gestetner zurück und begab mich in meine Ecke. Dort saß ich zunächst eine Woche lang arbeitslos, bis mir der Abteilungsleiter, eben Señor Cervera, der sich inzwischen als ein diktatorischer Schreihals entpuppt hatte, fast wortlos einen Stoß von Standfotos aus verschiedenen, von der Cifesa vertriebenen Filmen auf den Tisch warf, nach denen ich Zeichnungen und Texte für kleine Kino-Anzeigen in der Provinzpresse anfertigen sollte.

Wieder mit meinem Montblanc? Ich wagte immer noch nicht, ins Nebenzimmer zu dem deutschen Werbetexter Retter zu gehen und um Tusche und Zeichenfedern zu bitten. So schaffte ich denn mein Werkzeug auf eigene Kosten an, obwohl ich bisher von der Firma nicht einmal ein Taschengeld erhalten hatte. Ich zeichnete *Rosas del Sur*, Rosen aus dem Süden, ein Film über Johann Strauß, weiter *Regine*, in dem Luise Ullrich das schöne Lied vom Ännchen von Tharau sang (es berührte), dann *La Santa y el Loco*, die Heilige und ihr Narr, eine schon von unserer Köchin Isa gelesene Schnulze, und entdeckte dabei, daß fast alle Filme der Cifesa aus Nazi-Deutschland kamen.

Meine Zeichnung für »Die Heilige und ihr Narr« erregte unter den sechs Angestellten des großen Zimmers ein unbändiges Kichern, ohne daß mir der Grund mitgeteilt wurde. Jesús, der Lehrling, verriet mir flüsternd, daß die Kniefalte des Gewandes der Pietà-ähnlichen Heiligen, die in der Schamgegend des vor ihr hingestreckten Narren endete, einem riesigen Penis glich. Ich korrigierte das, indem ich den Kniefalten-Penis mit drei Knicken versah und ihn überdies der Sicherheit halber in die Bauchnabelgegend des Narren versetzte.

Ich verschob ihn zum Bauchnabel hin und versah ihn außerdem der Sicherheit halber mit drei Knicken.

»*Es un poco mejor*«, es ist etwas besser, sagte der Abteilungsleiter trocken und schob mir einen neuen Stapel Filmbilder zu. Dazu noch ganze Stöße von Fotos von Imperio Argentina, einem damals in der spanischen Welt vergötterten Filmidol, die ich für Fans »persönlich« zu signieren hatte, und zwar mit »la firma«, einem großen, frei erfundenen Signatur-Schnörkel, der wenigstens damals in Spanien für die Gültigkeit von Unterschriften obligatorisch war. »*Ya sabe escribir*«, sagte Abteilungsleiter Cervera, »Sie können ja schreiben«. Ich hatte inzwischen entdeckt, daß das in Spanien durchaus keine Selbstverständlichkeit war. Meine Selbstachtung wuchs ein wenig.

Nach drei oder vier Monaten fand ich, daß ein kleines Gehalt vielleicht nicht unangemessen sei, und bat, nach vergeblichen Vorstößen beim Abteilungsleiter, mit Don Juan Casanova (er hieß tatsächlich so), dem Direktor der Cifesa, sprechen zu dürfen. Aber so oft ich auch die Sekretärin um eine Audienz bat, war Don Juan gerade nicht zu sprechen. Einmal wagte ich mich bis zur Tür des Direktionszimmers vor und entdeckte auf dem Weg dorthin einen großen Raum voller Deutscher, die emsig telefonierten und rechneten. Ich gab mich freudig als Deutscher zu erkennen, was aber auf wenig oder gar kein Interesse stieß. Merkwürdig: Hier, in diesem Zimmer, in einem Lande laut gestikulierender Südländer, entdeckte ich zum erstenmal, wie Deutsche eigentlich aussahen: ziemlich bleich, ziemlich fremd, ziemlich viereckig oder vierschrötig, auf jeden Fall erwachsener als ich.

Nach weiteren drei Monaten ohne Gehalt – meine Eltern hatten inzwischen auf Umwegen etwas Geld geschickt – versuchte ich durch die Sekretärin Don Juans bei diesem eine Erlaubnis zu erwirken, nach Madrid zu gehen und dort (bezahlt) in den Filmstudios der Cifesa zu arbeiten. Die Firma in Valencia, meinte ich, habe ja nur den Vertrieb und ich sei bei Joe May in der Produktion tätig gewesen. Die Sekretärin richtete mir bald aus, Don Juan sei *encantado*, hocherfreut, ich solle ruhig nach Madrid gehen, er fahre jetzt auch dorthin und sei im Hotel Paris zu erreichen.

Ich packte unmittelbar meine Koffer, reiste sofort nach Madrid, um Wendigkeit und Entschlußkraft an den Tag zu legen (vielleicht war Don Juan sogar im gleichen Zug?), und mietete mich in einem Madrider Hinterhaus ein. Was jetzt begann, sollte mich fast ein ganzes Leben lang verfolgen: das ewige, kafkaeske Antichambrieren oder »Vorzimmern«. Ein halbes Jahr lang versuchte ich fast täglich, Don Juan im Hotel Paris zu sprechen – er war etwa jede zweite Woche dort –, aber immer wieder wurde ich vom Portier beschieden, Don Juan sei im Augenblick nicht zu sprechen, beim Essen, in einer Sitzung, gerade abgereist. Bis mir eines Tages, nach einem halben Jahr, der Portier mitteilte, Don Juan *»no está dispuesto«*, er wünsche nicht, mich zu sprechen.

Ich sah Don Juan Casanova nie wieder, aber das Trauma des Vorzimmers ist geblieben. Sicher teile ich es mit vielen meiner Leser, die so manches aus eigener Erfahrung wiedererkennen werden: Warten, Tag für Tag, vergeblich, auf Anstellungsbescheide oder Arbeitsmöglichkeiten; Horchen auf ein stummes Telefon; Gang zum leeren Briefkasten, über vierzig Jahre lang, im Exil; und schließlich Warten, immer noch im Exil, Stunde für Stunde, drei Jahre lang, auf Antworten von achtundzwanzig bundesdeutschen Verlegern, die nacheinander, in geraumen Zeitabständen, mein bisher bestes Buch ablehnten.

Was nun Don Juan Casanova betrifft, so war ich auf dem Nachhauseweg vom Hotel Paris zutiefst betrübt und warf mir wieder einmal vor, ich hätte mich falsch benommen. Erst viele Jahre später, während des Zweiten Weltkrieges, als ich als Mitarbeiter an der Britischen Gesandtschaft in Stockholm die offizielle Schwarze Liste von ausländischen Nazi-Unternehmen zu Gesicht bekam und darin groß und breit die Cifesa fand, begriff ich, was der vermutlich etwas weniger naive Leser schon lange erraten haben mag: Man wollte mich loswerden und herausgraulen, sobald man entdeckt hatte, daß ich kein waschechter Deutscher war. Ich hätte das damals nun wirklich merken sollen. Aber ich bin zeitlebens ein Kindskopf gewesen. Auch heute noch.

Nach Valencia zurückgekehrt, gelang es mir, eine Halbtagsstellung bei einem Valencianer Apfelsinenexporteur namens Don Gregorio zu finden, als deutscher Korrespondent, Sekretär, Chauffeur und Hausdiener. Da die Bezahlung lächerlich klein war – *para cacahuetes*, für Erdnüsse, pflegte Don Gregorio bei Aushändigung meines Monatsgehalts zu sagen –, arbeitete ich nachmittags auf Tagegeld-Basis in der Autowerkstatt einer verkommenen Vorstadt als Autowäscher und Monteurgehilfe.

Nach ein paar Wochen kündigte mir Don Gregorio, da Doña Carmen, seine nicht mehr ganz junge Frau, sich geweigert hatte, von einem Menschen chauffiert zu werden, der »in den Wolken« schwebe, *»en las nubes«*. Der unmittelbare Anlaß war wohl der, daß ich in meiner Eigenschaft als Don Gregorios Auslandskorrespondent die Lettern der Schreibmaschine, eine nach der anderen, etwa eine Stunde lang mit dem spitzen Ende meiner Berliner Nagelfeile zu säubern versucht hatte, was sie belachte und mir die Sache im Nu mit einer benzingetränkten Bürste vormachte. Aus Prestigegründen hatte ich auf meiner Nagelfeil-Methode als der gründlicheren bestanden. *»Estás en las nubes«*, hatte sie darauf gesagt (siehe oben) und mich dabei sehr zärtlich gestreichelt, erst oben, dann weiter unten, was ich ignorierte (Kindskopf).

Nach Don Gregorios Kündigung arbeitete ich ganztägig in der Autowerkstatt, in glühender Hitze. Der zweite spanische Sommer war gekommen (wir sind im Jahre 1936). Den ersten hatte ich noch recht gut ertragen können, meine Widerstandskraft war damals ungebrochen gewesen, aber jetzt war es anders, trotz meiner dreiundzwanzig

Jahre. Die Gluthitze, die aus offenen Fenstern kreischenden Lautsprecher, der Schmutz der Vorstadt, der Lärm der öligen Werkstatt paralysierten wie ein böses Fieber. Wenn das besonders schwer zu ertragen war, versuchte ich mir einzureden, als nachträgliche Rechtfertigung, daß all dies leichter sei als eine Doktorarbeit in Basel. Ich hatte mir zu diesem Zweck ein tröstliches Privatmotto zurechtgelegt: »Leid weitet, Qual erstickt«, wobei »Leid« meine jetzige Lage und »Qual« die Doktorarbeit war. Purer Selbstbetrug. In Wirklichkeit, ohne mir das je einzugestehen, verging ich vor Heimweh nach Basel, nach »meinem« Europa. Nach Brötchen und Butter in kühler Frühe, nach einem gedeckten Tisch, nach einer Wiese mit Gänseblümchen...

...nach Hannah und Eva. Ich war allein. Die beiden, immer noch in Bern, antworteten nicht mehr. Ich hatte Hannah drei oder vier Monate lang täglich geschrieben, immer leidenschaftlicher, schließlich glühende Liebesbriefe. (Liebe ist Heimweh, meine Liebe war es jedenfalls.) Jede Einzelheit hatte ich ihr schreiben müssen, stündlich und minütlich, unter einem manischen Berichtzwang: wie mein Tintenfaß aussah und mein Federhalter, wie mein Stuhl, mein Bett, wie diese Minute oder jene auf der Straße, in der Werkstatt, beim Essen, beim Einschlafen, jetzt beim Schreiben. Stürzte mich auf das Papier, um hektisch ein PS nachzutragen, noch ein PS, noch eines, bis der Brief auf zehn oder zwanzig Seiten angeschwollen war, täglich. Dann war ich Nacht für Nacht zum Briefkasten in der Halle des Hauptbahnhofs gepilgert wie zu einem Heiligenschrein, zu jenem Briefkasten mit dem gußeisernen Fledermaus-Wappen Valencias über dem Einwurf (auch das hatte ich Hannah genau beschrieben, auch die Fledermaus abgezeichnet, *el murciélago*), der Briefkasten so nah an den Gleisen, am Schienenstrang zu unserem Europa (hatte ich geschrieben) – aber keine Antwort war gekommen, vier Monate lang. Dann hatte ich unvermittelt, Einschreiben, Eilboten, der anderen von den beiden, Eva, einen Heiratsantrag gemacht, schon wegen Vater, aber auch als rettenden Engel für mich selber, schließlich war sie ja die Tochter des großen internationalen Bankiers und war so warmherzig und lieb. Brötchen und Butter, kühler Morgen, Gänseblümchen. Auch hier keine Antwort. Schlaflose Nächte, auch wegen der *cucarachas*-Kakerlaken in meinem Zimmer (von der heißen Küche nebenan), ein besseres Zimmer war für einen Tagelöhner wie mich zu teuer.

Ich fing an, Theater zu spielen. Schaltete eine Art imaginäre Filmkamera ein, mit der mich Hannah und Eva in von mir bestimmten fotogenen Augenblicken betrachten konnten: wie ich tragisch sinnierend auf meiner Bettkante saß (mit melodramatischer Musikuntermalung); wie ich tapfer und männlich in meinem Monteuranzug unter einem Buick in der Werkstatt lag oder mit den Werkstattarbeitern zünftig wie ein Eingeborener Rotwein in großem Bogen aus einem Porrón in den offenen Mund spritzen ließ. Oder wie ich abends in Erwartung einer Antwort vor dem leeren Briefkasten stand und dabei bildungsstolz Mozart-Cherubinos *Voi, che sapete* anstimmte. Nur diesen Anfang wußte ich aus dem *Figaro*, fuhr dann zwecks besseren Verständnisses seitens meiner beiden Zuschauer auf deutsch fort: »Sagt, holde Frauen, die ihr sie kennt, sagt, ist es Liebe –«. Weiter wußte ich den Text auch auf deutsch nicht und fing wieder von vorne an.

Oder ich summte, mit imaginärer Orchesterbegleitung, Christoph Willibald Glucks *Ach ich habe sie verloren, all mein Glück ist nun dahi-in* (mehr wußte ich auch hier nicht), übrigens ganz ohne tiefere Bedeutung, die ja rein inhaltlich nahegelegen hätte; sondern recht eigentlich nur, um mich vor meinen Zuschauern in der Heimat als Kenner klassischer Musik zu produzieren. Fragmente einer jugendlichen Halbbildung, oder besser: einer halben jugendlichen Bildung; denn weiter war ich ja nicht gekommen, sollte auch in den nächsten vierzig Jahren meines Exils nicht viel weiter kommen.

Wozu das Theater? War es histrionische Selbstbespiegelung, exhibitionistische Wehleidigkeit, Narzißmus? Ich glaube, es war die desperate Sehnsucht eines einsamen jungen Menschen nach Kommunikation, nach einer Adresse, einem Gegenüber, nach einem »Bezugsrahmen«, wie es heute wohl heißt. Heimat ist Bezug. Exil ist Bezugslosigkeit. Ist eine Uhr, eine tickende, ohne Zeiger.

»Wenn ich jetzt aufwache«, sagte ich mir – ich war in der glutheißen Werkstatt unter dem Chassis eines Autos eingenickt, im Halbschlaf, während Fliegen auf meinem ölbeschmierten, verschwitzten Gesicht herumkrabbelten –, »wenn ich jetzt aufwache, dann war alles nur ein unguter Traum, und ich bin wieder zu Haus.« Ich wachte auf, war nicht zu Hause.

Neben der Werkstatt lag eine kleine, schmutzige Vorstadtbar namens »Colón«, Kolumbus. Manchmal stahl ich mich in der Gluthitze einen Augenblick dorthin, bestellte bei dem fetten, stoppelbärtigen Wirt mit seiner schmierigen Schürze einen Anis (Kaffee gab es nicht), dazu als einzig vorhandene Backware einen *churro*, ein öliges Spritzgebäck, und verzog mich mit diesen beiden Sachen in eine dunkle, schimmelig feuchte Ecke der Bar, wo es ein wenig kühler war, »heimatlich« kühler. Dort träumte ich, ich säße hier und jetzt an einem frischgedeckten Tisch mit Kaffee, Brötchen, Butter, Marmelade beim Frühstück auf Theodors Wannsee-Veranda mit Meinhard, seiner Inge und anderen Freunden, in den zarten Strahlen der kühlen märkischen Morgensonne, die durch grüne Laubbäume und Havelkiefern fiel. Nichts war so sehr Heimat wie Frühstück, Frühstück mit Freunden. Nein, nie würde ich diese dreckige Bar Colón mit ihrem öligen Churro in dieser stickig heißen, verkommenen Vorstadt Valencias vergessen, *nie*, wenn es jemals wieder so etwas wie ein Frühstück in der Heimat geben sollte.

(PS, nach über vierzig Jahren: Gewidmet Ehrhardt und Friederike Heinold, Eulenhof, Schleswig-Holstein. Frühstück im Garten, im Kreis der Freunde.)

Nach Monaten steckte unten im Briefkasten beim Hauseingang ein Brief von Hannah. Mein Name war auf dem Umschlag beängstigend nachlässig geschrieben, als spiele es keine Rolle, ob der Brief überhaupt ankomme. Ich trug ihn wie eine Monstranz die Treppe hinauf. An der Tür begegnete mir mein Zimmernachbar, ein heruntergekommener Strumpf- und Unterwäschereisender aus Valladolid. Er redete auf mich ein, wollte unbedingt wissen, wo ich meine *maravillosos*-wunderbaren Schuhe erstanden hätte. Ich schwieg. (Sie stammten noch von Leiser in Berlin, elegant graugetönte Haferlschuhe – Lederschuhe waren sowieso in dem damals noch viel ärmeren Spanien ein ausgesprochenes Statussymbol.) Der Strumpfreisende entfernte sich nicht, mein Herz klopfte, Hannahs Brief. Jetzt empfahl er mir eine *puta*, eine Nutte, im gegenüberliegenden Café, die, wie er sagte, *estrechísima* sei, sehr sehr eng. Ich hörte nicht zu, nickte nur dann und wann anstandshalber. Allmählich verzog er sich, es war spät geworden, ich ging zu Bett, legte den Brief ungeöffnet unter mein Kissen. Konnte man denn sein Schicksal öffnen wie einen Briefumschlag?

Ich tat es am nächsten Morgen in der Werkstatt. Es war ein kurzer Brief. Sie habe sich verlobt, mit einem »wirklichen Juden«, schrieb sie nicht ohne Spitze, und werde mit ihm nach Palästina gehen. In einem einzeiligen PS fügte sie hinzu, Eva habe sich vor kurzem in den USA verheiratet.

Mein Theaterspielen war zu Ende. Vor wem, für wen? In meiner Suche nach einer Adresse beschloß ich, ein Buch zu schreiben, denn der Leser, auch der unwahrscheinlichste, ist eine Adresse, ein Gegenüber. Ich schrieb frühmorgens, vor der Werkstatt, ab vier oder fünf Uhr, wenn es noch einigermaßen kühl war in meinem Zimmer, heimatlich kühl. Etwa eine Seite des Manuskripts, so nahm ich mir vor, sollte jeweils über den jetzigen Tag in Spanien berichten, dann die folgenden zwei oder drei Seiten über einen entsprechenden Tag in Basel. Und so fort, Tag für Tag. Der Titel des Buches: »Basel – Tagebuch über ein Thema.«

Oft begann ich schon um zwei Uhr morgens, denn das Schreiben ging sehr langsam voran: Es war fast unmöglich, sich überhaupt vorzustellen, einen Tag in der geliebten Stadt, ja auch nur einen Straßennamen niederschreiben zu können, zu dürfen. Basel: Die ganze geraubte Heimat kristallisierte sich in dieser Stadt. Die Kühle Europas. Frühstück, Freunde. Da mußte man vorm Schreiben erst einmal Ordnung machen: Auf dem Schreibtisch, einem kleinen, wackeligen Möbel, mußten die Dinge erst einmal im rechten Winkel hingelegt und ausgezählt werden: »Eins« (der Federhalter, das Papier, der Duden oder was es war) – »Eins, in Ordnung. Zwei, in Ordnung. Drei, in Ordnung.« Oft kam ich bis auf fünfzig oder sechzig, da ich mit der Zeit alle Dinge im Zimmer zu zählen und zurechtzurücken begann, Bettdecke, Lampenschirm, Kleiderbügel. Und wenn ich dann endlich ein Wort niedergeschrieben hatte, konnte ich die Gnade nicht fassen, es niedergeschrieben vor mir zu sehen, das Wort »Basel« zum Beispiel, oder »die Pfalz«. Oder Frühstück, Freunde, Frühlingsmorgen.

In meiner alten Berliner Aktenmappe nahm ich täglich mein Manuskript mit in die Werkstatt und dazu, nun schon sehr lange in dieser Aktenmappe, einen schmalen Touristenprospekt von Basel, ein doppelt gefaltetes Blatt, mit einem Bild des Münsters auf der vorderen Seite und einem kleinen Basler Stadtplan auf der hinteren. Dort, auf der hinteren Seite, stand es schwarz auf weiß, es war nicht zu fassen: Pfalz, Münster, Rheinsprung, Freie Straße, Spalentor. Ich bangte um diesen Stadtplan, blieb alle zehn oder zwanzig Sekunden auf meinem

Weg zur Werkstatt mitten auf der Straße stehen, öffnete die Aktenmappe und kontrollierte, ob er noch da war. Dann hob ich erst den linken und dann den rechten Fuß und inspizierte, auf einem Bein, meine Schuhsohlen, weil ich das Gefühl hatte, bei dem vielen Unrat auf den Straßen in etwas hineingetreten zu sein. Auch dies alle zehn oder zwanzig Sekunden.

Einmal zeigte dabei ein kleiner Junge auf mich und rief: »*Un loco*!« Ein Verrückter.

9
Ein Bürger im Bürgerkrieg

Hoffentlich wird's klappen, sagte ich mir auf dem Wege von Terreno nach Palma de Mallorca. In Terreno, zu Fuß etwa eine halbe Stunde von Palma entfernt, war ich in einem billigen Hotel für ein oder zwei Tage abgestiegen, war gestern mit dem Boot von Valencia hier angekommen. Ein Reisebüro in Palma hatte im *Mercantil Valenciano*, der Valencianer Tageszeitung, eine Stelle als Assistent für vierhundert Peseten monatlich ausgeschrieben, was damals recht viel war; ich hatte mich beworben, mich auf Deutschkenntnisse und »Reiseerfahrungen« (nebbich) berufen und hatte eine positive Antwort dahingehend erhalten, eine eventuelle Anstellung würde von einem Vorstellungsgespräch abhängen.

So ging ich denn an einem frühen Julimorgen 1936 die einsame Landstraße entlang – heute eine dicht bebaute Stadtstraße – nach Palma de Mallorca. Man ahnte die Mittagsglut, die da kommen würde. Auch jetzt am frühen Morgen war meine Landstraße nicht recht ausgeschlafen, auch die kalkig weißen Häuser, die trockenen Pinien und die grauen Agaven nicht; alles atmete noch den Staub und die Glut des letzten brennenden Tages. Die Wagen, die kreischend zum Markt fuhren, die Hühner, die zu gackern, die Menschen und Lautsprecher, die zu lärmen begannen: all das schien nicht aus tiefer Ruhe, sondern nur aus kurzer Ohnmacht erwacht. Die lähmende Glut des Südens, die Wonne braunbrennender Touristen, wie heimatlos hatte sie mich gemacht. Aber nur kein Heimweh jetzt! Arbeit in einem Reisebüro auf dieser fast schon »europäischen« Insel, ein Traum wäre das.

Je mehr ich mich der Stadt näherte, desto öfter begegneten mir junge, mit Pistolen bewaffnete Männer in blauen Hemden. Die Uniform kam mir irgendwie bekannt vor. Waren das nicht Rechtsradikale, wie etwa der Stahlhelm einstmals bei uns, die sogenannte Falange oder Phalanx, die illegal die einstige Militärdiktatur Primo de Riveras überlebt hatte? Die Republik war ja noch jung, labil wie die Weimarer Republik, ganze sechs Jahre alt war sie jetzt seit dem Sturz Primo de Riveras, immer wieder durch Unruhen und Terrorakte der extremen Rechten und Linken erschüttert.

In Palma angelangt, flankierten die blauen Jünglinge die Straßen, während auffallend viele Polizisten und Militärs tatenlos zusahen, ja oft zusammen mit den Blauen in brüderlicher Eintracht herumstanden. Die Straßenpassanten schienen sich nicht sonderlich darum zu kümmern. Hatten sie Angst?

Im Reisebüro an der Plaza empfing man mich freundlich, hatte aber für eine Anstellung nur ein Achselzucken übrig: Man müsse abwarten, ein General namens Franco habe in Spanisch-Marokko gegen die Regierung in Madrid revoltiert, habe vermutlich schon Teile Südspaniens besetzt, »wie ja auch diese Insel«. An Reiseverkehr sei jetzt nicht zu denken. Wie lange das dauern würde, und mit welchem Ausgang? Tja, das wisse nur *dios*, Gott.

Es sollte drei Jahre dauern, bis zum Sieg Francos im März 1939. Der Spanische Bürgerkrieg hatte begonnen. Valencia war republikanisch geblieben, wie Barcelona und Madrid, jede Verbindung dorthin war abgeschnitten, ich hatte mit wenigen mitgenommenen Peseten, einem Hemd und zwei Paar Strümpfen auf unbestimmte Zeit auszukommen. Aus Geldmangel zog ich nach einigen Tagen, vorsichtshalber unangemeldet, in ein feuchtes Kellerloch einer Vorstadt und aß in der Armenküche eines Nonnenklosters.

Vor dem Armenküchen-Essen, das aus einem Blechnapf Kichererbsen oder *»garbanzos«* mit etwas Speck bestand, wurde gebetet. Alle Blicke richteten sich auf das große Kruzifix an der kalkig weißen Lehmwand, das von einer royalistisch-spanischen und einer italienischen Fahne flankiert war. (Die Zahl der für Franco kämpfenden Mussolini-Italiener soll nach und nach bis auf 60000 gestiegen sein, die Deutschen halfen vor allem aus der Luft – Legion Condor: Guernica.) Zur Feier der Selbsternennung des Generals Franco zum Generalissimus erhielten wir männlichen Armen nach dem Gebet einen *puro*, eine starke Zigarre, und mußten uns dafür die Rede eines Magistratsbeamten anhören, der von den furchtbaren Greueltaten der »Roten« in den »noch« von ihnen beherrschten Gebieten sprach: verbrannte Klöster, erschlagene Priester, vergewaltigte Nonnen. Ich glaubte kein Wort.

Mein *puro* war mir zu stark, ich schenkte ihn dem alten Pedro, der gleichfalls in der Armenküche aß. Er war Küchengehilfe auf einem Passagierdampfer gewesen, der nun aufgelegt im Hafen lag. Um Geld zu verdienen, betätigte er sich jetzt als *limpiabotas*, Schuhputzer, und erbot sich, als Dank für den *puro*, mir dieses Gewerbe beizubringen. Aber erstens fehlte mir das Investitionskapital für einen Schuhputzkasten mit Ausrüstung, und zweitens wäre ein Gewerbeschein und damit eine polizeiliche Anmeldung vonnöten gewesen. Nur nicht anmelden. Zum Glück stellten die Kichererbsen-Nonnen keine Fragen.

Etwas Geld verdiente ich dann und wann als Fremdenführer für Matrosen, die von deutschen Kreuzern, Torpedobooten und einem Schlachtschiff (die »Deutschland«) an Land kamen. Ich sprach als »Eingeborener« in gebrochenem Deutsch mit ihnen, den Hitlerflüchtling behielt ich für mich. Sie fragten, was ich denn »als Spanier« von Franco hielte. Ich wich aus und sagte nur, »im Vertrauen, ganz unter uns«, die Anwesenheit der vielen Italiener »in meinem eigenen Land« verletze ein bißchen mein Nationalgefühl. Sie nickten, sie verstanden, es war so eine jener »sauberen«, staatserhaltenden Seelennöte, die ihnen selber sicher wohl auch der Führer zubilligen würde. Ach, meine braven, blauäugigen Deutschen.

Dann fragten sie, was ich als Spanier denn von Hitler hielte, den sie selber restlos zu bewundern schienen. Ich sagte, ich wüßte nicht viel von ihm, fürchte aber, daß Deutschland einem Krieg zusteuerte. »Krieg?« riefen sie dann jedesmal aus, »Krieg? Niemals!« Nur einer hatte dazu geschwiegen und traurig vor sich hingeschaut, ein hübscher blonder Matrose von der »Deutschland«, Kurt hatte er geheißen, aus Berlin-Steglitz. Er erinnerte mich an Hans Joachim. Als wir etwas getrunken hatten, sprach ich immer fließender Deutsch mit ihm, berlinerte sogar schließlich und vertraute mich ihm an: wer ich war, woher ich kam. Kurt nahm meine Hand. Dann holte er eine Zigarettenschachtel aus der Tasche, Reemtsma Ernte 23, kritzelte etwas darauf und gab sie mir. Es war seine Adresse in Berlin.

Als ich im September 1937 heimlich in Berlin war, um meinen Vater zu begraben, fuhr ich nach Steglitz, um Kurt zu besuchen – ganz kurz nur, vielleicht fünf Minuten lang, damit konnte ich als Jude ihm ja kaum schaden. Seine Mutter öffnete die Tür. Sie sagte, ihr Kurt sei im Mai bei einem Manöver der »Deutschland« umgekommen, Unglücksfall, »zu Tode gequetscht«. Sie gab mir seine Manschettenknöpfe als Andenken, er habe ihr von mir soviel erzählt.

Es war Herbst geworden. Ende Oktober, ich fror in meinem feuchten Kellerloch, noch dazu in dem dünnen Sommeranzug, der mein einziges Kleidungsstück war. Alle Touristen hatten die Insel verlassen, auf deutschen, italienischen oder englischen Kriegsschiffen, die die Einhaltung der sogenannten, nur auf dem Papier befindlichen Nichtintervention bewachen sollten, und waren via Marseille oder Genua in ihre Heimatländer zurückgekehrt. Für mich kam nur Valencia und die spanische Republik in Frage, ein anderes Zuhause hatte ich nicht, aber das war Feindesland, kein Schiff fuhr dorthin.

Auf Umwegen erfuhr ich, daß eine Schweizerin, eine junge Dame aus Basel, Palma auf einem englischen Kriegsschiff verlassen würde und sich erboten hatte, Briefe ins Ausland mitzunehmen, da jede Postverbindung seit Monaten abgeschnitten war. Ich schrieb einen Brief an meine Eltern und übergab ihn der Baslerin auf dem schönen Kai von Palma unter der uralten Kathedrale, kurz vor ihrer Abfahrt. Auch eine Bonbonniere übergab ich ihr, Schweizer Katzenzungen, die ich für mein letztes Geld erstanden hatte. Es war ein großes Opfer. »Grüßen Sie Basel«, sagte ich. Sie schien zu verstehen. Als sich das Schiff langsam in Bewegung setzte, stand sie am äußersten Heck und winkte. Es war ein klarer Tag in strahlender Herbstsonne. Wir winkten, bis sie außer Sicht war.

Um dieses Wiedersehen mit Basel »kontinental« mit einer Tasse Kaffee zu feiern, gleichsam wie ein Tourist am Mittelmeer – ich hatte es tatsächlich vergessen: vor mir das Mittelmeer! –, ging ich ins Café Alhambra an der Plaza. Doch schon an der Eingangstür fiel mir ein, daß ich kein Geld mehr hatte. Durch die Glastür sah ich da drinnen Georges Bernanos, den damals und wohl auch heute noch berühmten französischen Schriftsteller, vor seinem Marmortischchen sitzen, bei Kaffee und Gebäck, den herrlichen mallorkinischen *ensaimadas*. Erst gestern hatte dieser katholisch konservative Mann in der Lokalzeitung eine gewichtige, auch als Flugblatt verteilte Verteidigung der faschistischen Erhebung geschrieben, während sein siebzehnjähriger

Sohn, ein blau behemdeter Falange-Flegel, mit Pistole und ratterndem Motorrad die Straßen verunsicherte. Später, nach Frankreich zurückgekehrt, schrieb Vati dann übrigens ein ganzes Buch über den Spanischen Bürgerkrieg, diesmal *gegen* die spanischen Faschisten, *Les grands cimetières sous la lune*. Ach, wie schön war es doch, ein etablierter Schriftsteller zu sein und für seine jeweiligen Irrtümer auch noch Autorenhonorare zu beziehen, plus Ensaimadas in Palma bzw. Croissants in Paris! Das Wasser lief mir im Munde zusammen.

Als Fremdenführer freundete ich mich in erbärmlichem Kauderwelsch mit englischen Matrosen an, die mir frischen *Navy Cut*-Tabak zum Zigarettendrehen zusteckten und mir anvertrauten, ihr Torpedoboot führe in ein paar Tagen nach Valencia, ich könnte ja mal mit dem Captain sprechen, vielleicht nähme er mich mit. Es waren liebe Leute, diese Matrosen, älter, gereifter und individuell ausgeprägter als die jünglingshaften deutschen »blauen Jungs«. Mein erster Kontakt mit England. Wenn ich mich nur mit ihnen ein bißchen besser hätte unterhalten können! Von meinem Englischlehrer Hottenrott hatte ich eigentlich nur Lehrbuch-Satzanfänge wie *»In the times of Queen Elizabeth«* im Gedächtnis behalten, sowie einige unregelmäßige Verben, vor allem *»to lie, lay, lain«* zum Unterschied von *»to lay, laid, laid«*, die ich stets durcheinanderbrachte und unter einem unerklärlichen linguistischen Leistungszwang in jedem zweiten Satz anwenden zu müssen glaubte, wo doch *»to be«* oder *»to put«* vollkommen genügt hätten.

Der Captain war bereit, mich mitzunehmen. Zwar hatte ich angefangen, am Sieg der Republik zu zweifeln, aber wenn ich irgendwo Freunde hatte, dann waren es eben die Freunde der Republik.

Die Überfahrt mit dem Torpedoboot war aus zwei Gründen eine Enttäuschung. Erstens mußte ich die schöne warme Mahlzeit, die mir die guten Matrosen auftischten – meine erste richtige Mahlzeit seit Monaten –, wegen geschrumpften Magens und/oder kräftigen Schlingerns wieder von mir geben. Und zweitens legte das Torpedoboot zwar im merkwürdig verlassenen, gespenstisch mit schwarz-roten anarchistischen Fahnen geschmückten Hafen von Valencia an, aber ich durfte nicht an Land. Der Kapitän hatte offenbar im Rahmen der »Nichtintervention« die Order erhalten, keine potentiellen Kombattanten von dem einen zum anderen Lager Spaniens zu befördern. Meine Proteste waren vergeblich. Erst in Marseille ließ man mich von Bord.

Dort konnte ich den spanischen Konsul davon überzeugen, ein aufrichtiger Republikaner zu sein und als Hitlerflüchtling mein einziges Zuhause in Valencia zu haben. Wie Frankreich stand auch der spanische Konsul von Marseille auf seiten der Republik. Aber er warnte mich: »Es ist dort ein bißchen gefährlich.« Ich meinte, wo man seine Freunde habe, da könne es ruhig ein bißchen gefährlich sein, und freute mich über meinen mir etwas neuen politischen Mut.

Der Konsul stellte mir ein Visum aus und gab mir einen Vorschuß für die Fahrkarte nach Valencia. Glücklich eilte ich zum Bahnhof, vielleicht entlang Marseilles berühmter Hauptstraße, der Canebière, vielleicht auch an irgendeiner sehenswürdigen Kathedrale vorbei, aber was kümmerte mich das, ich war kein Tourist.

Valencia wirkte tot. Wochenlang unaufgeräumter Müll auf den Straßen, eingeschlagene Fensterscheiben größerer, von *capitalistas* besessener Geschäfte, ausgebrannte Kirchen und Klöster, demolierte Denkmäler, hier und da dreckig und abgerissen aussehende Milizsoldaten. Aber reg dich nur nicht auf, Bürgersöhnchen! Eine Volkserhebung sieht nun einmal etwas anders aus als ein kaltes faschistisches Terrorregime, etwas weniger »ordentlich«, aber auch viel weniger durchtrieben. Und daß in den Wirren des Bürgerkrieges die Kommunisten und Anarcho-Syndikalisten gegenüber gemäßigteren Elementen der gemeinsamen Volksfront-Regierung die Oberhand gewonnen hatten, jedenfalls auf der Straße (das alles hatte ich schon im Zug von Marseille nach Barcelona gehört), das sollte bei einer echten Massenerhebung von links keinen wundern, auch mich nicht. Nur nach Sieg sah das alles nicht aus, dachte ich mir und stockte, als ich an einer Straßenkreuzung zwei Erschossene vor mir im Rinnstein liegen sah.

Wie auch immer, auf dem Weg in mein möbliertes Zimmer freute ich mich darauf, endlich meinen dünnen Sommeranzug gegen etwas Wärmeres umtauschen zu können, schließlich war es November. Aber meine Kleider waren verschwunden. Meine behäbige Wirtin, Doña Dolores (»die Schmerzensreiche«), gab mir zitternd einen Zettel, auf dem in schlechtem Spanisch zu lesen war, daß das Eigentum des deutschen Staatsangehörigen Landsberger als faschistisches Raubgut von der *Columna de Hierro* (der anarchistischen »Eisernen Kolonne«) beschlagnahmt worden sei. Doña Dolores sagte, es seien zwei blonde

Kerle gewesen, die ausländisch gesprochen hätten, vielleicht *alemanes*, Deutsche. (Die Schreibart »Landsberger« schien mir das zu bestätigen.) Dann öffnete sie feierlich einen Schrank und überreichte mir meine Schreibmaschine, die sie versteckt hatte, sowie eine Hose, zwei Hemden und ein paar Bücher: Die beiden Blonden seien sehr bepackt gewesen, das sei ihnen hinuntergefallen, sie habe es auf der Treppe aufgelesen.

Reg dich nicht auf, Bürgersöhnchen! sagte ich mir abermals, in meinem besten Spanisch, auf dem Wege zu meiner Autowerkstatt – reg dich nicht auf, hier ist immer noch die Republik. Die Werkstatt war geschlossen, die Fenster waren eingeschlagen, an der Mauer prangten rot hingeschmiert Hammer und Sichel. Señor López, der Besitzer, sei bei Nacht und Nebel nach Franco-Spanien entkommen, sagte ein Nachbar, die Arbeiter stünden vor Madrid, an der Front. Nein, Arbeit gäbe es hier nicht.

Ich ging in die schöne Calle de la Paz, »Friedensstraße«, zu meiner alten Filmfirma Cifesa, bei diesen Nazis mußte sich ja einiges verändert haben. In der Tat, es hatte sich viel verändert, ich wurde überaus herzlich empfangen, als einziger Deutscher des Unternehmens, welcher der Republik, wie man mir sagte, die Treue gehalten habe, alle anderen hätten zeitig das Weite gesucht. Das schmeichelte mir, doch fühlte ich mich anstandshalber verpflichtet zu erklären, daß meine Treue wegen Hitler und meiner Rasse »ziemlich selbstverständlich« (lies: nicht ganz so verdienstvoll) sei. Aber das interessierte weniger, man hörte erst gar nicht hin: Ein »echter« Deutscher auf seiten der Republik stand höher im Kurs als ein noch so demokratisch gesinnter Emigrant.

Maria de la Concha, die von der »Muschel«, meine Conchita, die pechschwarze kommunistische Filmrollenprüferin mit den herrlich guten Fleischen *(buenas carnes)*, Königin meiner Nächte, war jetzt Vorsitzende des anarcho-kommunistischen Arbeiterrates, und Jesús, der Lehrling, mit dem ich die Filmdosen-Stapel numeriert hatte, war nunmehr Mitglied des Exekutivkomitees. Er zeigte stolz seine Pistole, mit der er, wie er prahlte, den Abteilungsleiter Cervera, »das schikanöse Schwein«, umgelegt habe. Don Juan Casanova, der Generaldirektor, der vom Hotel Paris, sei im letzten Augenblick ins faschistische Gebiet entkommen, nach San Sebastián, aber sein Bruder, Don Luis, ehemaliger Mitinhaber, säße dort drüben bei dem früher von Jesús bedienten Gestetner und drehe Abzüge von Flugblättern für die *Columna de Hierro*, die mir bereits bekannte Anarchisten-Kolonne.

Anstellung? Ja, natürlich könnte ich eine Anstellung haben, strahlte Conchita. Gehalt? Selbstverständlich, nach geltendem Tarif. Jesús, gleichzeitig Gewerkschaftsfunktionär, händigte mir umgehend eine Mitgliedskarte einer großen Gewerkschaft aus, der UGT. Auf der Karte stand in roten Buchstaben: »*No olvides que*... Vergiß nicht, daß unser Gewerkschaftslokal dein Zuhause ist.« Zu Hause! Ich war glücklich und fragte, an welche Arbeit man denn so ungefähr für mich dächte. Tja, an Arbeit sei jetzt nicht zu denken, sagte Conchita und zeigte kommentarlos auf zwei weibliche Angestellte, die auf ihren Schreibtischen saßen und Wollstrümpfe für die Frontsoldaten strickten. Ich beneidete Don Luis. Ach, könnte man doch wie er den Gestetner drehen, ein Flugblatt nach dem andern produzieren, meinetwegen für die *Columna de Hierro* oder für sonstwen. (ARBEIT!)

Ernüchtert, wenn auch von der Cifesa mit einigem Papiergeld versehen, um mir wenigstens einen wärmenden Pullover zu kaufen, ging ich in ein schäbiges, von Milizsoldaten fast bis zur Undurchsichtigkeit verrauchtes Lokal und bestellte eine Tortilla. Ein sympathisch aussehender junger Mann setzte sich an meinen Tisch und begann ein Gespräch. Er sah ungewöhnlich gepflegt aus, trug auch Hut und Krawatte, was jetzt als »bourgeois« verpönt war. Im Flüsterton schimpfte er unentwegt auf die Roten: Hier herrsche Chaos, Kommunisten und Anarchisten schössen sich gegenseitig über den Haufen, Madrid würde jeden Augenblick fallen, die Sache der Republik sei verloren, wir brauchten Disziplin und Ordnung, Franco allein sei die Rettung Spaniens – *»verdad?«*, nicht wahr? Ich hielt mich zurück und meinte nur, viele gute Leute auf der Franco-Seite sympathisierten mit der Republik, und vielleicht auch manche guten Leuten in der Republik mit Franco – wie eben er. Ich persönlich sei ebenso gegen Franco wie gegen Hitler, ich sei ein Opfer des Faschismus. Mir schien diese Antwort am sichersten, schließlich konnte jemand zuhören, und außerdem entsprach es der Wahrheit. Der Mann mit der Krawatte zog sich sichtlich enttäuscht zurück.

Dann ging ich nach Hause, in mein leergeräumtes Zimmer. An die Front gehen und kämpfen? Leute wie Conchita und Jesús erwarteten das vielleicht von mir, es gab eine Internationale Brigade. Aber der Mann mit der Krawatte hatte schon recht, die Sache der Republik schien verloren, unter den Linken wütete ein Bürgerkrieg im Bürgerkrieg, und Francos Truppen rückten unaufhaltsam vor. Es hatte keinen Sinn, den Freiheitskämpfer für eine verlorene Sache zu spielen, und außerdem – sei ehrlich! – ich hatte absolut keine Lust, totgeschossen zu werden oder totzuschießen.

Drückeberger? Feige, das Bürgersöhnchen aus Berlin W? Mein Gott, wozu immer diese Selbstbeschuldigungen! Ich war, zum Donnerwetter nicht noch mal, aus freien Stücken den gefahrvollen Weg aus dem sicheren Frankreich hierhergekommen, weil ich an diese Republik glaubte.

Und weil ich Spanien liebte. Da hatte mir doch Doña Clemencia, die kleine weißhaarige Mutter meines Freundes Francisco, des Apothekergehilfens, Esperantisten und Sozialisten, als ich auf meiner Durchreise von Marseille durch Barcelona in seiner Slum-Vorstadt vorsprach, unter Tränen gesagt: »*Ha muerto* – er ist tot, gefallen in der Guadarrama.« Und dann hatte sie mich umarmt, geschluchzt und gesagt: »Werner, wo Francisco nicht mehr ist, bleib du hier als unser Sohn – *como hijo nuestro.*«

– Und weil ich Spanien liebte.

Ich ging zu Bett, eine kleine graue Maus tauchte an der Bettkante auf, ich begrüßte sie wie einen Kameraden in der Einsamkeit. Gegen Morgen wachte ich auf, es hämmerte laut an der Tür. Zwei schwerbewaffnete Milizsoldaten traten ein, verlangten meinen Paß, nahmen ihn an sich und erklärten, ich sei verhaftet und solle ihnen folgen. Auf meine Frage, was denn der Grund meiner Verhaftung sei, zuckten sie die Achseln, sie wüßten es nicht. Ob ich vorher wenigstens noch in Ruhe auf die Toilette gehen könne, fragte ich. (Toiletten-Muße, die Vorteile Kneippscher Abführpillen und ähnliches hatten schon bei uns zu Hause, wie wohl überhaupt bei Schreibtisch-Intellektuellen, eine große Rolle gespielt.) Die beiden hatten nichts dagegen – Spanier sind gutmütig –, ich verschwand ein gutes Stündchen und stellte mich dann wieder ein. Damit, geborgen im Schoße alter Familientradition, fühlte ich mich für alle Eventualitäten gewappnet.

Ich wurde ins Polizeipräsidium geführt. Auf der Treppe begrüßte mich der junge Mann mit der Krawatte, der aus dem schäbigen Lokal, wie einen alten Freund (»*hola hombre!*« plus Schulterklopfen). Ich sei schrecklich schwer zu beschatten gewesen, meinte er, mit all meinen unberechenbaren Kapriolen, erst in eine Werkstatt, dann in ein Bad (das stimmte), danach auf eine fahrende Straßenbahn gesprungen, dann in die *Calle de la Paz*... ich sei ein sehr anstrengender junger Mann, »*un joven muy fatigoso*«. Er lachte laut und verschwand in einem Amtszimmer. Es war zu spät, ihn zu fragen, was denn eigentlich der Grund meiner Verhaftung sei. Fast hatte ich das Gefühl, daß seine Sympathien für Franco nicht nur der Trick eines Agent provocateurs gewesen waren, sondern ein ehrliches Bekenntnis. War er im Grunde der Krawatten-Bourgeois, den er zu spielen hatte?

Man führte mich auf den Dachboden des Polizeipräsidiums, in einen ziemlich großen, mit dicken Dachbalken abgeschrägten Raum, in dem sich etwa zwanzig Menschen befanden, Männer und Frauen. Einige standen, andere lagen apathisch auf dem Boden. Es war nicht schwer, mit ihnen ins Gespräch zu kommen: Bis auf zwei Italiener waren alle Deutsche, darunter etliche deutsche Juden, Emigranten. Aufgrund des gemeinsamen deutschen Passes – das »J« in jüdischen Pässen gab es noch nicht – hatte man alle, Christen und Juden, Nazis und Antinazis, brüderlich vereint als präsumtive Faschisten in vorläufigen Gewahrsam genommen. (Was mich an Georg Stefan Trollers Memoiren erinnert: »Ich bin ein Antinazi!« schrie er verzweifelt bei seiner Internierung in Frankreich und kriegte die lachende Antwort: »Uns ist egal, was für ein Nazi Sie sind!«)

Einige der Inhaftierten waren schon wochenlang hier, andere waren nach Verhör freigelassen und, wenn sie jung waren, an die Front geschickt worden. Allerdings, flüsterte man, zwei nichtjüdische Deutsche, ein IG-Farben-Vertreter und ein Tapezierer, seien in die Todeszellen unten im Keller eingesperrt und dann vermutlich erschossen worden; vielleicht seien sie wirklich Faschisten gewesen, vielleicht auch nicht, man nähme es hier nicht so genau.

Unsere Verpflegung war ausreichend, oft gab es *garbanzos* oder Kichererbsen, die mich an die Nonnen der Armenküche in Francos Palma de Mallorca erinnerten. Auch bekamen wir Decken zum Schlafen, es war kalt geworden, Ende November. Zur Schlafenszeit glich der Raum einer Sardinenbüchse. Meine Schlafstelle auf dem Fußboden befand sich dicht neben einer hübschen jungen Deutschen aus Bremen, einer hochblonden »Arierin« namens Lilo, die sich im Schlaf ihrem Mann, dem Inhaber einer kleinen Bürstenfabrik, zukehrte und mir dabei bewußt oder unbewußt ihren Steiß in die Lenden schob. Erektionserscheinungen meinerseits schienen sie nicht zu stören.

Nach drei oder vier Tagen wurde ich von meinem Krawattenmann im Beisein eines bewaffneten Kommissars verhört. Ich wurde beschuldigt, ein Spion aus faschistischem Gebiet, eben aus Mallorca, zu sein. Mein Protest, ich sei ein deutscher Hitlerflüchtling, der nichts, aber auch gar nichts mit Faschisten zu tun habe, wurde abgewiesen: Das gerade sei das Raffinement meiner Tarnung, und meine Papiere seien gefälscht; schon damals, bei jenem Gespräch im Restaurant, hätte ich mich als Deutscher und Opfer des Faschismus verstellt. »*Hablas como un español*... du sprichst wie ein Spanier, du siehst aus wie ein Spanier, du kommst aus Spanien – also *bist* du ein Spanier, und ein Faschist dazu!«

O männliche Eitelkeit! Hätte ich meine Unschuld in weniger perfektem Spanisch beteuert, hätte man mir vielleicht doch noch den deutschen Flüchtling geglaubt. So aber sprach ich das brillanteste Spanisch, dessen ich fähig war, und war im Grunde stolz darauf, für einen Spanier gehalten zu werden, wenn auch für einen faschistischen: endlich kein Emigrant mehr. (Wobei mir, dem nunmehr Vierundzwanzigjährigen, allerdings keineswegs bewußt war, daß mein »brillantes« Spanisch eigentlich das eines etwa sechzehnjährigen Spaniers war, noch dazu eines relativ ungebildeten. Der Rückbildungsprozeß des Exils hatte eingesetzt, auf sprachlichem wie auf allen anderen Gebieten.)

Ich wurde abgeführt, ins Kellergeschoß, in eine Einzelzelle, die meine Genossen da oben unterm Dach als »Todeszelle« bezeichnet hatten. In der Tat hörte ich jetzt fast jeden Morgen schleifende Schritte aus einer Nachbarzelle, und dann einen Schuß auf dem Hof.

Ein andalusischer Soldat bewachte die offenbar neu eingerichteten, nach frischem Zement riechenden Kellerzellen des Polizeipräsidiums. Er bewache Menschen nicht gern, vertraute er mir in seinem treuherzigen südspanischen Dialekt an, öffnete gegen alle Regeln meine Zellentür und plauderte mit mir, ja bot mir dann und wann einen Schluck von seinem Wein an. Es sähe nicht gut aus mit der Republik, sagte er, die Regierung sei gerade aus dem bedrohten Madrid hierher übergesiedelt, nach Valencia.

Ich fror, in der zementfeuchten Kellerzelle gab es keine Decken. Pilar half mir, Maria del Pilar, »Maria vom Pfeiler«, es gab wohl irgendwo eine wundertätige Madonna auf, unter oder neben einem Pfeiler. Pilar, Aussprache Pilár, war stämmig gebaut, etwa achtzehn Jahre alt, trotz ihrer schmutzigen Haare, zwei fehlender Vorderzähne und eines störenden Lippenbärtchens eine Venus, jedenfalls in meinen durch die Haft ausgehungerten Augen. Sie brachte mir das Essen zweimal täglich und dann auch, als ich sie mit *piropos* überschüttet hatte, mit mehr oder weniger unzüchtigen Bezeugungen ihrer berauschenden Schönheit, eine warme Decke. »Das ist für dich, Moreno«, sagte sie zärtlich. (Moreno: »Schwarzbrauner«, fast schon »Liebling«.) Hilario, der andalusische Wachtposten, hatte gegen unser Techtelmechtel nichts einzuwenden und verriet mir, Pilar sei eine Vertraute des neuen anarchistischen Polizeipräsidenten Juan Cobo, der oben im zweiten Stock residiere. Er sei früher bei der Müllabfuhr beschäftigt gewesen.

Ein neuer Polizeipräsident? Und dazu noch meiner Pilar gewogen? Ich faßte Mut, bat sie um Bleistift und Papier und verfaßte die herzzerreißende Geschichte eines armen jüdischen, in tiefster Loyalität zur Sache der Demokratie freiwillig aus Frankreich in die spanische Republik zurückgekehrten Hitlerflüchtlings, den man jetzt als faschistischen Spion zu füsilieren gedenke. All dies natürlich wieder in dem klassischsten Spanisch, dessen ich fähig war. Ich bat Pilar, das Papier dem Polizeipräsidenten oben im zweiten Stock zu überreichen.

Pilar sah traurig aus. »Er kann nicht lesen, Moreno«, sagte sie.

»Kannst du's ihm nicht vorlesen?«

Sie schüttelte betrübt den Kopf, *»no puedo leer tampoco«*, sie könne auch nicht lesen. »Es tut mir entsetzlich leid, Moreno«, sagte sie und sah mich mit der ganzen Melancholie ihres armen, trockenen Landes an. Da las ich ihr den Inhalt meines Schreibens vor und bat sie, dem großen Mann mein Anliegen mündlich vorzutragen.

»Nimm das Papier auf jeden Fall mit, Chica«, riet ihr Hilario, der Wachtposten, »Geschriebenes macht immer einen besseren Eindruck.«

Hilario. Maria del Pilar. Spanien!

Nach ein paar Tagen führte mich eine schwerbewaffnete Wache in den zweiten Stock, der Polizeipräsident wünsche mich zu sprechen.

Diese Wache, ein schmaler, aber martialisch wie ein SS-Mann in bauschigen, kräftige Muskeln vortäuschenden Reithosen gekleideter Geselle, gehörte offenbar zur Leibwache des Polizeipräsidenten. Ich lernte ihn später noch etwas näher kennen, und in einem vetraulichen Gespräch gestand er mir, er leide an *precocidad*. Ich verstand nicht recht, er erklärte: Vorzeitigkeit des Samenergusses.

Juan Cobo, der Polizeipräsident, war ein kleiner untersetzter Mann mit offenem Hemd, Patronengurt und Pistole. Er sprach sehr schnell, seine Worte überschlugen sich – vielleicht, weil er nicht gelernt hatte, sie durch Schreiben auseinanderzuhalten. Man habe meine Aufzeichnungen gelesen, sagte er, und man fände sie interessant. »Man« waren offenbar drei Zivilisten an einem großen Tisch in einem Erker des Raumes, die vermutlich lesen konnten und eine Art Komitee zu bilden schienen. Einer dieser Zivilisten, ein Krausköpfiger, trat an mich heran und fragte in fließendem Deutsch mit polnischem oder russischem Akzent – vermutlich mit russischem, die Sowjets halfen ja der Republik –, ob ich wisse, was »nebbich« bedeute, und was »Chuzpe«. Ich erklärte beides in elitärstem Hochdeutsch.

Dies schien zu genügen. Juan Cobo und der Krausköpfige fragten, ob ich nach Palma de Mallorca zurückkehren und dort Agenten für eine von der Regierung geplante Landung werben wolle. Auch sei die Lage neuer Flugplätze, Stärke und Lage vermuteter italienischer Bombereinheiten und anderer Militärkonzentrationen auszukundschaften. Nach etwa drei Wochen solle ich zurückkehren.

Eine solche Mission war hirnrissig, nie würde ich als ein mitten im Krieg und noch dazu im November auftauchender »Tourist« in Mallorca unentdeckt bleiben, geschweige denn lebend nach Valencia zurückkehren können. Auch war schon jetzt, Ende 1936, eine Landung nach Lage der Republik reiner Größenwahn. Aber: Eine Verbindung zwischen der Republik und Mallorca gab es seit Kriegsbeginn nicht mehr. Der Weg zu den Balearen führte über Frankreich, will sagen in die Freiheit, heraus aus meiner Todeszelle. Nie würde ich von Frankreich weiter nach Mallorca fahren. Aber ich heuchelte Interesse und sagte ja.

Wir rückten an dem großen Tisch zusammen und besprachen Einzelheiten. Man instruierte mich. Ich solle morgen reisen, über Marseille. Informationen über Lage der Flugplätze und Kasernen sowie

Namen und Adressen von Agenten solle ich, so der Chuzpe-Krausköpfige, zuunterst auf Zigarettenpapier notieren, das entdecke keiner. In geheucheltem Eifer meinte ich, ich könne ja auch unleserliche Notizen in einem großen handgeschriebenen Manuskript diskret zwischen den Zeilen unterbringen (ich dachte an mein Basel-Buch), aber der Krausköpfige unterbrach mich gereizt, ich solle mich gefälligst an meine Instruktionen halten. (Landsberg gegen Lansburgh, was mein Schuldbewußtsein als Betrüger einer ganzen Regierung etwas erleichterte.) Außerdem, so beruhigte ich mein schlechtes Gewissen, galt es schließlich, aus einer Todeszelle herauszukommen, ohne sich von diesen Leuten auf einer Wahnsinns-Expedition nach Mallorca verheizen zu lassen.

Um eine unbehelligte Ausreise über die spanisch-französische Grenze zu gewährleisten, diktierte Juan Cobo ein offizielles Schreiben des Polizeipräsidiums, ich ginge in besonderer Mission nach Frankreich und sei deshalb von allen Behörden der Republik in jeder Weise zu unterstützen. Um mich andererseits auf Mallorca als Gegner der Republik auszuweisen und damit unverdächtig zu machen, wurde ein zweites Schreiben ausgefertigt, ich sei nur auf wiederholtes Ersuchen des österreichischen Konsuls aus der Haft entlassen worden.

Langsam und schwerfällig setzte Juan Cobo seinen Namen unter die beiden Schriftstücke, die er nicht lesen konnte.

Zu meiner Schande muß ich gestehen, daß diese widersprüchlichen Dokumente einen kindischen Räuber- und Gendarm-Spieltrieb in mir befriedigten, ja einen pubertären Drang nach schlichter Angeberei (Lansburgh gegen Landsberg). Emissär der spanischen Republik, und gleichzeitig ein aus derselben Republik hinausgeworfener Faschist – das war mehr als eine Doktorarbeit über den Rücktritt des Teilnehmers vom Versuch: das war meine Feuerprobe.

Ich erhielt meinen Paß zurück. Dazu ein Scheckbuch mit Blankoschecks auf eine große französische Bank, die von einem Luis Duato, vermutlich einem bedeutenden *capitalista*, unterschrieben waren, wahrscheinlich vor dem Genickschuß. (Dieses Scheckbuch, ausgestellt vom *Comptoir National d'Escompte de Paris*, besitze ich noch heute, ich habe keinen Pfennig abgehoben, um mich eines Minimums an Moral zu versichern.)

Da ich mein bißchen Hab und Gut retten wollte, fragte ich Juan

Cobo, ob ich nicht meine Schreibmaschine und meine Bücher mitnehmen dürfe. Ich gab vor, man könne ja sonst in Mallorca meinen kurzfristigen Aufenthalt durchschauen, ich sähe voll ausstaffiert in den Augen dieser Faschisten vertrauenswürdiger aus.

Der Polizeipräsident starrte mich an, er schien zu ahnen. Hatte er den Bürger und seine Pläne durchschaut? Würde der überlistete Analphabet die Pistole ziehen?

»Mach, was du willst«, sagte er tonlos. Dann stampfte er auf den Boden und schrie mit puterrotem Kopf: »Mach, was du willst, aber mach, daß du hier rauskommst! RAUS MIT DIR!«

Ich plante, über Frankreich nach Turin zu fahren, wo ich wahrscheinlich bei alten Freunden unterkriechen konnte, trotz Mussolini. Auf dem Weg zum Valencianer Hauptbahnhof, in einem teilweise mit Regierungsgeld neu erstandenen Wintermantel plus Lederkoffer, ein Bürger im Reisedreß, sah ich müde und abgerissene Soldaten vorbeimarschieren, mit schweren Tornistern, an die Front. Sie sangen die Internationale. Es mußten Freiwillige der Internationalen Brigade sein: Sie sangen auf deutsch.

Völ – ker – hört – die – Sig – na – le

Der Bürger weinte.

Spanischer Bürgerkrieg: vom Polizeipräsidenten von Valencia als inhaftierter Faschist beziehungsweise als Emissär der Republik ausgewiesen…

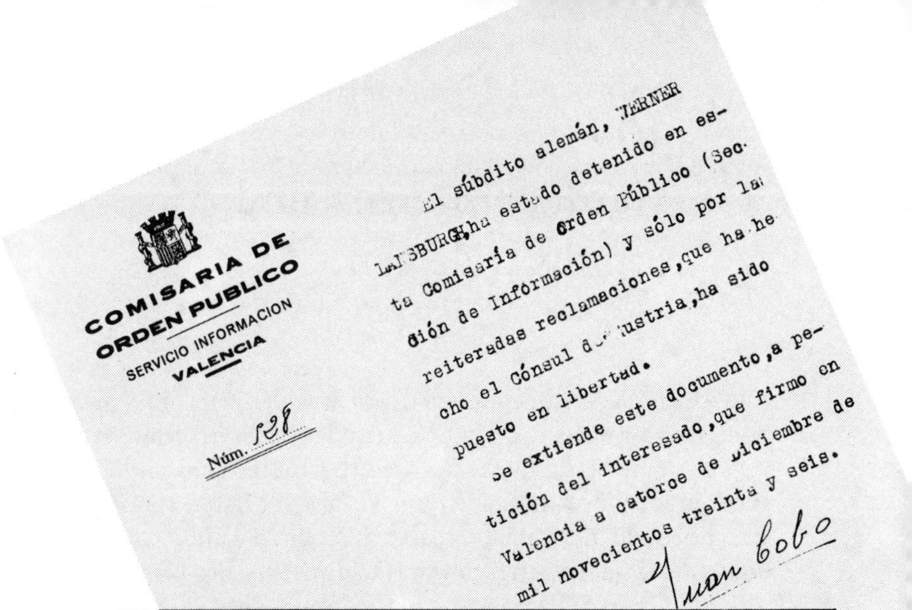

COMISARIA DE ORDEN PUBLICO
SERVICIO INFORMACION
VALENCIA

Núm. 528

El súbdito alemán, WERNER LANSBURGH, ha estado detenido en esta Comisaría de Orden Público (Sección de Información) y sólo por las reiteradas reclamaciones, que ha hecho el Cónsul de Austria, ha sido puesto en libertad.

Se extiende este documento, a petición del interesado, que firmo en Valencia a catorce de Diciembre de mil novecientos treinta y seis.

Juan Cobo

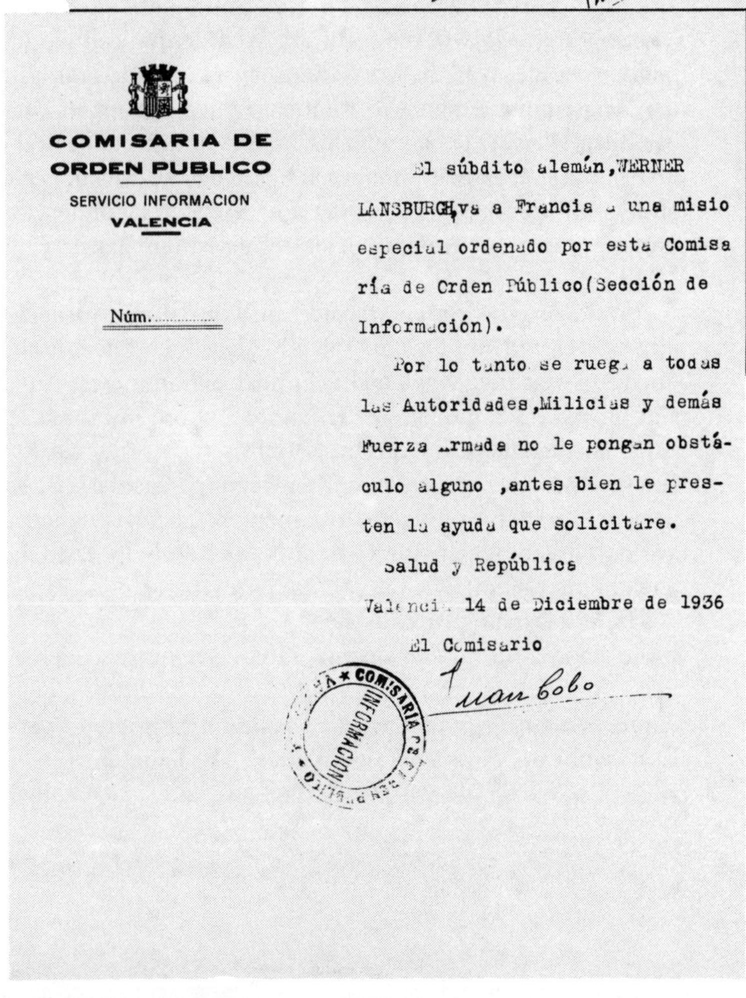

COMISARIA DE ORDEN PUBLICO
SERVICIO INFORMACION
VALENCIA

Núm. ....

El súbdito alemán, WERNER LANSBURGH, va a Francia a una misio especial ordenado por esta Comisaría de Orden Público (Sección de Información).

Por lo tanto se ruega a todas las Autoridades, Milicias y demás Fuerza Armada no le pongan obstáculo alguno, antes bien le presten la ayuda que solicitare.

Salud y República

Valencia 14 de Diciembre de 1936

El Comisario

Juan Cobo

10 Gardinenstangen und Stradivarigeigen

Die Alpen! Sie zeichneten sich deutlich in der Ferne am Turiner Horizont ab. Fast wieder zu Hause. Dazu diese schöne, schon etwas nördlich geprägte Stadt, die keineswegs das rußige Fiat- und Cinzano-Industriezentrum war, das ich mir vorgestellt hatte, sondern viel eher das Ebenbild der alten, aristokratischen piemontesischen Königsstadt, die sie lange gewesen war. Ob die Menschen hier ihren eigenen, altköniglichen Stolz bewahrt hatten und nichts oder nur wenig von Mussolini wissen wollten? Auf der Fremdenpolizei, wo ich mich anmelden mußte, war die Vorsteherin eine reizende Frau mit leuchtenden Augen; mit keinem Wort hatte sie mich gefragt, auf welcher Seite des Bürgerkrieges ich denn in Spanien gestanden habe und warum ich überhaupt hierhergekommen sei. Sie schien zu ahnen. Frauen können ahnen, während Männer leider nur »wissen« können. Sie gab mir ohne weiteres eine Aufenthaltserlaubnis für ein ganzes Jahr, bis Ende 1938.

Am nächsten Morgen erschien ein Polizist und forderte mich auf, ihm zur Fremdenpolizei zu folgen. Also doch keine holden Frauen, doch Ausweisung,, wenn nicht gar noch Schlimmeres? Auf der Polizeistation sah mich die bereits bekannte Signora mit ihren leuchtenden Augen belustigt an. »Ist das Ihre Brieftasche?« fragte sie. Es war meine Brieftasche, ich hatte sie in der Aufregung liegenlassen – mit meinen zwei spanischen Spionage-Dokumenten darin. Leugnen ging nicht, auf den Dokumenten stand mein Name, deshalb hatte man mich ja auch hierhergeholt. Mein Gott, da hatte sie also diese Papiere *gelesen*!

»Ja, es ist meine Brieftasche.«

Sie stand auf und gab sie mir. »In diesen aufregenden Zeiten wird man ein bißchen vergeßlich – *un poco smemorato*«, lachte sie. Und dann: »*Auguri!*«, was nach den Auguren des alten Prinz-Heinrich-Rom wohl so etwas wie »viel Glück!« bedeutete.

O gesegnete Frauen! O bella Italia!

Turin war mein Fluchtziel gewesen, weil ich hier gute Freunde hatte, bei denen ich vorerst einmal wohnen konnte. Genauer gesagt: »Freunde«, das war die Tochter des Hauses, Meta, jetzt etwa zwanzig, fünf Jahre jünger als ich, eine gutgewachsene, etwas fade Blondine, Nesthäkchen einer reichen jüdischen Kaufmannsfamilie aus Stuttgart, die hier in Turin schon vor Hitler eine Filiale besessen hatte. Gardinenstangen, Gardinenringe, Messingknöpfe, Schlüsselschilder, Schubladengriffe, Türklopfer, Haken und Eckenbeschläge aller Art, überhaupt jeder denkbare metallene Haus-Kleinbedarf en gros, vor allem aber alle Arten von Gardinenstangen. Sie bestanden damals aus Messing und konnten wie ein Teleskop ineinandergeschoben werden. Vielleicht ist das heute noch so.

Ich hatte Meta beim Skilaufen in Tirol kennengelernt, das war vor etwa fünf Jahren gewesen, kurz vor Hitler, sie war von meinem Slalom und von meinem »Ich studiere nämlich Jura«-Künstlertum tief beeindruckt gewesen und hatte mir seitdem schwärmerisch verliebte Backfischbriefe geschrieben, die meiner in jenen grünen Jugendjahren besonders ausgeprägten männlichen Eitelkeit ungemein schmeichelten. Zum Glück schien ihre Schwärmerei auch jetzt noch anzuhalten, und auch ich fing an, sie zu umwerben. Jedenfalls nahmen mich Metas Eltern in ihrem großen Haus in der Via Lamarmora auf, vielleicht sogar als Schwiegersohn in spe. Ja, Herr Erdenreich, so hieß ihr wohlbeleibter, asthmatisch schwäbelnder Vater, führte mich recht bald in sein großes Lager in einer Turiner Vorstadt. Es dauerte fast eine Stunde, an all den Warenregalen entlangzugehen: Gardinenstangen wie gesagt, Endstücke, Querstücke, Griffe, Zieher, Schieber, Ringe und Rosetten in endlos vielen Ausführungen, fast immer Messing, aber auch Chrom, Blech, Holz, neuerdings auch Bakelit, stapel- und kistenweise.

Erst heute verstehe ich eigentlich, warum Herr Erdenreich seit dieser Vorführung seines Lagers mir gegenüber zu erkalten schien. Ich hatte die Demonstration der verschiedenen Schubladenknöpfe und Beschläge mit Geschmacksäußerungen begleitet, manches »gefiel« mir mehr, manches weniger, ja ich hatte sogar die Existenzberechtigung einiger verchromter Artikel in Frage gestellt und weitgehende Verschönerungsvorschläge für gehämmerte Haustürklinken und Gardinenstangen-Endrosetten gemacht, statt nach Umsatz, Lagerkosten,

Investitionen, Abschreibung, Vertrieb, Fakturierung, steuerlichen Absetzungsmöglichkeiten und ähnlichen Dingen zu fragen, die Herrn Erdenreich weit mehr am Herzen liegen mußten. Meine Chancen als Schwiegersohn schienen zu schwinden und waren dann im Lauf der Zeit durch mein »etwas feuilletonistisches Wesen«, wie Herr Erdenreich sich ausdrückte, vollends verwirkt.

Meta war eine gehorsame Tochter, ihre Zuneigung zu mir nahm entsprechend ab. Worauf ich dieses gutgewachsene, wenn auch etwas fade Mädchen mit einer nie zuvor für sie gefühlten Leidenschaft umwarb. Sie ließ sich das gefallen, wenn auch ohne Begeisterung, ja mit zunehmender Kälte, was meine Glut nur noch anfachte. Gott, war Meta schön!

Als gescheiterter Schwiegersohn in spe war ich inzwischen von der Via Lamarmora in ein möbliertes Zimmer einer weit bescheideneren Straße umgezogen und lebte von Deutsch-, vor allem aber Spanischunterricht in einem großen, halbstaatlichen Fortbildungsinstitut, dessen marmornes Portal mit einem riesigen faschistischen Liktorenbündel geschmückt war. Einem Italiener als Deutscher Spanisch beizubringen ist etwa so wie einem Bayern als Engländer Ostfriesisch. Noch heute träume ich davon in meinen milderen Angstträumen.

Ein anderer meiner jetzigen Träume, der noch aus Turin stammt, ist der Traum vom veröffentlichten Manuskript. Ich schrieb damals recht viele Artikel, schickte sie an verschiedene Schweizer Zeitungen – die deutschen kamen ja nicht in Frage – und erhielt sie regelmäßig wieder zurück, fast meine einzige Post in jenen Tagen. Mein Traum war und ist nun dieser: Ein Artikel wurde veröffentlicht, tatsächlich, denn ich sehe ihn im Schlaf gedruckt vor mir. Zwar steht unter dem Titel nicht mein voller Name, er ist mit Initialen abgekürzt, übrigens nicht mit den meinen, aber was macht das schon: Hauptsache, der Artikel ist gedruckt. Auch hatte man den Titel meines Artikels bis zur Unkenntlichkeit verändert und den Inhalt dahin redigiert, daß meine schöngeistigen Ausführungen jetzt etwas technischer getönt waren, viel technischer sogar: Es handelte sich um Kühlschränke oder ähnliches, mit entsprechenden Illustrationen und Diagrammen, ja um eine ganzseitige farbige Anzeige. Aber was machte das schon, es war *mein* Artikel. Bei »*mein*« pflege ich aufzuwachen.

Turin, die Landschaft von Piemont und die italienische Sprache wuchsen mir ans Herz. Ganz besonders – ich bin nun einmal ein Kaffeehausliterat – das Café Roma mit seinen heimatlich kontinentalen Marmortischchen und den großen Fenstern, durch die man das Leben und Treiben auf dem schönen Corso Re Umberto sehen konnte, Ecke Corso Vittorio Emanuele II, der seinerseits zum Hauptbahnhof führte – direkt via Basel zum Romanischen Café in Berlin... Wenn ich hier »meinen« *Corriere della Sera* las, darin »meinen« Kolumnisten genoß und bei »meinem« Cappuccino seine feinsten Anspielungen zu verstehen begann, ja selber erste Artikel auf italienisch zu schreiben versuchte (es fing mit Leserbriefen an), dann hatte ich das warme Gefühl, ein wenig Insider zu sein, vielleicht ein neues Zuhause gefunden zu haben: Bezüge zu Dingen, Orten, Namen, die nicht mehr stumm und fremd waren, sondern angefangen hatten zu sprechen: mir etwas zu »sagen«. Wo dir die Dinge etwas sagen, da bist du zu Haus. Oder – ich glaube, ich habe das irgendwo einmal gelesen: Wo du »Du« zu einem Lande sagst, da ist die Heimat. Ganz gleich, ob sie nun besser oder schlechter ist als andere Länder.

Drinsein. Mitspielen dürfen. Dafür sein, dagegen sein dürfen. Ich hatte dieses warme Gefühl schon einmal in Spanien, sollte es jetzt in diesem Turiner Kaffeehaus und später in Schweden und in England haben. Privat, ganz für mich allein, nenne ich dieses in der Fremde erwachende Heimatgefühl »Café Roma«. Man hat so seine privaten Codes. Es ist ein wunderschönes Gefühl. Daß es stets getrogen hat, steht auf einem anderen Blatt.

In diesem Café Roma, in selig kontinentaler Literaten-Euphorie, schrieb ich ein Buch über den Spanischen Bürgerkrieg, auf deutsch. Das Buch war insofern neuartig, als es das Bild und die Chancen der politisch nahezu chaotisch zerrissenen Republik – der Krieg war jetzt, 1937, im zweiten Jahre – ungeschminkt und weitaus pessimistischer schilderte, als das damals die herrschende Tendenz in der demokratischen Presse war. Stolz las ich die einzelnen Kapitel der in meinen Augen immer schöneren, wenn auch weiterhin etwas faden Meta vor. Sie schien während der Lesung einzuschlafen, protestierte jedoch lebhaft, wann immer ich diese Vermutung äußerte: Sie schließe nur zwecks größerer Konzentration die Augen, sagte sie. Worauf ich Stichproben machte und ein und denselben Satz des Manuskripts fünf- oder gar zehnmal wiederholte. Meta rührte sich nicht.

Mit dem fertigen Manuskript reiste ich in die nahe Schweiz, erntete Lob und Anerkennung in einem Verlag nach dem anderen; aber überall fand man die Zeit für einen solchen Kassandra-Text nicht reif, das Publikum (und man selber?) wolle unbedingt in seinem Glauben an den Sieg der Republik bestärkt werden. So die *Neue Zürcher Zeitung* (das Buch konnte auch in Zeitungsfolgen erscheinen), der Bund in Bern, der emigrantenfreundliche Europa-Verlag des tapferen Dr. Oprecht in Zürich, die *Weltwoche* ebenda (Karl von Schumacher, der gefeierte Herausgeber, lud mich vor lauter schlechtem Gewissen sogar zu einem opulenten Mittagessen ein), die *National-Zeitung* in Basel – natürlich erhob ich mich bei der Einfahrt von meinem Sitz im Zugabteil –, bis ich erschöpft in einem Nest namens Frauenfeld landete, um meine letzte Chance, die kleine *Thurgauer Zeitung*, wahrzunehmen – ebenso vergeblich. (Erst 1943, lange nach dem Spanischen Bürgerkrieg und dem Untergang der Republik, kam das Buch in meinem schwedischen Exil heraus, in einem winzigen Verlag in Uppsala. Es hatte einen schön alliterierenden Titel *Blod och Bläck*, was auf deutsch ziemlich scheußlich »Blut und Tinte« wäre. Kaum hundert Exemplare wurden verkauft, worauf Hitlers *Völkischer Beobachter* das Buch unter der Schlagzeile würdigte: »Juden in ›schwedischer‹ Literatur an der Spitze«.)

Nach dem Fiasko meines Spanienbuches war ich in Metas Augen nur noch tiefer gesunken. Der einst von ihr in ihren Backfischjahren angehimmelte »Künstler« war dahin, sie interessierte sich jetzt fast nur noch für ein Pferd namens Pirandello in ihrer Reitschule, und die Erdenreichs luden mich nicht einmal mehr zum Kaffee ein. Das kränkte mich. Als Rache gegenüber der widerspenstigen Geliebten und ihrer gleichgesinnten Gardinenstangen-Mischpoche verriet ich ihnen nicht, daß ich binnen kürzester Zeit ein sehr begehrenswerter junger Mann und Schwiegersohn sein würde, dem Meta ihren schönen, wenn auch immer noch etwas faden Körper nicht versagen würde.

Mein Geheimnis war dies: Mein Vater war in London geboren und hatte vor kurzem entdeckt, daß er und meine Mutter kraft dieser Tatsache einen Anspruch auf einen britischen Paß hatten. Beide waren in der Tat jetzt »Engländer«, wie man britische Staatsangehörige auf deutsch zu nennen pflegt, wenn ihnen das auch kaum etwas nutzte: Sie waren *auch* Deutsche, konnten also in Deutschland ohne jede Einspruchsmöglichkeit des Britischen Konsulats von den Nazis behandelt werden wie jeder andere deutsche Jude. Mir selber hätte eine britische Staatsangehörigkeit dagegen märchenhaft geholfen: Außerhalb Deutschlands wäre ich Engländer, und *nur* Engländer.

Man kann sich das heute wohl kaum mehr vorstellen: Damals war in Emigrantenkreisen ein ausländischer Paß, und somit unbegrenzte Aufenthalts- und Arbeitsmöglichkeit, das höchste aller erstrebenswerten Güter. »Der Paß ist der edelste Teil von einem Menschen« (Bertolt Brecht, *Flüchtlingsgespräche*). Und dazu noch der britische, der nobelste aller Pässe! Ich hätte für die inzwischen vom Mussolini-Regime mehr und mehr bedrohten Erdenreichs ohne weiteres eine Gardinenstangen-Filiale in London, Toronto oder Bombay gründen können, der beste Schwiegersohn von allen, statt mich in Turin herumzudrücken und Meta, die schöne Fade, immer vergeblicher zu umwerben.

Leider aber, so hatte der britische Konsul in Berlin meinem Vater erklärt, erstreckte sich das Recht auf die britische Staatsangehörigkeit nicht auf die zweite Generation. Das hatte mir auch der britische Konsul in Palma de Mallorca bestätigt, als ich dort vor Franco geschützt sein wollte. Verfluchte – wenn auch noch so liebenswerte – englische Schlamperei! (Das britische *muddling through* sollte ich später noch etwas genauer hassen und lieben lernen.) Es stimmte einfach nicht: Mr. Goldberg, ehemaliger Berliner, jetzt Englischlehrer an meinem Turiner Fortbildungsinstitut, war Besitzer eines britischen Passes, und sein Fall war haargenau so gelagert wie der meine.

Ich begab mich zum britischen Konsul in Turin. Ich fragte ihn, ob er Italienisch verstände, da mein Englisch kaum vorhanden sei – oder Spanisch. Deutsch erwähnte ich lieber nicht. »Ja, Spanisch«, lachte der Konsul, er sei zwölf Jahre lang dienstlich in Malaga gewesen. So verhandelte ich denn mit dem britschen Konsul auf spanisch über meine Aussichten, als Deutscher in Italien ein Engländer zu werden. Er schüttelte immer wieder den Kopf über meine Chancen und begleitete dieses Kopfschütteln mit einem *»es poco difícil«*, wörtlich »es ist wenig schwer«, also kaum schwer, mithin leicht. Nun meinte er zwar *»es* un *poco difícil«*, also »es ist ein wenig schwer«, mit englischem Understatement also: unmöglich; aber ich nahm sein schlechtes Spanisch als ein gutes Omen, und ich behielt recht: Nach fünf Monate langem *muddling through* besaß ich einen britischen Paß. »*British subject by birth*« stand auf der ersten Seite. Dazu, auf der zweiten, als stolze Berufsbezeichnung: »*Author*«. (Ich hatte in einem Taschenwörterbuch nachgeschlagen, was »Schriftsteller« auf englisch heißt, und dementsprechend den Fragebogen ausgefüllt. Etwas englischer wäre schon *writer* gewesen, eben schön und einfach »Schreiber«, aber das klang mir zu bescheiden. Ich war eben immer noch ein Deutscher.)

Mein Plan war nun, schnellstens Englisch zu lernen, nach England zu gehen und vorher, um mich irgendwie in England als irgend etwas ausweisen zu können, in – Basel meinen Doktor zu machen. Zum Donnerwetter, nach einer spanischen Todeszelle sollte man doch diese »Lappalie«, wie Vater mit Recht gesagt hatte, schnell und spielend hinter sich bringen können.

Allerdings, dazu brauchte man Geld. Meine Eltern konnten mir schon lange nicht mehr helfen, jeder Geldtransfer war verboten. Den reichen Papa Erdenreich anpumpen? Ein bißchen Geld würde er mir schon geben, um mich mit meinem »etwas feuilletonistischen Wesen« in sicherer Entfernung von seiner Meta zu wissen, von Shylocks Jessica. Und ganz bestimmt würde er mir noch viel mehr Geld vorstrekken, wenn er von meinem englischen Paß wüßte. Aber ich schwieg. Denn Meta, das wurde mir immer klarer, war weit mehr als nur »etwas« fade. Und überhaupt: Wie konnte man Meta heißen!

Ich schrieb meinen Eltern einen Freudenbrief mit der Überschrift *Civis Britannicus sum* und mit der Meldung, ich würde früher oder später in Basel zu doktorieren versuchen. Wie sich Vater freuen würde, einen endlich erwachsenen Sohn zu haben!

Der Brief erreichte ihn nicht mehr. Er kreuzte sich mit einem zitterig geschriebenen Eilbrief meiner Mutter, Vater sei gestern »ohne Krankheit« von uns gegangen, ich solle jedoch keinesfalls nach Berlin kommen, die Zeiten seien »absolut« ungeeignet.

Ich reiste trotzdem an demselben Tag nach Berlin, als könnte ich meinen Vater durch das gefährliche Wagnis der Reise wieder zum Leben erwecken. Ich wußte, daß mich mein britischer Paß als Auch-Deutscher in Deutschland nicht schützen würde. Aber vielleicht würde er mir helfen durchzuschlüpfen.

Der Anhalter Bahnhof wirkte tot, erst jetzt wurde mir voll und ganz bewußt, daß Vater nicht mehr lebte. Riesige Hakenkreuzbanner und Liktorenbündel bedeckten die Wände der menschenleeren Halle. (Mussolini war gerade auf Staatsbesuch, wir sind im September 1937.) Ich kam spät in der Nacht an, meine Schwester Gerda wartete verweint vor der Haustür. Nein, es sei schmerzlos gewesen, Schlaftabletten. Meine Mutter empfing mich entsetzt, ob ich denn nicht wüßte, wie gefährlich es jetzt in Deutschland für uns alle sei.

Ich sah ihn nicht mehr, wollte sein lebendes Bild weiter in mir tragen. Im Badezimmer, in Kamm und Bürste, sein weißes Haar. Auf dem Schreibtisch sein letztes Manuskript, wohl für eine Schweizer oder österreichische Zeitung. Auch seine Zigaretten, Haus Bergmann. Ich steckte eine an und fühlte, daß ich ein Teil von ihm geworden war, oder er ein Teil von mir.

Ich setzte mich an seinen Schreibtisch und las lange in seinem *Das Wesen des Geldes*. Ja, Siegfried Jacobsohn hatte schon recht gehabt. Neben diesem Tintenfaß hatte einmal eine der gedruckt vorfrankierten Postkarten gelegen, die er an Vater zu schreiben pflegte, und darauf in seiner sinnlich runden Schrift ein Satz, den ich als Zwölfjähriger heimlich gelesen hatte: »Sie sind der Lessing der deutschen Nationalökonomie.«

Die Beerdigung fand in aller Stille statt. »Arische« Freunde, die von dem Tod meines Vaters erfahren hatten, fanden sich nicht ein. Auch die inzwischen unter der Ägide der Reichsbank »arisierte« Zeitschrift meines Vaters, *Die Bank*, erwähnte den Tod ihres Gründers und jahrzehntelangen Herausgebers mit keinem Wort. Er war 65 Jahre alt geworden.

Die Verantwortung für meine Mutter und Schwester war jetzt auf mich übergegangen. Ich hätte beide gerne nach Italien mitgenommen, konnte sie aber dort unmöglich ernähren, und nach der »Kapitalfluchtsteuer« wäre von unserem kleinen Vermögen nichts übriggeblieben. England? Auch dort hätten die beiden vor dem Nichts gestanden. Palästina? Das war für junge Leute, Pioniere, und außerdem waren wir uns unseres Judentums nie bewußt gewesen, ja hatten es durch die Taufe verleugnet. So vertrauten wir denn, wenn auch wegen der doppelten Staatsangehörigkeit mit ständiger Angst, auf den britischen Paß, den meine Mutter schon besaß und den Gerda in Kürze bekom-

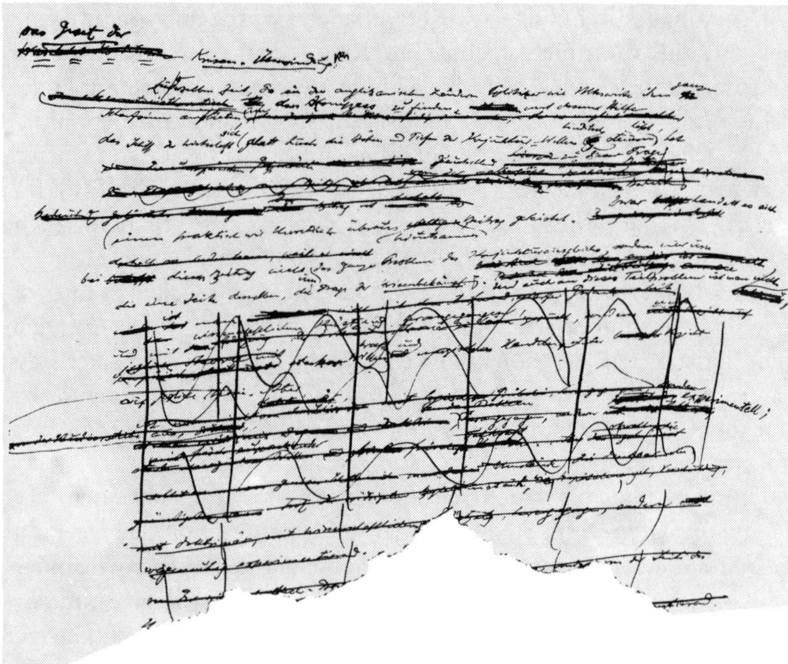

Das letzte Manuskript meines Vaters. Auf der fünften Zeile, einsam zwischen Gestrichenem, ein zuckend verzerrtes Wort: Deutschland. Neben dem Manuskript ein Zettel: »Verzeiht.«

men würde. Auch waren noch viele Juden in Deutschland geblieben, sie ahnten nicht, daß es schon in einem Jahr, im November 1938, so etwas wie eine Reichskristallnacht geben würde.

Berlin wirkte fern und fremd. War es die Trauer um Vater? Ich ging meinen alten Schulweg entlang. Die Häuser, die Läden, die Schaufenster, die Straßen, alles unverändert, und dennoch erkannte ich den Weg kaum wieder, er wirkte öde wie in einer längst versunkenen Stadt, tot wie ein ausgestopftes Tier mit gläsern glotzenden Augen. Stille vor dem Sturm? Denn daß ein Sturm kommen würde, ein großer Krieg, das schien das einzige zu sein, was in dieser Stille laut wurde.

Dies Berlin. War ich eigentlich jemals hier zu Hause gewesen? Waren es jemals andere? Die geliehene Stadt. War sie jemals ein lebendes Ganzes gewesen? Jetzt jedenfalls war sie tot.

Und dieser unheimliche Kopf, der frech weiterlebte, obwohl der Leib verwest und verstümmelt und das Gehirn ausgeblasen war. Der Kopf *Berliner Tageblatt* im Zeitungsstand dort drüben, ganz der alte Zeitungskopf, geköpft und dennoch weiterplappernd. »*Frankfurter Zeitung.*« »Schöneberger Rathaus.« »Kaufhaus des Westens.« »Romanisches Café.« »Kurfürstendamm.« Alles unverändert, nur tot. Wie Vater.

Dr. Willstaedt, ein befreundeter, entfernt verwandter jüdischer Rechtsanwalt, eröffnete Vaters Testament. Es bestand nur aus einem Satz: »Ich vermache mein gesamtes Vermögen meiner lieben Frau.« Bei den Worten »meiner lieben Frau« sah ich meine Mutter zum ersten Mal in meinem Leben weinen. Nüchtern und tapfer wie sie war, nahm sie sich sofort zusammen und fragte Dr. Willstaedt, ob ich nicht etwas von dem Geld ins Ausland mitnehmen, also »schmuggeln« könne, da ich vielleicht in Basel –

Dr. Willstaedt sah sie entgeistert an. »Ich muß doch bitten«, sagte er bestimmt, »derlei Dinge nicht in meiner Gegenwart zu erwähnen: Ich bin ein preußischer Notar.«

Er wurde in Auschwitz vergast.

Ja, ich schmuggelte. Vater hatte eine neue, prunkvoll mit farbig geprägtem Golddruck verzierte Havanna-Zigarrenkiste, die ich mit Bleistiften, Radiergummis, Büroklammern, Syndetikon-Klebe, Zentimetermaß, Schere und einem kleinen Reisewecker füllte. Wie erwartet, stürzte sich die Zollpolizei auf die brandneue, zuunterst im Koffer »versteckte« Zigarrenkiste, riß sie auf und klappte sie dann sichtlich enttäuscht mit einem Knall zu. Der Leser wird es erraten haben: In dem behutsam ausgenommenen Reisewecker befand sich das Geld. Vielleicht etwas leichtsinnig, schließlich tickte der Wecker nicht mehr, und auf Geldschmuggel stand Todesstrafe.

In Turin blieb ich noch ein ganzes Jahr, um zu dem geschmuggelten Geld durch äußerste Sparsamkeit etwas hinzuzuverdienen. Basel würde etwas kosten. Neben meinem spanischen und deutschen Unterricht zeichnete ich Ventilatoren, Tauchsieder, Oberhemden, Strapsgürtel und ähnliches für eine Reklamefirma. Oder ich machte Übersetzungen, wenn sich auch nicht alles lohnte. So übersetzte ich zum Beispiel einen recht albernen, ins Französische übertragenen schwedischen Humoristen namens Hasse Zetterström ins Italienische, und zwar für eine von einem Polen, Signor Markiewicz, geleitete Agentur namens WORLDFUN (schlechtes Englisch). Der Ertrag war mit Giacomo zu teilen, einem bei meiner Übersetzungsarbeit behilflichen jungen Studenten, der ein so überzeugter Anhänger des Regimes war, daß er zuweilen statt Mussolini »Gesù« sagte, Jesus. Dabei war er nicht einmal religiös.

Giacomo kam bei der Übersetzungsarbeit nicht auf seine Kosten, und ich auch nicht: Signor Markiewiczs Agentur war nach Bezahlung eines einzigen der dreißig von uns in durchwachten Nächten übersetzten Artikel des Hasse Zetterström mit unbekannter Adresse nach Uruguay verzogen. Aber ich lernte wenigstens in einer dieser Übersetzungsnächte ein schönes italienisches Sprichwort von Giacomo, das mich seither ständig begleitet: »*Traduttori – traditori*«, »Übersetzer – Verräter«.

Einmal, auf dem Rückweg von Signor Markiewicz's WORLDFUN, das in einer trostlosen Industrievorstadt Turins lag, war ich in deren grauen Straßen an einem Lokal vorbeigekommen, dessen halb verfallene Glasveranda mit bunten Lampions erleuchtet war. In dieser Veranda tanzten junge Leute, wohl Fabrikarbeiter, zur Gitarrenmusik eines stoppelbärtigen Alten. Ich setzte mich an einen Tisch und forderte ein hübsches Mädchen zum Tanz auf, das mit jungen Leuten, wohl Arbeitskameraden, gegenüber saß. Das Mädchen, eine blutjunge Piemonteserin mit herrlich vollem Haar und großen schwarzen Augen, die mich unentwegt ansahen – »*mi chiamo Giulia*« –, schmiegte sich beim Tanz so innig an mich, daß mir die Sinne vergingen. Wir tanzten unablässig, nie vorher und nie nachher habe ich ein so liebliches und so grenzenlos hingebungsvolles Geschöpf in meinen Armen gehalten. Schließlich saß ich an Giulias Tisch zusammen mit ihren Kameraden, sie tranken mir zu, erzählten, daß sie bei Fiat am Fließband arbeiteten, und nannten mich gutmütig lachend »*il gentleman inglese*«, nachdem ich stolz meinen englischen Paß gezeigt hatte. Dann verabredeten wir uns flüsternd, Giulia und ich, für Sonnabend abend am Ponte Umberto, rechts, auf der Parkseite, am Po. Ich weiß das heute noch so genau, nach über fünfzig Jahren, denn ich ging nicht hin; obwohl ich es brennend gern getan hätte. Es wäre ja vielleicht doch nur ein kurzes Abenteuer für mich gewesen, für *il gentleman inglese*, und sicher etwas ganz anderes für Giulia.

Ponte Umberto, rechts, ich kann's nicht vergessen, ich kann Giulia nicht vergessen, sehe sie vor mir, wie sie immer noch an der Parkseite wartet.

Basel sei schnell erzählt. Wieder hier sein zu dürfen, mit meinen sechsundzwanzig Jahren, privilegiert als Engländer, in der geliebten Stadt, in der friedlichen Schweiz, im eigenen Sprachbereich. Ich schrieb in der *Basler National-Zeitung* und in der *Weltwoche* (unter Pseudonymen, wegen Mutter und Gerda in Berlin), lernte Englisch mit Hilfe von Ullsteins *1000 Worte Englisch*, Shakespeares Sonetten und dem immer wieder gelesenen Eingangstext meines heiligen britischen Passes: »These are to request and require in the Name of His Majesty ...« – und genoß jede Minute. Wenn auch unter einem schweren Schatten: Kurz nach meiner Ankunft in Basel, im November 1938, tobte in Deutschland die »Reichskristallnacht«. Mutter und Schwester schrieben, daß vorerst wegen »Tante Josephine« nichts zu befürchten sei. Diese Tante war unser Geheimwort für »britischer Paß«.

Mein Professor empfing mich recht freundlich und sagte mit einigem Wohlwollen, er habe das alte Thema für mich aufgehoben, für den Fall, daß ich zurückkehren sollte. Der Rücktritt des Teilnehmers vom Versuch! Was für ein Schock: Tausende von weggeworfenen Exzerpten waren aufs neue zu kompilieren, die alte Plage in allen Einzelteilen nachzuexerzieren. Aber ich war fest entschlossen, mich diesmal nicht unterkriegen zu lassen und die Angelegenheit schnellstens hinter mich zu bringen: Nach Vaters Tod, dem Spanischen Bürgerkrieg und vor allem bei dem, was jetzt in Deutschland geschah, wäre es ja zum Gotterbarmen, wenn ich nicht ein wenig von dem hätte, was die Engländer *a sense of proportion* nennen, Sinn für das Maß.

Und ich verliebte mich. Nicht in Meta, die mich als Braut garniert und aufgetakelt strahlenden Auges in Basel besuchte, nachdem die Erdenreichs von meinem britischen Paß erfahren hatten. Ich verliebte mich in eine andere. Sie sah aus wie meine einstige Heimatsehnsucht in Valencia, wie die herbe Hannah mit dem nackten Gesicht: dunkel, schlank, die Figur nüchtern »ausgespart« wie Hannahs, wenn auch mit einem etwas beunruhigenden, bitter energischen Strich als Mund. Unter bezaubernden, graugrünen Augen.

Sie studierte Musik in Basel, war aus »unserem« Berlin, mütterlicherseits aus der assimiliertesten und feudalsten deutsch-jüdischen Familie, die man sich vorstellen konnte: aus dem uralten, sogar adligen Haus eines berühmten Berliner Bankiers, der ihrer Mutter mitsamt seinen anderen Töchtern eine Aussteuer von je sieben Millionen Goldmark mitgegeben hatte. Und ihr Vater, gleichfalls ein seit Generationen getaufter Jude, war preußischer Staatssekretär zur Kaiserzeit gewesen und hatte sich dann mit seiner Frau in ein friderizianisches Rittergut zurückgezogen, das vermutlich mit jenen sieben Millionen erworben worden war.

Ja, ich liebte Franziska. Oder war es wieder einmal nur ein wenn auch noch so unbewußter »Hang zum Feinen«, eine Sehnsucht nach etabliertem Bürgertum? Ach was, ich liebte, ich begehrte dieses Mädchen. Wenn auch Meinhard, mein Studentenfreund, zu sagen pflegte: »Geld macht sinnlich.«

Welch ein Background! Ihr Großvater hatte die Transsibirische Eisenbahn finanziert; ihr Ururgroßvater, ein bedeutender Philosoph der Aufklärung, Vorbild von Lessings *Nathan der Weise*, war als erster Jude öffentlich zum Christentum übergetreten. Ihr Großgroßonkel, weltberühmter Komponist, hatte... ich war stolz auf Franziska. Vater hätte das noch erleben sollen. Und vielleicht würde ich dank eines bescheidenen Anteils an jenen sieben Millionen Mutter und Schwester aus Hitler-Deutschland zu uns herüberholen können...

Die Liebe war gegenseitig und wurde von ihren Eltern gern gesehen (der britische Paß?). Einmal besuchte uns Franziskas Mutter in Basel und meinte, sie könne bei der deutschen Devisensperre den Studienaufenthalt ihrer Tochter nicht mehr finanzieren. »Aber Sie besitzen doch, wie mir Franziska erzählte, zum Beispiel zwei Stradivarigeigen von einem nicht ganz unbekannten Komponisten und unter anderem Lessings Manuskript von ›Nathan dem Weisen‹ – diese Sachen lassen sich doch ohne jede Gefahr herausschmuggeln«, meinte ich.

Franziskas Mutter sah mich versteinert an. »Das ist verboten«, sagte sie streng.

»Ich bin ein preußischer Notar«, hatte Dr. Willstaedt gesagt.

Deutsche Juden! Und das im Jahre 1939! Gesetzestreu bis in den Tod. Kein Wunder, daß man viele von ihnen, oft mit Hilfe eines dienstwilligen »Judenrats«, wie folgsame Lämmer nach Auschwitz deportieren konnte.

Bei Franziska führte diese Gesetzestreue dahin, daß ihre Geldmittel immer knapper wurden. Ihre Tante lud sie deshalb für einen Sommermonat zu sich nach Schweden ein, Reise bezahlt. Auch ich wurde eingeladen, als eine Art Verlobter (der britische Paß?). Die gute Tante Lotte war mit einem nichtstuerischen, dafür aber überaus aristokratisch aussehenden Schweden, einem *kabinettskammaherre* verheiratet, einem »Kabinettskammerherrn« am königlichen Hof (Gustav V., der knöchern hagere, holzköpfige Tennisspieler), der die kleine Dicke vermutlich ihrer sieben Millionen wegen geehelicht hatte. Sie lebten im Sommer auf einem feudalen Herrensitz an der schwedischen Westküste, Tofta gård genannt.

Die Einladung nach Tofta gård, übrigens auf einem Briefpapier mit der schwedischen Königskrone über den Lettern *Drottningholms slott*, Schloß Drottningholm (das gefiel mir) – diese Einladung konnte nicht willkommener sein. Einen ganzen Monat lang badenderweise, vor allem aber kostenlos, an der Doktorarbeit weiterschreiben, dann kurz nach Basel zurückkehren und nach der Promotion mit Franziska nach England gehen...

Anfang August 1939 machten wir uns über Frankreich – Deutschland war zu gefährlich – für vier Wochen nach Schweden auf. Aus vier Wochen Schweden wurden, wenigstens für mich, vierzig Jahre. Ich ahnte nicht, daß die längste und schwerste Zeit des Exils noch vor mir lag. Was mich bei der Abfahrt bedrückte, im siebten Jahr des Hitlerregimes, kurz vor dem Zweiten Weltkrieg, war, *horribile dictu*, etwas anderes: Im Basler Bundesbahnhof, zwischen zwei Waggons des D-Zugs nach Paris, war ein kleiner, gräßlich schwarzer Ölfleck auf meine schönen neuen hellen Leinenschuhe gekommen.

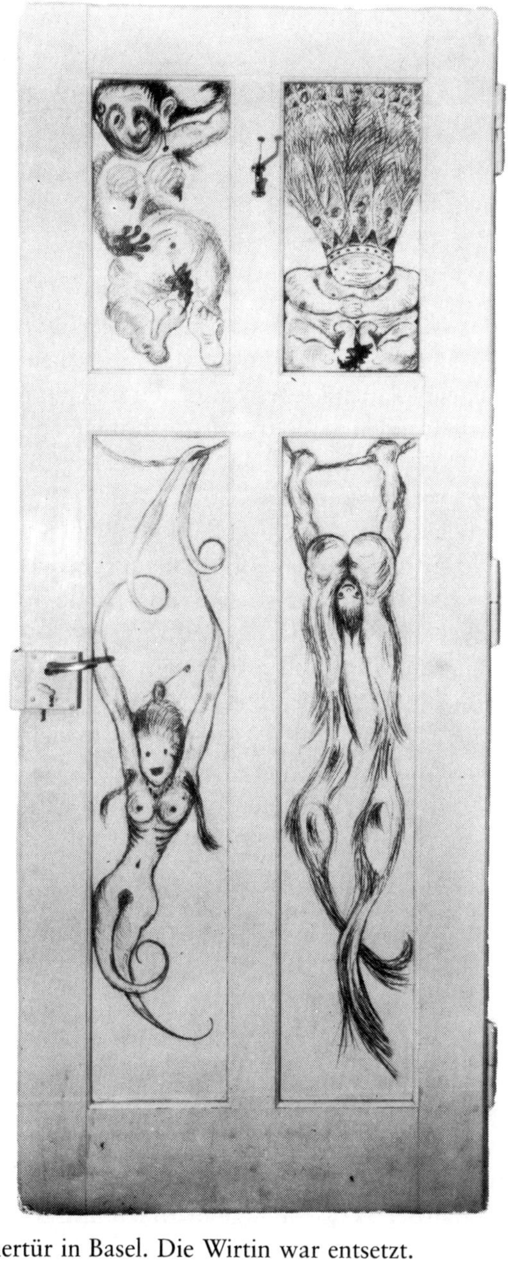

Meine Zimmertür in Basel. Die Wirtin war entsetzt.

11
Die Gänsekeule

Tofta gård ist ein Herrensitz an der schönsten Küste Schwedens, der Westküste in der Nähe von Göteborg. Gewächshäuser und weitläufige Parkanlagen mit uralten Bäumen führen durch einen Rosengarten, vorbei an einem kleinen Liebestempel, hinunter zum Strand, zum Kattegat. Kristallklares Licht fällt auf kristallklar konturierte Klippen, auf kleine felsige Schären-Inseln und auf das große Meer. Es ist Hochsommer. Es ist ein Traum.

Ich wohnte in dem linken der zwei flankierenden Kavaliershäuser, Franziska aus Gründen des guten Stils im Hauptgebäude. Jeden Morgen um acht Uhr brachte mir eine rosige Jungfer mit weißem Spitzenhäubchen *kaffe på sängen*, Kaffee im Bett. Franziska war vorher still und leise ins Hauptgebäude verschwunden.

Ich erinnere mich noch, als wäre es heute, wie ich an einem der ersten Abende, nach dem Bad in den Klippen, in dem kleinen klassizistischen Liebestempel saß und meiner Mutter einen begeisterten Bericht darüber ablegte, wie paradiesisch es hier war und was es so zu essen gab (das interessierte ja Mütter): morgens der Kaffee mit *bullar* oder Kuchenbrot ans Bett, zweites Frühstück mit köstlichem Preiselbeersaft und Knäckebrot, mittags lecker gebratene Wurstscheibchen mit Kartoffelpüree, nachmittags *skorpor*, herrlich knackiger, schiffchenförmiger Zwieback, wieder mit dem schönen Preiselbeersaft, und abends eisgekühlte Sahne-Sauermilch. Als ich dann den Brief der Ordnung halber noch einmal durchlas, fiel mir auf, daß ich trotz meiner begeisterten Aufzählung eigentlich den ganzen Tag lang nichts Ordentliches gegessen hatte. Noch hatte ich nicht entdeckt, was ich im Laufe meiner schwedischen Jahre herausfinden sollte: Schwedens hoher Lebensstandard, auf den die Schweden so stolz sind, wird weitgehend dadurch finanziert, daß die Leute einfach nichts essen oder auf jeden Fall weit weniger gefräßig sind als wir Deutschen.

Ich erinnere mich gern an diese ersten Tage an der schwedischen Westküste, denn vor mir taucht dann jenes lichte, landschaftlich und menschlich bezaubernde Bild Schwedens auf, von dem deutsche Touristen mich noch heute zu überzeugen versuchen, wenn ich ihnen aufgrund vierzigjähriger Erfahrung erzähle, daß dies – auf jeden Fall für arbeitssuchende Emigranten – das kontaktärmste und sterbenslangweiligste Land auf Gottes Erde ist oder, wie Horst Krüger einmal sagte, »das perfekte Schattenreich«. Er hat recht: Lautlos gleiten die Schemen aneinander vorbei, gleichsam eingehüllt in lebensgroße, glasklare Plastiktüten (oder Volvos), und wer sich ihrer total gleichgeschalteten Lebensweise nicht bis zur Selbstaufgabe anpaßt, ist verloren.

Deutsche Touristen wollen mir das nicht glauben – wozu auch, sie suchen ja hier keine Existenz – und berichten begeistert von ihrem Besuch im Schloß Gripsholm und am Grabe Kurt Tucholskys. Sagt man ihnen dann, daß Tucholsky nicht nur an Deutschland, sondern auch an Schweden zugrunde ging *(Briefe aus dem Schweigen)*, dann antworten sie: »Ja, ja, Schweden, diese schrecklich langen, dunklen Winter!« Darunter habe ich nun nie gelitten in meinen vierzig Schwedenjahren, vermutlich auch Tucholsky nicht. Die Leute verstehen eben diejenigen Probleme am besten, die man gar nicht hat.

Wie schön ist doch die Fremde als Tourist! *Et in Arcadia ego* – auch ich war im herrlichen Schweden! Oft standen wir um fünf oder sechs Uhr morgens auf, Franziska und ich, um in der wundersamen frühmorgendlichen Sommerhelligkeit des Nordens schwimmen zu gehen – in jener intensiven, alles durchdringenden, glanzlos weißen Bühnenhelligkeit, die das Herz des Reisenden beschwingt, mir aber später als Emigrant mit ihrem monotonen Licht so manche schlaflose Nacht vergällen sollte.

Telegrafisch erfuhren wir, daß Franziskas Vater gestorben sei. Dann brieflich, er habe sich aus einem fahrenden Zug vor einen entgegenkommenden geworfen, die Leiche sei kaum mehr identifizierbar gewesen. Er war gezwungen worden, das große friderizianische Gut, an dem sein ganzes Herz und seine ganze Arbeit hing, im Zuge der »Arisierung« für zwölf Millionen Mark zu verkaufen. Die Kaufsumme war unmittelbar beschlagnahmt worden; auch von dem restlichen

Vermögen war nichts mehr übrig, nichts von der Bank, nichts von den Stradivarigeigen.

Nach der sogenannten Reichskristallnacht war es für »Nichtarier« wie Franziska lebensgefährlich, zur Beerdigung ihres Vaters nach Deutschland zu fahren, auch war ihre Mutter inzwischen nach England geflohen. Noch schlimmer aber als der Tod des Vaters und der Verlust des ganzen Vermögens: Franziska wurde eine andere, die Not schien sie zu demoralisieren. Sie wurde von Tag zu Tag cholerischer, unberechenbarer, ja bösartig, klammerte und krallte sich krampfhaft an mich fest, und als ich einmal in meinem Kavaliershäuschen die Tür zuriegelte, um endlich Ruhe zu haben – sie war zuweilen handgreiflich geworden –, schlug sie sämtliche Fenster ein. War das ihre wahre, bisher nur vom Wohlstand wie von einem Puffer aufgefangene Natur? War ich blind gewesen, hatte ich diesen schmalen Strichmund nie gesehen? Noch ahnte ich nicht, daß sie später einmal aus purer Rankünе meine Mutter und Schwester in der Deutschen Botschaft in Stockholm als Auch-Deutsche, mithin als deportierbar, denunzieren würde. Aber was ich sah, genügte. Ich erschrak und zog mich mehr und mehr zurück.

Das brachte mich in einen bösen Gewissenskonflikt. Früher, als Franziska reich und geborgen war, hatte ich sie heiß umworben, und jetzt mußte es so aussehen, als verließe ich sie in der Not. Dazu die alte, heikle Frage: Hatte ich Franziska je geliebt? War es nicht, wie die Engländer sagen, eine *infatuation* gewesen, eine selbstbetrügerische Betörung, die aus einer Mischung von Hannah, Heimweh, bürgerlicher Status-Suche, Sex und, zugegeben, aus einer Portion Snobismus bestanden hatte? Und auch – soviel durfte ich mir doch wohl noch zubilligen – auch aus einem redlichen Bestreben, Mutter und Schwester kraft Franziskas familiärer Ressourcen aus Hitlers Deutschland herauszubringen und versorgen zu können.

Wie war es denn überhaupt um meine Beziehung zu Frauen bestellt, um meine Fähigkeit zu lieben?

Unglücklich lieben, in desolater Exil-Einsamkeit – ja, das konnte ich. Hannah! Heimweh! Aber lieben, *glücklich* lieben, das konnte ich wohl eigentlich nur, wenn ich selber glücklich war. Glücklich aber war und bin ich nur, wie wohl jedermann, wenn ich normal funktioniere; will in meinem Fall sagen: arbeite, einigermaßen befriedigend arbeite. Das aber war in den rund fünfzig Jahren meines Exils fast nie der Fall. Heute, wo mein Exil zu Ende ist, wo ich arbeiten darf, wo ich »funktioniere« wie etwa mein kleiner tickender Wecker auf dem Nachttisch, heute liebe ich. Darüber später, sehr viel später. (Übrigens: »funktionieren« auf englisch: *to work*.)

Arme Franziska. Was Liebe gewesen sein mochte, war jetzt nur noch Mitleid. Meine Gewissenskonflikte nahmen täglich zu, je mehr Franziska absank. Und je schwieriger sie wurde, je schmaler ihr Strichmund und je schriller ihre Weinkrämpfe, desto mehr drangen die lieben Verwandten auf Tofta gård in mich, Franziska zu heiraten (der britische Paß) und mit ihr nach England oder anderswohin zu gehen. Der Kabinettskammerherr und seine Frau wollten uns loswerden, besonders, wo sich jetzt die politische Lage zuspitzte.

Der Nichtangriffspakt zwischen Hitler und Stalin in diesen schönen Sommertagen (Ende August 1939) zeigte deutlich, daß der Krieg nur noch eine Frage von Tagen oder Wochen war: Hitler hatte keinen Zweifrontenkrieg mehr zu fürchten. Ich fragte den Kabinettskammerherrn, ob er nicht eine schwedische Einreiseerlaubnis für meine Mutter und Schwester beim König oder irgendwo anders erwirken könne, und deutete ziemlich unmißverständlich an, daß ich »neue Familienpflichten« – ich meinte Franziska – nur übernehmen wolle, wenn ich meine alten erfüllt habe. Der lange, distinguiert weißhaarige Schwede nahm sein Monokel ab und antwortete mit einem blanken Nein. Es klang wie das Nein eines Ehrenmannes, der sich gegen die schmutzigen Erpressungsversuche eines kleinen Ganoven wehrte. So ist das bei feinen Leuten.

Dann, eine Woche nach dem Hitler-Stalin-Pakt, kam der Krieg. Der Kabinettskammerherr eröffnete Franziska und mir, daß wir höchstens noch eine Woche bleiben könnten und daß es meine verdammte Pflicht und Schuldigkeit sei, Franziska zu heiraten und sie »in irgendein anderes Land« mitzunehmen; denn Schweden, sagte er bedeutungsvoll, sei neutral.

Ich ging zum britischen Konsulat im nahen Göteborg, denn seit Kriegsausbruch benötigten britische Staatsangehörige, also auch ich, eine von London aus zu erteilende Erlaubnis, eine *enemy alien*, eine »feindliche Ausländerin«, eben eine Deutsche wie Franziska, heiraten zu dürfen. Ich hoffte zu Gott, das Gesuch würde abgeschlagen werden, zumindest aber, daß die Prozedur bei der notorischen englischen Schlamperei Monate, wenn nicht gar Jahre in Anspruch nehmen würde – wie lange hatte man die Sache mit meinem britischen Paß verschleppt! Aber schon nach vier Tagen rief der britische Konsul in Tofta gård an, ich solle beim Konsulat vorstellig werden.

Auf dem Wege zum Konsulat hoffte ich immer noch inbrünstig auf ein Nein aus London. Ich sollte mich irren. Der Konsul teilte mir hocherfreut mit – steckte der Kabinettskammerherr dahinter? –, man habe sich angesichts dieses »beherzigenswerten« *(deserving)* Falles besondere Mühe gegeben und nach London *telegrafiert*, auch der Bescheid sei soeben telegrafisch eingetroffen, nämlich ein klares Ja, will sagen eine Heiratserlaubnis. Der Konsul streckte mir strahlend eine gratulierende Hand entgegen. Ich ergriff sie mit süß-saurem Lächeln.

Auf der Rückfahrt schien mir mein Schicksal besiegelt, ich hatte die verdammte Pflicht und Schuldigkeit, die arme, mir jetzt im Grunde völlig gleichgültige Franziska zu heiraten. Da half nun alles nichts mehr.

Ich kam spät abends auf Tofta gård an. Man hatte bereits zu Abend gegessen, aber etwas Kaltes für mich aufgehoben. Eine Jungfer brachte es auf silberner Platte hinein, während der Kabinettskammerherr, Tante Lotte und Franziska gespannt um den Tisch saßen und auf das Resultat meiner Reise warteten. Franziskas Strichmund war schmaler denn je.

Die silberne Platte enthielt eine große, lecker gebräunte und köstlich gerundete Gänsekeule, die mir zunächst lag, und gegenüber, auf Franziskas Seite, einen kleinen, mickrigen Flügelknochen. (Die herrliche, schwedischen Essensgepflogenheiten zuwiderlaufende Gans, weil der Kabinettskammerherr gerade Geburtstag hatte.) Mir lief das Wasser im Munde zusammen.

»Bitte, bedienen Sie sich, Werner«, sagte Tante Lotte und drehte bei diesen Worten scheinbar unmerklich die silberne Platte so im Halbkreis herum, daß die Gänsekeule aus meiner Sicht verschwand und der mickrige Flügelknochen vor mir lag.

O. K., dachte ich, okay. Ihr rechnet mit meiner guten Kinderstube, in diesem Fall: den Flügelknochen zu nehmen, weil er mir zunächst liegt. O. K., ich bin gut erzogen: ich nehme euren Knochen. Aber eure Franziska nehme ich nicht.

Der Kabinettskammerherr brach das Schweigen. »Nå, nun, was sagt der Konsul?«

»Ich habe die Erlaubnis des Foreign Office erhalten, Franziska zu heiraten.« Kurze Pause, allgemeines Aufatmen. »Ich habe mich jedoch entschieden, Franziska nicht zu heiraten.«

Franziska schluchzte. Ich knabberte meinen Flügelknochen so schnell wie möglich zu Ende. Dann fing Franziska zu schreien an und schrie so lange und so laut, daß man gegen Mitternacht den Dorfarzt bemühen mußte.

Kurz darauf, acht Tage nach Kriegsbeginn, wurden wir beide vor die Tür gesetzt, jeder von uns mit einem Taschengeld von einhundert Schwedenkronen ausgestattet. Zum Glück hatte ich noch etwas Schweizer Geld und eine brandneue Leica-Kamera, die ich als eiserne Reserve aus Deutschland herausgeschmuggelt hatte.

Verstoßen saßen wir am Wegrand der Landstraße, ein junger Mann mit seiner verschmähten Geliebten, und warteten auf einen Bus, der uns zunächst nach Göteborg bringen sollte. Wir warteten lange, allein am Wegrand, und ließen schweigend die Sandkörner durch unsere Finger gleiten, wie wir da auf dem Boden saßen. Zwei flachsblonde Bauernmädchen, Teenager, kamen vorbei und kicherten hemmungslos über uns, unaufhörlich, bis das Kichern allmählich im Wald verklang. Unsere erste Begegnung mit »Schweden«. Ich habe das Kichern dieser zwei Albinos in meinem vierzigjährigen Warten am schwedischen Wegrand nicht vergessen können, ich höre es noch heute, es sagte alles.

Jetzt alleine nach England zu gehen und Franziska ihrem Schicksal zu überlassen, wäre denn doch ein allzu starkes Stück gewesen. In die Schweiz konnten wir nicht zurück, die Reise war zu gefährlich. So zogen wir nach kurzem Herumirren in ein kümmerliches Dachbodenzimmer in Uppsala (ausgesprochen *upsála*), in der Nähe von Stockholm, und hofften in dieser Universitätsstadt auf ein Studenten-Stipendium oder ähnliche Hilfe. Aber wir irrten uns: Schwedische Universitätskreise jener Zeit – wie die meisten Schweden damals – sympathisierten stark mit Nazi-Deutschland, teilweise aus einer geradezu krankhaften Furcht vor Rußland (das ihr Karl XII. seinerzeit überfallen hatte). »Schweden aber scheint eine Provinz Deutschlands zu sein«, hatte Tucholsky, der Emigrant, bitter in sein Tagebuch geschrieben. Für jüdische Emigranten hatte man herzlich wenig übrig, die Uppsalienser Studentenschaft hatte sogar vor kurzem in einer Resolution gegen die Einwanderung »intellektueller Flüchtlinge« protestiert.

Es war eine Hölle, mit Franziska in einer engen Mansarde zusammengepfercht zu leben. Um ihrem Heulen und den nie endenden Vorwürfen zu entgehen, machte ich jeden Abend vorm Zubettgehen »einen kleinen Spaziergang«, wie ich es Franziska gegenüber nannte. In Wirklichkeit ging ich in ein billiges, schäbiges Tanzlokal in der Nähe, um mich eine halbe Stunde lang in schweigenden, weil fremdsprachlosen Sinnenfreuden an etwas Flachsblondes zu drücken. Dann kehrte ich in die Mansarde zurück und verkroch mich in mein Bett.

Franziska kam schließlich als Hilfe in einem jüdischen Heim für Emigrantenkinder unter, die später nach Palästina auswandern wollten, und so konnte ich die Mansarde allein bewohnen. Sie heiratete kurz darauf einen nach Uppsala emigrierten deutsch-jüdischen Verkünder des Preußentums, nach 1945 Professor an einer westdeutschen Universität. Er ließ sich noch in Schweden von ihr scheiden. Wegen charakterlicher Instabilität seiner Frau wurden ihm von den an sich sehr frauen- und mütterfreundlichen schwedischen Gerichten sämtliche drei Kinder aus der Ehe zugesprochen. Arme, kaputte Franziska.

Der Weg nach England war jetzt durch Seeminen versperrt, für einen Flug reichte mein Geld nicht. So blieb ich in Schweden und ernährte mich kärglich von Übersetzungen ins Deutsche, vor allem für doktorierende Agronomen (pH-Werte bei Alfalfa-Verfütterung an Jungsäue, Standardabweichungen in Düngemittel-Analysen für Hackfruchtanbaubetriebe und ähnliches literarisches Neuland). Deutsch war damals noch die hauptsächliche Sprache für wissenschaftliche Veröffentlichungen in Schweden, auf jeden Fall bis 1945. Allerdings: Übersetzungen ins Deutsche wurden von den Schweden in all diesen Jahren vorzugsweise an »echte« Deutsche vergeben, und das war ich nicht in ihren Augen. Auch der deutsche Lektor der Universität war garantiert rasserein, und als ich einmal eine ägyptologische Doktorarbeit in Wochen mühseliger Arbeit übersetzt hatte, wurde zwar dieser, aber nicht ich, zum traditionell abschließenden Doktorsbankett eingeladen. (*Är han jude?* Ist er Jude?, lautete eine amtliche Randnotiz auf Tucholskys schwedischem Einbürgerungsgesuch. Es wurde abgelehnt.)

– Was nur erwähnt sei, weil Schweden von vielen Deutschen, vor allem aber von den Schweden selber, als ein Hort aller Gerechtigkeiten angesehen wird.

Dennoch, ich ergatterte einige Übersetzungen und machte anfangs die einmalige Erfahrung, aus einer Sprache übersetzen zu müssen, deren jedes Wort mir vorerst noch fremd war. Zuerst hatte ich in typisch deutscher Überheblichkeit geglaubt, Schwedisch sei so eine Art Plattdeutsch, Übersetzungen konnten ja so schwer nicht sein; aber ich wurde eines Besseren belehrt: Schwedisch ist zwar eine germanische, aber durchaus eigenständige Sprache, und ich mußte mich mit einem großen antiquarisch erworbenen Lexikon von einem Wort zum anderen durchkämpfen.

So lernt man Schwedisch. Alle meine Freizeit verwandte ich jedoch darauf, als »Brite« Englisch zu lernen. Auch sprach ich beim englischen Konsul in Stockholm vor, um mich für den Kriegseinsatz zu melden und nach England zu gehen; schließlich, so sagte ich, sei ich ja dem Lande etwas schuldig, das mich schütze. »Mein Lieber«, antwortete Mr. White, der britische Konsul, »das ist sehr patriotisch von Ihnen; aber erstens sind Sie außerhalb des britischen Territoriums ansässig und somit nicht militärdienstpflichtig; zweitens ist der Seeweg nach England minengefährdet; und drittens« – dies mit einem gewichtigen Augenzwinkern – »bleiben Sie ruhig hier, wir können Sie in Schweden vielleicht einmal viel besser gebrauchen als in England.« Das sollte sich später bewahrheiten.

Hungrig war ich oft. Einmal in der Woche, jeden Mittwoch, war ich bei wohlhabenden Uppsalaer Familien, die einem liberalen, emigrantenfreundlichen Klub angehörten, zum Mittagessen eingeladen, um, wie sie sagten, dem »trostlosen Restaurantessen« zu entgehen. Nun liebte und liebe ich Restaurantessen, ging aber trotzdem gern zu diesen Familien, um vielleicht durch persönliche Kontakte irgendeine feste Arbeit zu erhalten. Davon aber war nie die Rede. Was ich erhielt, war Gehacktes mit Kartoffelpüree, und als Kontakte – andere brotlose Emigranten an demselben Mittagstisch. Wir »paßten« ja so gut zueinander, konstatierten unsere Gastgeber befriedigt. Wir Emigranten sahen uns haßerfüllt an, wir hatten nützlichere Gesellschaft erwartet. Ob wir vielleicht nach dem Essen noch ein bißchen Fallobst aus dem Garten mitnehmen wollten, fragte man weiter. Wie gesagt: Die Leute verstehen nun einmal diejenigen Probleme am besten, die man gar nicht hat.

Einmal schnitt mir übrigens eine dieser gastfreundlichen Familien als Ausgleich für ihre mittwöchliche Bewirtung sämtliche Fleischrationen von meiner Lebensmittelkarte ab, einschließlich des ganzen »Julskinka«, Weihnachtsschinken, dem Höhepunkt schwedischer Weihnachtsgenüsse. Den langweiligen Julskinka konnten sie von mir aus gerne haben, aber gerade in dieser Familie hatte ich auf eine Arbeitschance gehofft: Herr X, das Familienoberhaupt, war nicht nur Chef eines großen Universitätsinstituts, sondern auch Vizepräsident des Nobelkomitees. So ein Mann hat viele Verbindungen. Er erhielt denn auch den Nobelpreis für Chemie 1948. Schinken weg, und keine Spur von einer Arbeit.

Als die Deutschen im April 1940 Dänemark und Norwegen besetzten, kaufte ich ein paar Blumen und ging mit ihnen zu einer mir lieb gewordenen, gleichfalls recht prominenten »Mittwochessen«-Familie. Dies als eine Art Kondolenzbesuch, mit dem brüderlich warmen Gefühl, daß wir jetzt in demselben Boot säßen: Schweden war von Nazis umringt. Die Familie verstand überhaupt nichts. Ich versuchte zu erklären, doch ihre Antwort war Schweigen. Ich unterdrückte meine Erregung so gut es ging und meinte nur leise, ich fühle mich ein bißchen allein gelassen. Darauf der Herr des Hauses: »Wenn es Ihnen hier nicht paßt, können Sie ja nach Deutschland zurückgehen.« Das war einige Monate, bevor Schweden den Transport deutscher Truppen und Waffen mitten durch schwedisches Gebiet ins nazi-besetzte Bruderland Norwegen zuließ. Daß sich die schwedische Regierung zu derlei Konzessionen genötigt sah, um eine deutsche Besetzung des Landes zu vermeiden, mag vielleicht verständlich sein. Unverständlich dagegen war das Schweigen der Menschen.

Der Winter 1940–41 war besonders kalt. Selten hatte ich Geld, den Ofen meiner Mansarde mit Brennholz zu heizen, oft vereiste selbst die Tinte auf meinem Schreibtisch. Dies war der Hauptgrund für den Kontakt zu einer Krankengymnastin, die ich im eiskalten Januar in einer Milchbar kennengelernt hatte. Sie arbeitete im Uppsalaer Universitätskrankenhaus und ließ tagsüber eine wohlig zentralgeheizte Einzimmerwohnung zurück, in der ich arbeiten konnte, unter anderem an der Übersetzung einer chemischen Doktorarbeit. (»Das Ammoniummolybdophosphat und die Phosphorsäurebestimmung« – ich weiß es noch wie heute.) Auch abends und nachts durfte ich bei ihr bleiben, sie hatte ein allerliebstes Wesen, ein gutes Herz und wunderschön modellierte Arme (ich habe nun einmal eine Schwäche für Arme). Sie sah sehr schwedisch aus, sehr blond, hatte ganz reizende Grübchen, die allerdings – sie war Mitte dreißig, fünf Jahre älter als ich – in leichte Fältchen überzugehen drohten. Abwechselnd kochten wir Abendbrot für uns beide. Als ich einmal ein Beefsteak so angebrannt hatte, daß es praktisch uneßbar war, kaute sie verzweifelt daran herum und fragte gleichwohl höchst interessiert, mit strahlenden Augen: »Wie machen Sie das?«

Eines Abends kam ich mit einem englischen Schriftsteller, William Cameron, kurz bei ihr vorbei, er wollte nur ganz schnell einen Schnaps gegen einen vorgeblichen Schnupfen zu sich nehmen. Beim Abschied, ich hatte ihn an die Haustür begleitet, sagte er: »*This is the nicest* – dies ist das netteste Mädchen, das ich je in Schweden getroffen habe. *True*, gewiß, sie hat keine besonders gute Blutzirkulation mit ihrer etwas roten Nase, *but if I were you*, an Ihrer Stelle würde ich sie augenblicklich heiraten.«

»Nie im Leben!« rief ich aus, »sie ist schließlich ein ältliches Mädchen und auch sonst nichts Besonderes.«

Er schwieg. Erst nach Jahren ging es mir auf, daß er recht gehabt hatte. Engländer haben nun einmal einen Blick fürs Wesentliche. Da hatte ich mein Leben lang etwas »Besonderes« gesucht – schon Marianne war die »Schönste« in Fräulein Bernsteins Tanzstunde gewesen, und bei Eva (Dresdner Bank) hingen ein Gauguin, ein van Gogh und ein großer Monet im Grünen Salon der Jagowstraße 29–31, Berlin-Grunewald, von Franziska ganz zu schweigen – ach, ich Snob! Ich suchte einen Kohinoor und ging auf meiner Suche nun schon jahrelang, ohne es zu wissen, über einen Berg aus purem Gold.

Drei Jahre nach jenem Gespräch mit William Cameron, im August 1944, heirateten wir, Elisabeth und ich. Auf meiner Seite war es – ich meine das nicht abschätzig – so etwas wie eine Vernunftheirat: Laing – so wurde sie von ihrer Familie genannt (Lá-ing) – hatte kein Geld, keinen großen Namen, keine Traumfigur, keine umwerfende Brillanz, sonst aber: *alles*. Nach fast fünfzigjähriger Ehe habe ich keine bessere

Charakterisierung für meine Frau als ein Goethewort, das ebensowenig brillant und doch ebenso wahr ist wie sie: Edel sei der Mensch, hilfreich und gut.

Der Hochzeitstag war der kritischste Tag meiner Ehe, danach wurde es zusehends besser. Vor dem Traualtar trauerte ich: Meine Freiheit war dahin, auch hatte ich meine Zukunft ganz oder teilweise in einem fremden Land unter fremden Menschen festgelegt. Dann stellte sich noch als leiser, völlig unerwarteter Unterton so etwas wie ein Schuldgefühl ein, das ich mir nur ungern eingestehen wollte: Eigenmächtig hatte ich fern von meiner Familie eine fünftausendjährige Tradition gebrochen und eine »Schickse« geheiratet, eine Nichtjüdin. Gleichzeitig aber war ich auch wieder stolz auf diesen letzten Schritt zur totalen Assimilation, zu meiner privaten Lösung der Judenfrage. Auf jeden Fall genoß ich die kräftige Hühnersuppe des Hochzeitsessens, als habe ich tagelang gehungert, und als Laings alte Mutter ihr Glas erhob und leise, mit zitteriger Stimme sagte, in leicht gebrochenem Deutsch, »Für Werners Mutter und Schwester fern von hier«, kamen mir Tränen, als wäre ich zu Hause.

Meine Mutter hatte übrigens aus London – darüber später – telegrafisch ein entzückendes Glückwunschtelegramm geschickt, zwei Strophen reinster Poesie in klassischstem Englisch, das ich ihr nie zugetraut hätte. Als ich ihr nach Jahren das bewunderte Gedicht zeigte, erkannte sie es nicht wieder. Gewiß, sie habe zwei Strophen auf brüchigem Englisch zusammenzuschustern versucht, aber dies sei nicht ihr Gedicht. Da gab es nur eine Erklärung: Die englische Zensur – es war schließlich Krieg – hatte aus Sicherheitsgründen den Wortlaut völlig verändert und – *for the fun of it* – die reinste Poesie daraus gemacht. England! Nach Jahren rief bei uns einmal jemand an, den Laing mit »Dag« anredete. Ich fragte, wer denn dieser »Dag« sei. »Dag Hammarskjöld«, sagte sie, »hab' ich dir denn nie von ihm erzählt?« Nein, sie hatte mir nie von ihm erzählt. Es stellte sich heraus, daß der Generalsekretär der Vereinten Nationen ihr Cousin war und zufällig seine Vaterstadt Uppsala besuchte.

»Du weißt doch, daß ich ein Snob bin«, sagte ich, »da hättest du mir doch weiß Gott vor unserer Trauung erzählen können, als Köder sozusagen, daß du einen solchen Vetter hast und folglich einen Onkel, der einer der bedeutendsten Staatsminister Schwedens war.«

»Aber ich habe mit Dag ja nur als Kind gespielt und bei Onkel Hjalmar nur ein einziges Mal gewohnt, hier oben auf dem Schloß. Dann kam die Scheidung meiner Eltern, und seitdem habe ich beide aus den Augen verloren.«

Dies nur als Beispiel für schwedische Schlichtheit. Ich hoffe, ein wenig von ihr gelernt zu haben.

Ich glaube, ich habe mich mit Laing nie gestritten. Nur in einem Punkt haben wir stets Differenzen gehabt, auch heute noch. Wenn ich zu Laing aus irgendeinem Anlaß sage, was für ein guter Mensch sie sei – vielleicht, weil sie wieder einmal irgend jemandem geholfen hat –, dann protestiert sie. »Ich bin kein guter Mensch«, sagte sie dann, »ich muß mich ja gar nicht dazu überwinden, es macht mir ganz einfach Spaß.« Worauf ich ihr klarzumachen versuche, daß Menschen, die gar nicht anders können als eben gut sein, sich also zu einer selbstlosen Tat nicht erst überwinden müßten, die besten Menschen seien. Sie sieht das nicht ein.

Dann aber behauptet sie wieder, ein schlechter Mensch zu sein, wenn sie zum Beispiel – das geht schon jahrelang – aus purem Pflichtgefühl Tag für Tag eine gelähmte, ihr gar nicht sympathische Nachbarin besucht: »Ich muß mich jedesmal dazu zwingen«, sagt sie dann, »ich tue es nicht gern, ich habe eben eine rabenschwarze Seele.« Worauf ich ihr klarzumachen versuche, daß sie nach *ihrer* Theorie ein ganz besonders guter Mensch sei, weil sie sich ja dazu überwinden müsse; und auch ich fände solche Menschen die besten, die sich zum Guten durchkämpfen müßten. (»Wer immer strebend sich bemüht...«) Aber auch das sieht Laing nicht ein, sie hat ihre fehlende Logik nicht bemerkt. Zum Glück auch meine nicht.

Als es mir nach dem Krieg gelang, meine Mutter und Schwester nach Schweden zu bringen – Einzelheiten später –, war mein Schwesterlein von Laing sehr angetan. Meine Mutter aber war von ihrer Schwiegertochter sichtlich enttäuscht, obwohl Laing sie, die völlig mittellose, mit geradezu töchterlicher Liebe in unser kleines Heim aufgenommen hatte.

»Ich bin ja ehrlich«, sagte meine Mutter wieder einmal. (*Ich, ich, ich*, dieser widerliche deutsche Zischlaut.) »Erstens ist sie schließlich am Verblühen, und zweitens ist sie ja nicht gerade die aller...«

»Du könntest vielleicht einmal aufs Herz sehen«, sagte ich.

Darauf meine Mutter: »Ein gutes Herz haben kleine Leute auch.«

Absatz.

Im Laufe der Jahre lernte meine Mutter allmählich, Laing zu schätzen. »Weißt du eigentlich, was für eine Frau du hast?« sagte sie eines Tages. Nun, ich wußte es. Aber das scherte meine Mutter nicht, sie zog es vor, etwas ohne Hilfe anderer zu entdecken. »Ist dir eigentlich bewußt«, fuhr sie fort, »daß Laing ein ganz seltener Mensch ist?«

Auch Frau Lansburgh aus Berlin W hatte etwas in Schweden gelernt.

Nach der Trauung, vor der kleinen schwedischen Dorfkirche.

12
Das Papageienhaus

Wieder einmal schaufelte ich Schnee vor meiner Mietskaserne in Uppsala, die Winter der ersten Kriegsjahre waren besonders schneereich, das Schaufeln war Bedingung für meine niedrige Zimmermiete. (Laing hatte ich noch nicht kennengelernt.) Schaufelte und wartete auf Post. Antworten auf Dutzende von Anstellungsgesuchen standen aus, Bewerbungen für die Stelle eines Fremdsprachensekretärs, Hausmeisters, Deutschlehrers, Chauffeurs, Reklamezeichners, Bäckergehilfen, Kosmetika-Reisenden, mit jeweils eignungsgerecht umfunktioniertem Lebenslauf. Bislang war ich wohl an die fünfzigmal, und immer wieder anders, lebensgelaufen, stets mit negativem Resultat, meistens ohne jede Antwort. Doch ja, einmal erhielt ich einen Brief vom staatlichen Arbeitsamt, mein Herz klopfte voller Hoffnung, aber das Kuvert enthielt nur meine Unterlagen, die man mir nach etwa einem halben Jahr ohne Kommentar zurückschickte. Merkwürdiges Land.

Der Briefträger kam, während ich immer noch Schnee schaufelte, ging grußlos an mir vorbei, obwohl ich ihm bekannt war, und steckte ein paar Schritte von mir entfernt einen Brief in meinen Briefkasten. Ein toter Briefkasten war wohl die richtigere Übergabe-Instanz als ein lebender Mensch. Merkwürdiges Land.

»Strictly personal« stand auf dem Kuvert, Absender die Britische Gesandtschaft, Stockholm. Ein freundlicher Brief, ob ich bitte wegen einer eventuellen Anstellung bei Mr. Cecil Parrott, dem Chef des *Press Reading Bureau* der Gesandtschaft, vorsprechen wolle.

Ich jauchzte, ließ die Schneeschaufel fallen. Ob wohl der britische Konsul, Mr. White, dahintersteckte, der damals mit einem Augenzwinkern angedeutet hatte, man könne mich vielleicht einmal in Schweden gut gebrauchen?

Er steckte dahinter, wie mir Mr. Parrott lächelnd erzählte, als ich im *Press Reading Bureau* der Britischen Gesandtschaft im wunderschönen Stockholmer Diplomatenviertel vorsprach. Mr. Parrott – später Sir Cecil, »teilweise aufgrund Ihrer Arbeit«, wie er mir wiederholt versicherte – Mr. Parrott erklärte mir, sein *Bureau*, etwa zwanzig Mann, lese die Nazi-Presse, also die Zeitungen Deutschlands und der von den Nazis besetzten Gebiete (Frankreich, Polen, Norwegen und so weiter). Man übersetze Interessantes ins Englische, zum Beispiel Aufschlußreiches aus Gauleiter-Reden, wechselnde Propaganda-Trends, Anzeichen inneren Widerstands, Volksgerichtshof-Urteile und so manche andere Dinge, die man zwischen den Zeilen der Zeitungsmeldungen und Artikel herauslesen könne, und telegrafiere all das an das *Ministry of Information*, London, Abteilung Psychologische Kriegführung. Dort gäbe man diese Nachrichten dann je nach ihrem Charakter weiter, zum Beispiel an die deutschsprachigen Sendungen der BBC, an militärische Instanzen, auch an den Geheimdienst. Ich selber käme für ein Durchkämmen der deutschen Presse in Frage, Monatsgehalt fünfhundert Schwedenkronen steuerfrei. Viel Geld damals.

Überglücklich, als Pendler zwischen Uppsala und dem nahen Stockholm, saß ich schon nach einer Woche in der »Gepol«-Abteilung *(»Germany, political«)* des *Press Reading Bureau*, und zwar mit zwei anderen, schon früher angestellten Lesern, zwei jüdischen Emigranten, die – ich berichtete das schon – ganz wie ich behaupteten, keine Juden zu sein: Herr Finkelstein aus Königsberg, der die süddeutsche Presse las oder *digested* (wir sprachen gebrochenes Englisch miteinander), und Frau David, geb. Frankfurter, aus Mannheim, die zu Herrn Finkelsteins und meinem Leidwesen den *Völkischen Beobachter* und die übrige überregionale Presse las, mithin den höchsten Status hatte. Sehr oft fuhr sie mit einem messerscharfen, wenn auch sprachlich grundfalschen *»I have had it«* dazwischen (gemeint: »Ich habe es schon gehabt«; Bedeutung: »Mit mir ist's aus«), wenn wir etwas Interessantes in unserer Lokalpresse entdeckt hatten und rapportieren wollten; aber nein, sie »hatte es schon gehabt«. Wir gaben ihr den Spitznamen *I have had it* und haßten sie. Nicht viel größer war die Liebe zwischen der süddeutschen (Herrn Finkelstein) und der norddeutschen Presse (mir), die in ähnlicher Weise konkurrierten. Wie alle anderen Konkurrenten, so sind auch Emigranten selten solidarisch.

Unsere »Gepol« war die wichtigste Abteilung, zweitwichtigst war »Genom« *(Germany, economic)*. Dann kamen »Frapol« und »Franom« (Frankreich, politisch und ökonomisch), »Popol« und »Ponom« (Polen). »Czepol« und »Czenom« (Tschechoslowakei), »Nopol« und »Nonom« (Norwegen) et cetera, und natürlich seit Juni 1941 auch »Sopol« und »Sonom« (Sowjetunion). Je mehr Länder Deutschland okkupierte oder zu »Verbündeten« erklärte, desto größer wurde Mr. Parrotts *Press Reading Bureau:* Deutsche, Russen, Polen, Bulgaren, Franzosen, Rumänen, Jugoslawen, Norweger, Dänen, Holländer, Belgier, die ihre jeweilige, von den Nazis gleichgeschaltete Presse lasen – eine kleine »Festung Europa« à la Drittes Reich, nur umgkehrt. Unser Hupol-Mann zum Beispiel (Hungary-Ungarn) war ein Enkel des berüchtigten Béla Kun, alias Kohn, der 1919 die blutige ungarische Räterepublik ausgerufen hatte. Während Aupol und Aunom (Austria – Österreich) als ungekrönten König einen gewissen »Bruno« hatten (Bruno Kreisky), der mir herzlich unsympathisch war.

Daß sich dieses multinationale Büro – nach Mr. Parrott (*parrot*: Papagei) allgemein »das Papageienhaus« genannt – in einem neutralen Land wie Schweden und nicht in London befand, hatte einen natürlichen Grund darin, daß die Deutschen ihre Zeitungen niemals ins feindliche England geschickt hätten. Noch heute kann ich allerdings nicht recht begreifen, warum laut englischem Abonnement die gesamte deutsche Presse an einen Herrn Olof Svensson, Strandvägen 59, Stockholm, ging, also sage und schreibe an die Adresse der Britischen Gesandtschaft. Der deutsche Geheimdienst muß ebenso miserabel gewesen sein wie die englischen Vorsichtsmaßnahmen. Oder unterschätzten die auf geheimste Spionageabwehr getrimmten Profis auf beiden Seiten die Wichtigkeit »bloßer Zeitungsleserei«?

Sie war sehr wichtig. Man bezeichnet diese Art der Erkundungstätigkeit aus öffentlichen Quellen, hier der Presse, als *public intelligence*. Es ist unglaublich, wieviel man durch eine solche öffentliche Spionage herauskriegen kann, auch oder gerade bei einer diktatorisch gleichgeschalteten Presse, in der fast jedes Wort irgendwie »symptomatisch« ist. Da kann man oft mehr erfahren, als in dem aus allen möglichen, häufig trüben Quellen schöpfenden Geheimdienst (der, so pflegten wir zu scherzen, wegen seiner Unzuverlässigkeit streng geheim zu halten sei). Ich habe schon in einem anderen Buch erzählt, in *Dear Doosie*, wie meine trockene Meldung aus einem Käseblättchen, dem *Rostocker Anzeiger*, es würden in Peenemünde auf der Insel Usedom laut einer amtlichen Bekanntmachung neue Butterkarten für 237 zugezogene Arbeiter ausgegeben – wie diese Meldung dazu führte, daß das industriell offenbar »irgendwie« wichtige Peenemünde wenige Tage später von den Briten gebombt und damit endlich Wernher von Brauns V2, die deutsche Raketenbombe, mitsamt ihrer Basis erledigt wurde. Ein anderer meiner *scoops* war die Enthüllung, daß Pastor Niemöller im Konzentrationslager Dachau gefangengehalten wurde. Meine Quelle war eine unscheinbare Todesanzeige inmitten Hunderter von Gefallenen-Anzeigen, in der Martin Niemöller, »z. Zt. Dachau«, den Tod seiner kleinen Tochter anzeigte.

Da gab es Dinge, die mir Tränen ohnmächtiger Wut in die Augen trieben, Jahre vor Auschwitz. »Das Ziel unserer Judenpolitik muß sein«, ließ sich ein Forschungsinstitut der Universität Frankfurt mit dem Brustton exakter Wissenschaftlichkeit in der *Frankfurter Zeitung* vernehmen – »Das Ziel unserer Judenpolitik muß sein, die Juden Schritt für Schritt so zu entrechten, daß sie von selber in die Kriminalität absinken und als deren Folge aus dem Volkskörper ausgemerzt werden können.« (Der Satz ist mir Wort für Wort erinnerlich. Ich habe ihn dieser Tage in den entsprechenden Nazi-Jahrgängen der *Frankfurter Zeitung* wiederzufinden versucht, gab aber vor Ekel nach zwei Tagen auf.)

Mein Vorschlag, diesen Satz Wort für Wort auf *deutsch* nach London zu telegrafieren, wurde abgelehnt. Auch auf englisch sei er nicht nötig, er enthalte keine Fakten.

Aber auch Komisches sei berichtet. So telegrafierte ein betagter emigrierter Gynäkologe in Bruno Kreiskys »Aupol«, im Grazer Anzeiger sei eine technische Zeichnung einer neuen Wunderwaffe erschienen. Worauf das *War Office* oder Kriegsministerium in London unmittelbar und chiffriert zurückkabelte, die Zeichnung solle umgehend *by pouch*, per Diplomaten-Kurier, nach London geflogen werden, *top secret.* (Der Wettlauf um die Atombombe.) Die Zeichnung wurde dann doch nicht nach London geflogen, denn was der eiligst herbeigeeilte Militärattaché unserer Gesandtschaft im *Grazer Anzeiger* erblickte, war eine stehende Spalte auf der Feuilleton-Seite, »Vor hundert Jahren«, die eine putzige Lithographie einer Jules Verneschen Phantasie-Bombenrakete enthielt, deren Stahlfeder-Mechanismus von vier starken Hengsten ausgelöst wurde...

Da gab es noch andere Mißverständnisse. So prophezeiten wir unermüdlich, schon in den ersten Kriegsjahren, den unmittelbar bevorstehenden wirtschaftlichen Zusammenbruch des Dritten Reiches, da wir aus der Presse einen deutschen »Ersatz« nach dem anderen als klägliches, durch katastrophalen Rohstoffmangel bedingtes Surrogat nach London rapportieren konnten. Wir ahnten nicht, daß dies der Durchbruch des Kunststoffs war. Übrigens wurde das Wort *ersatz* mit einiger Häme unübersetzt in unsere Telegramme übernommen. Noch heute gibt es dieses immer noch abwertend gebrauchte Wort im Englischen.

Das Englisch, in dem wir unsere Telegramme, zuweilen chiffriert, nach London schickten, war überhaupt etwas eigenartig, oft haarsträubend unenglisch: »*blood and soil*« für Blut und Boden, »*race shame*« für Rassenschande, »*people's parasite*« für Volksschädling, »*sub-creature*« für Untermensch. Trotz dieser sprachlichen Greueltaten aber verliebte ich mich ins Englische und gleichzeitig in England und die Engländer. Ich hatte kein höheres Bestreben, als einer von ihnen zu sein, eben ein *Englishman*, während ich es in englischen Augen aufgrund meines Passes höchstens zu einem *Britisch subject* gebracht hatte. Nur auf deutsch war ich »Engländer«.

Engländer! Für mich und andere Emigranten – es ist heute kaum mehr zu verstehen – waren die Engländer mit ihrem Empire eine Art höhere Wesen, und immer wieder mußte ich in meinen britischen Paß blicken, auf sein Königswappen mit Löw' und Einhorn – *Honi soit qui mal y pense* –, um mich meiner Teilhaftigkeit an dieser übernatürlichen Gemeinschaft zu vergewissern.

Die englische Sprache verwandelte Mystifikationen dieser Art in eine konkrete, handfeste Liebe. Welch zivilisierte Sprache, welch zivilisiertes Land! Ein Volk, das auf dieser dichtbevölkerten Insel in Hunderten von Jahren die Kunst entwickelt hatte, miteinander zu leben, statt einander totzuschlagen, wie wir es taten – kurz: *to behave*. Dazu eine Sprache, mit der es sich auf jeder Ebene gut leben ließ, auf einfachster, auf kompliziertester, ohne daß einem, wie im Deutschen, bei den ersten zaghaften Gehversuchen ein grammatischer Knüppel zwischen die Beine geworfen wurde.

Ich liebe und liebte diese Sprache, diese glückliche und fruchtbare Vermählung der romanischen und germanischen Welt. Eine Sprache, die zur Einfachheit zwingt, gerade weil sie so reich und nuanciert ist; die zwischen den Wörtern und Sätzen jene kleine, kaum merkbare menschliche Spannung entstehen läßt, die man englischen Humor nennt. Und stets konkret, stets *down to earth*. Wie gut das einem abstraktionssüchtigen Deutschen wie mir tat!

Mit Liebe lernt man leicht. Mehr und mehr machte ich mir Englisch im wörtlichen Sinne zu eigen. Glücklich stellte ich fest, wie mir diese Sprache »anwuchs«, wie etwa eine bestimmte Farbe nicht mehr »rot«, sondern »red« heißen wollte, wie ich in *Ounces* statt in Gramm zu denken begann, in Fahrenheit statt Celsius, in West und Ost und Süd von England aus gesehen, wobei die gesamte übrige Menschheit, einschließlich der Deutschen, zu meinem Ergötzen zu *foreigners* herabzusinken begann.

Was ist ein »Lernprozeß«? Beseligt, immer schneller, sprang ich von Scholle zu Scholle gefrorener Wortgefüge auf dem Strom der Sprache. Ja, von Scholle zu Scholle oder, wenn man sich unbedingt abwertend ausdrücken will, von vorgefertigtem Klischee zu Klischee. So lernt man, so lernt auch ein Kind. Ich glaube nicht an Noam Chomskys gefeierte Transformationstheorie, nach der aus primitiven »Tiefenstrukturen« die komplizierten »Oberflächenstrukturen« der Sprache »generiert« werden, zum Beispiel aus dem einfachen »er kam« das schwerere »da kam er«. Nein, mit Millionen von anderen Lernern einer Sprache hüpfe ich lieber lustig weiter von Eisscholle zu Eisscholle. Ich mag Chomsky und seinen Jüngern, will sagen der gesamten modernen Linguistik, unrecht tun. Aber man darf wohl naseweis sein, solange noch kein Mensch weiß, was Sprache eigentlich ist.

Doch zurück zum »Papageienhaus«. Dort kam eines Tages meine große Stunde. Laut Order von höchstem Ort hatten *sämtliche* deutsche und österreichische Zeitungen zuallererst zu mir zu kommen, bevor sie an die anderen verteilt wurden, einschließlich Madame *I have had it*. Unter dem Geheimkode *Top secret: Attention Country* erhielt ich den Auftrag, für »gewisse Rundfunksender« antinazistische Geschichten auf deutsch zu schreiben, »gleichgültig« *(no matter)*, ob sie von deutschen Zeitungsmeldungen und anderen Daten inspiriert waren »oder nicht«. Womit diplomatisch angedeutet war, daß diese Geschichten ruhig erfunden, genauer: aus den Fingern gesogen sein durften. Weitere Instruktionen oder Erklärungen erhielt ich nicht, bis auf eine beiläufige Bemerkung Mr. Parrotts, hinter diesem Auftrag stände Hugh Carleton Greene, Chef der deutschen Abteilung der BBC (später Chef der gesamten BBC, übrigens Bruder von Graham Greene), der von meinen bisherigen Telegrammen sehr beeindruckt gewesen sei. Ich bekam ein eigenes Zimmer, mit Sicherheitsschloß.

Was waren die »gewissen Rundfunksender«? In mein Zimmer stellte man ohne Kommentar ein großes, für zahlreiche Wellenlängen taugliches Rundfunkgerät, wohl um mir zu ermöglichen, jene Sender selber herauszufinden und kontrollieren zu können, welche meiner Geschichten sie brachten. Im übrigen kein Wort. Die Sache war offenbar dermaßen »top secret«, daß selbst ein Miturheber jenes Geheimnisses, also ich, nichts davon zu wissen hatte.

Ich schraubte an meinem Rundfunkgerät herum, vor allem nach Einbruch der Dunkelheit, und siehe da: meine Geschichten. Zuerst im Siegfried-Sender, genauer: Gustav Siegfried Eins (»Es spricht der Chef«), später im Soldatensender Calais und schließlich im Atlantiksender. Ich hatte diese Sender bisher für deutsche Widerstandssender gehalten, die in irgendeinem verborgenen deutschen oder französischen Kellerloch versteckt waren. Sie richteten sich an die deutschen Frontsoldaten, die »Landser«, mit schmissiger amerikanischer Jazzmusik, die ja in Deutschland verboten war, und dazwischen mit zehnminütigen, im Laufe des Tages oft wörtlich wiederholten deutschsprachigen Nachrichten und Kurzgeschichten, die es in sich hatten: politische Pornographie sozusagen, die dem Landser die Nazi-Schweinerei drastisch unter die Haut bringen, ihn demoralisieren sollte.

Erst nach dem Krieg erfuhr ich Einzelheiten: Alle drei »Widerstandssender« waren in England angesiedelt, in Woburn Abbey, Kent, mit Dutzenden von deutschsprachigen Mitarbeitern, Emigranten und Kriegsgefangenen, unter der Leitung des durchtriebenen englischen Journalisten Sefton Delmer, einer ebenso begabten wie egozentrischen Erscheinung. Deutsche Frontsoldaten in Ost und West haben diese Sendungen häufig eingeschaltet, vielleicht auch, weil sie der Meinung waren (und auch sein sollten), daß es sich um Sendungen von durchaus vaterlandstreuen, wenn auch über den Zustand der Dinge aufgebrachten Landser-Kameraden handelte, ein Abhören also eigentlich »nicht so gefährlich« sei. Wie man sieht, ein ausgefeimter Propagandatrick.

Meine Beiträge machten zeitweise nicht weniger als ein Viertel der Textprogramme dieser Schwarzsender aus, der Erfindungsgeist des in Woburn Abbey stationierten Stabes, der schon lange vor mir angefangen hatte, war offenbar etwas erlahmt. Zugegeben, dieses Viertel Textprogramm machte oft nur ein Zehntel oder gar Zwanzigstel meiner Produktion aus: Ich arbeitete Tag und Nacht. Arbeit! (»Ohne Fleiß kein Preis«, hatte in goldenen Lettern auf meiner preußischen Schulzeugnis-Mappe gestanden.)

Ich kann mich heute nur noch an ein paar meiner Geschichten erinnern, die in deftigem Berlinerisch aus meinem Radio erschallten. Eine dieser Geschichten spielte zur Zeit der sogenannten Winterhilfe, in der die Volksgenossen aufgefordert, wenn nicht erpreßt wurden, Stoffe, Tücher, Decken und alle verfügbare Wolle für die eisig kalte Ostfront zu spenden, auch wenn das ein schweres persönliches Opfer bedeutete. Nun, während dieses Winters wollte Goebbels seiner Tochter Helga, die in Kürze ihren Geburtstag feiern sollte (dieser Geburtstag war das einzige, was an der Geschichte stimmte, ich fand es in einem Nazi-Who's-Who) – Goebbels also wollte seiner Tochter eine schöne Käthe-Kruse-Puppe zum Geburtstag schenken, und zwar lebensgroß. Käthe Kruse aber antwortete, sie habe keine Stoffe mehr (Winterhilfe). Worauf Goebbels den Werkstätten der Künstlerin zwei LKWs mit Seidenbrokat, Damast, Samt, Kaschmirwolle, Leinen sowie zum Ausstopfen sechzig Zentner Baumwolle zukommen ließ. Käthe Kruse war empört. Als Antwort schickte sie dem Herrn Propagandaminister eine lebensgroße Puppe, bis auf die Knochen verhärmt und in blutige Lumpen gekleidet: Es war ihr Sohn Friedebald, der gerade an der Ostfront gefallen war (ich hatte seine Todesanzeige gesehen).

Die Geschichte, so infam sie auch war, machte sogar das Thema eines Leitartikels in der sonst so zuverlässigen *Times* aus. Mr. Parrott, später wie gesagt Sir Cecil, zeigte ihn mir mit Stolz. Der Gesandte, Sir Victor Mallet, lud mich zum Abendessen ein.

Eine andere meiner Geschichten knüpfte an die »Freundschaftspost« an, die die Oberste Heeresleitung laut Zeitungsmeldungen für Soldaten eingerichtet hatte, die lange ohne Heimaturlaub an der Ostfront aushalten mußten.Dieser spezielle Postdienst vermittelte weibliche Freundschaften für die einsamen, sexuell ausgehungerten Landser und ermunterte junge Frauen in der Heimat, mit Briefen und Fotos an diesem vaterländischen Liebesdienst teilzunehmen (»Kraft durch Freude«). Soweit stimmte meine Geschichte schon, auch darin, daß die Zentrale dieses Liebes-Feldpostdienstes in Dresden lag und daß der Gauleiter von Sachsen, ein gewisser Martin Mutschmann, als ein fettes, lüsternes Schwein bekannt war. Was nicht stimmte, war folgendes:

Die gesamte Liebes-Feldpost wurde in Dresden, der Residenzstadt des Mutschmann-Schweines, von einer speziellen Zensur geöffnet, und besonders saftige Fotos und liebeshungrige Ergüsse wurden bei einer wöchentlichen Saufrunde des Gauleiters Mutschmann und seiner SS-Sturmbannführer herumgereicht, beglotzt und bezotet. Dann wieder zugeklebt und »ordnungsgemäß« mit Zensurstempel weiterbefördert. Sollte sich, so mein Mann am Mikrophon, der eine oder andere Landser über die lange Beförderungszeit eines besonders lieben Briefes wundern – nun, dies war der Grund. Ende der Geschichte. Heiße Jazzmusik.

»Wir kennen den schmutzigen Juden!« schrie Goebbels in seinem Hausorgan *Das Reich* – Madame *I have had it* telegrafierte es nicht ohne einen Anflug von Neid nach London – »Wir kennen den schmutzigen Juden, der mit seinen geifernd-geilen Greuelmärchen die Moral unseres Volkes zu untergraben sucht!«

Teils fühlte ich mich geehrt, daß Goebbels mich zu seinen persönlichen Bekannten rechnete, teils aber fand ich, daß er nicht ganz unrecht hatte. Meine Arbeit war schmutzig, war zynisch. Zwar ließ sich die Unwahrheit dieser Geschichten durchaus damit rechtfertigen, daß wir die Wahrheit des Nazi-Terrors nicht kannten, sie also erfinden mußten, und daß die Wirklichkeit vermutlich noch viel schlimmer war als unsere ärgsten Stories. (Von Gaskammern wußten wir noch nichts, und als wir gegen Kriegsende von ihnen erfuhren, glaubten wir zunächst, es handele sich um die widerlichsten Greuelmärchen konkurrierender Kollegen...) Auch gab es noch eine andere Rechtfertigung: Wirksame Propaganda, wenn auch noch so schmutzig, trug dazu bei, den Krieg zu verkürzen, ohne einem einzigen Menschen eine Kugel in den Leib zu jagen.

Trotzdem, Goebbels hatte nicht ganz unrecht: Wieder einmal wurde der Jude in obskure, in »zersetzende« Tätigkeiten an die Peripherie der Gesellschaft abgedrängt, in eine trübe Grauzone, weil ihm die Gesellschaft andere Tätigkeiten verweigerte oder weil er sich selbst gegen ein eindeutigeres Schicksal sperrte – etwa gegen das, als Kanonenfutter zu krepieren. Morbide Selbstkritik? Überobjektivität? Aber war es nicht wieder die Rolle, die ich als vorgeblicher Spion, als Drükkeberger zwischen den Fronten, im Spanischen Bürgerkrieg gewählt hatte? *Blod och Bläck* hatte mein Buch über den Bürgerkrieg geheißen, »Blut und Tinte«, und stets hatte ich die Tinte gewählt, während andere ihr Blut geben mußten.

Völkerball in der Turnhalle des Prinz-Heinrich-Gymnasiums. Jede der zwei Parteien suchte die andere dadurch zu schlagen, daß sie den einen nach dem anderen der Gegner mit dem Ball traf und damit »tötete«. Ich wurde nie getroffen, wußte stets wendig auszuweichen, drehte und wendete mich, blieb stets als letzter meiner Mannschaft übrig, traf dann aber mit meinen ungeübten Würfen nie einen Gegner, so daß das Spiel immer wieder als unentschieden abgeblasen werden mußte. Schließlich wollte mich keine der beiden Mannschaften mehr haben, ich blieb in einer Ecke der Turnhalle stehen: der Drückeberger, der Jude.

Und dennoch: Hatte ich mich nicht beim britischen Konsul freiwillig für den Militärdienst gemeldet? War das die Drückebergerei eines »schmutzigen Juden«? Und waren nicht viele Juden mit Todesverachtung nach Palästina gegangen? War nicht der Jude im Grunde ein Paradigma des Menschen schlechthin, des lauen, des feigen, aber auch des mutigen? Und wozu überhaupt diese teutonische Verherrlichung von Mut, Schicksal, Tod? Gab es nicht auch noch *Vernunft?*

Aber da konnte ich so viele Selbstgespräche führen, wie ich wollte: das von Goebbels und Konsorten eingeimpfte Gift wirkte: Meine Arbeit fing an, mich zu ekeln, ich wollte »sauber« bleiben. Des Nachts, bis spät in die Morgenstunden hinein, versuchte ich, meiner Heimat ein anständiges, von keinen propagandistischen Phrasen entstelltes Lebewohl zu sagen. Ich schrieb auf deutsch, schrieb in meiner sprachlichen Unsicherheit den Text so oft aufs neue, daß er mir schließlich zu Jamben gerann, und nannte das Buch, nicht ohne Anklang an Heinrich Heine, *Ein Wintermärchen*. (Es wurde als *En Vintersaga* ins Schwedische übersetzt und wegen meiner Mutter und Schwester in Berlin unter einem Pseudonym veröffentlicht.)

Das Buch, von Frontberichten inspiriert, die ich in meinen deutschen Zeitungen für meine Schwarzsender-Geschichten las, spielt im tiefsten russichen Winter in einem von den Russen eingeschlossenen Bunker vor Stalingrad, mit siebzehn Insassen, sechzehn Landsern und einem Major. Es hat siebzehn Kapitel, eben die einzelnen Insassen des Bunkers: ihre Gedanken, Träume, Leiden, ihr Glaube an den Führer, ihre Zweifel, ihre Hoffnungen – sehr deutsch das Ganze, wie ich es liebte und haßte, und sehr nostalgisch. Gewidmet meinen siebzehn Klassenkameraden, »den lebenden und den gefallenen«.

Die schwedische Linkspresse fiel über das Buch als widerliche Mitleidspropaganda für Nazi-Deutschland her, während die schwedische Rechtspresse *(Svenska Dagbladet)* das Buch als schmierige jüdische Greuelpropaganda gegen das Deutsche Reich bezeichnete. Man soll sich eben, besonders im Krieg, an die gängigen Propagandaklischees halten, wenn man etwas ausrichten will. Meine Schwarzsender-Schweinereien wurden getreulich von der gesamten schwedischen Presse kolportiert, während kaum ein Exemplar meines Buches verkauft wurde. Ich gebe zu, das Buch hätte besser sein können, es war allzu »deutsch« und pathetisch. Aber das war kaum der Grund seines Mißerfolges.

Ähnliche Erfahrungen machte ich bei einem zweiten Versuch, mich von meiner billigen Rundfunkpropaganda zu lösen. Ich schlug Hugh Carleton Greene, dem BBC-Chef, dem ich ja meinen Job zu verdanken hatte, in einem ausführlichen Brief vor, unter strengstens geheimzuhaltender Provenienz, (offiziell aus einem »neutralen Land«), einen Sender »Die freie Stimme« zu lancieren, der deutsche Hörer durch rückhaltlose Ehrlichkeit überzeugen solle, auch wenn, und gerade wenn seine Nachrichten der offiziellen britischen Politik zuwiderlaufen sollten. Warum, so schrieb ich, nicht einfach zugeben, daß Rommel ein ausgezeichneter Soldat sei, daß die Nazis womöglich mit Recht behaupteten, Katyn sei die Stätte eines stalinistischen Massakers an Tausenden von polnischen Offizieren oder daß der mysteriöse Flugzeugabsturz des Premiers der polnischen Exilregierung in London, General Sikorski, vermutlich in der Tat von den Engländern inszeniert worden sei – *vorausgesetzt*, daß immer und immer wieder mit genau derselben Ehrlichkeit, Glaubwürdigkeit und Überzeugungskraft aufgezeigt, ja eingebleut wurde (to hammer home), daß der Krieg für Deutschland unwiederbringlich verloren sei. Denn allein darauf käme es an, wenn man die deutsche Psyche kenne.

Als ich ein paar Tage nach Absendung dieses Briefes mein Zimmer in der Britischen Gesandtschaft betrat, war das schöne große Rundfunkgerät verschwunden. Sir Cecil wußte keinen Grund anzugeben, war aber äußerst reserviert und riet mir, meine Arbeit ein oder zwei Wochen lang einzustellen, *»just in case«*, im Fall der Fälle. Mehr sagte er nicht. Eine Antwort von Sir Hugh, BBC, habe ich nicht erhalten. Als dann der Krieg zu Ende war und ich mich auf einem alliierten Fragebogen um eine redaktionelle Mitarbeit beim Aufbau des deutschen Rundfunks bewarb – wie schön wäre es, mit Hugh Carleton Greene und Axel Eggebrecht in diesem Pionierunternehmen zusammenzuarbeiten! – erhielt ich gleichfalls keine Antwort.

Wie gesagt: man soll sich im Zweifel, und ganz besonders im Krieg, an die gängigen Trends halten, wenn man weiterkommen will. Kindskopf, der ich war und bin, merkte ich überhaupt nicht, daß ich ein absolutes Tabu britischer Propaganda verletzt hatte, wie es 1941, nach Kriegsantritt der Sowjetunion, in heimlichen alliierten Übereinkünften festgelegt worden war: kein böses Wort über Stalin. Die von mir vorgeschlagene »strengstens geheimzuhaltende Provenienz« nützte da gar nichts.

Man soll eben möglichst kein Besserwisser sein, sondern hübsch und ruhig mit den Kumpeln Ball spielen – *play ball with the boys* –, insbesondere, wenn man Anschluß sucht. Auch Sinn für das rechte Maß sollte man sich angewöhnen, *a sense of proportion*. Mein *Wintermärchen* und meine »Freie Stimme« waren aus der Art geschlagen, waren Blindgänger. Man braucht kein Opportunist zu sein, um Sinn für das Maß zu haben. Ich glaube, das lernt man am besten im festen, mäßigenden Gefüge einer Gemeinschaft, nicht im luftleeren Raum der Fremde. Ich sollte mich in den kommenden Jahren noch oft in ähnlicher Weise überschlagen und schließlich Amok laufen, mit dem Kopf durch die Wand des Exils. Vergebens, es hat mich nur noch einsamer und »unmöglicher« gemacht. Das kommt davon – ich hoffe, der Leser folgt mir hier – das kommt davon, wenn man seine Sprache verliert.

Ich zeichnete den Umschlag zu meinem »Wintermärchen« selber, einschließlich Pseudonym. Ein oder zwei Exemplare des Buches wurden verkauft.

13
A Monumental Job

Es ist noch nachzutragen, wie es Mutter und Schwester während des Krieges erging. Ein Ereignis war entscheidend: Franziska (die Gänsekeule) war, wie mir ihr Mann entsetzt berichtete, aus unerklärlich später Rache für meine Eheverweigerung zur Deutschen Botschaft in Stockholm gegangen und hatte dort angegeben, meine Mutter und Schwester seien *auch* Deutsche, könnten also wie alle anderen Juden behandelt werden. Ich selber, fügte sie der Vollständigkeit halber hinzu, arbeite für die Engländer, gegen Deutschland. Das war im Dezember 1944.

Wie ein Amokläufer lief ich von einer schwedischen Behörde zur anderen und flehte um sofortige Einreiseerlaubnis für Mutter und Schwester oder um andere Hilfe. Das schwedische Ausländeramt lehnte eine Einreiseerlaubnis ab. Die Jüdische Gemeinde in Stockholm wußte keinen Rat, außerdem seien wir ja keine Juden. Das Schwedische Rote Kreuz erbot sich, »eine offene Postkarte« von mir ins Konzentrationslager weiterzuleiten, »sobald Ihre Verwandten dort eingetroffen sind«. (Seitdem sehe ich das Rote Kreuz auf der weißen Fahne dieser Organisation stets als einen großen widerlichen Blutfleck.)

Ich suchte Sir Victor Mallet auf, einen vorzüglichen Mann, der als britischer Gesandter in Stockholm mein oberster Vorgesetzter war und, wie ich wußte, meine Arbeit schätzte. Ich erklärte, ich könne unter dem gegenwärtigen psychischen Druck ganz einfach nicht weiterarbeiten. Er versprach, sofort etwas zu unternehmen – und hielt sein Wort. Wie ich später erfuhr, setzte er sich noch am selben Tag mit dem Schweizer Botschafter in Stockholm in Verbindung, und dieser arrangierte telegrafisch via Bern eine sofortige Ausreise meiner Mutter und meiner Schwester aus dem brennenden Berlin – es war der furchtbare Winter 1944 –, und zwar im Austausch gegen zwei prominente Nazis aus Übersee.

Gerda, meine Schwester, saß am Tag des geplanten Austauschs im Nachthemd im Keller der Prinz-Albrecht-Straße, im Gestapo-Hauptquartier. Sie war am Vortage um fünf Uhr morgens aus dem Bett geholt worden, weil sie unter dem Schutz ihres britischen Passes – sie brauchte keinen Judenstern zu tragen und konnte daher unbehindert Bus und U-Bahn fahren – als Gehilfin der Kaufmann-Gruppe Juden zu gefälschten Identitätspapieren verholfen hatte. Da sie sich bei der Gestapo als Halbidiot verstellte – sie war so klug, ihr Aussehen auszunutzen – und man überdies am Austausch mit den Nazis interessiert war, ließ man sie laufen. Sie wurde, immer noch im Nachthemd, an einem eiskalten Dezembertag zum Anhalter Bahnhof gebracht, wo sich bereits ihre Mutter befand. Dann durchkreuzten die beiden, Gerda nach wie vor im Nachthemd, Frankreich, Spanien und Portugal bis nach Lissabon, von wo sie ein britisches Mosquito-Flugzeug nach London brachte. Dort wartete eine größere, von Laing und mir telegrafisch übersandte Geldsumme für Kleider und Unterkunft.

Als wir die beiden unmittelbar nach dem Krieg zu uns nach Uppsala nehmen konnten (inzwischen waren die Schweden flüchtlingsfreundlicher geworden), fragte ich meine Mutter, was sie denn getan hätte, wenn Gerda nun nicht auf dem Bahnsteig erschienen wäre. »Natürlich wäre ich abgereist«, antwortete sie, »Gerda hat ja etwas Widerrechtliches getan.«

Aber ich will nicht zu hart gegen meine Mutter sein. »Wir haben alle einen Knacks bekommen«, sagte sie einmal. »Diese ständige Angst.«

»Sie sind Deutsche!« hatte zum Beispiel ein Polizist auf dem Polizeirevier Berlin-Schöneberg meine Mutter und meine Schwester zur Zeit der beginnenden Deportationen angeschrien und ihre alten Anmeldungen hervorgeholt. »Und Juden sind Sie auch!« Meine Mutter sagte mit bebender Stimme, sie seien Engländerinnen. »Lüge!« brüllte der Polizist, nahm die britischen Pässe und die alten, kompromittierenden Papiere und verschwand hinter einer Tür, auf der »Polizeiinspektor« stand. Die Tür schloß sich, minutenlang zitterten die beiden um ihr Leben. Dann erschien der Polizist wieder, mit rotem Kopf, warf ihnen die Pässe vor die Füße und brüllte: »Sie können gehen!«

Der Polizeiinspektor, unsichtbar hinter der Tür. Man sollte in Deutschland ein Denkmal für den Unbekannten Helfer errichten, wie für den Unbekannten Soldaten. Es gab so manche Deutsche, die Juden bei sich versteckten. Es gab die Kolonialwarenhändlerin, die meiner Schwester heimlich Apfelsinen zusteckte. Es gab...

Als meine Mutter am Tage ihrer Ankunft in Uppsala in unserer kleinen Zweizimmerwohnung zu Bett ging, endlich ein wenig zu Hause, und Laing und ich uns im Nebenzimmer auf schwedisch unterhielten, rief sie durch die halboffene Tür: »Kinderr, sprrecht doch Jiddisch!« Es war rührend. Keiner in unserer Familie hatte jemals auch nur einen einzigen Satz auf jiddisch sagen können.

Sie war eine kluge, starke und tapfere Frau. Nie habe ich sie klagen hören. Und dennoch, die Mutter, die ich als Kind geliebt und der wir jetzt in Schweden trotz mancher Irritationen – das ist ja oft so bei Müttern – liebevoll ein Heim aufbauten, diese Frau löste im Laufe der vielen gemeinsamen Jahre in Schweden immer stärker ein Gefühl in mir aus, das ich auf alte Tage nur noch als Haß empfand – bis ich ihr kaum mehr in die Augen sehen konnte. Der Grund war mein mit zunehmendem Alter immer ausgesprocheneres, für diese »lebenstüchtige« Frau aber völlig unverständliches Scheitern im Exil. Auf jeden meiner Mißerfolge und jede meiner begleitenden Depressionen hatte sie nur eine Antwort: »Ich habe eben zwei kranke Kinder.«

Das andere kranke Kind, mein schielendes, leicht verwachsenes Schwesterlein, war – ich berichtete das schon – durch ihren Ausschluß aus der Baptistengemeinde in der Hohenstaufenstraße in Berlin seelisch gebrochen. (Daß sich sogar die sogenannte Bekennende Kirche in ähnlich gelagerten Fällen nicht viel besser benahm, ist inzwischen leider auch belegt.) Später, kurz nach der »Reichskristallnacht«, versteckte Gerda zwei jüdische Kinder im Alter von zwei und vier Jahren bei sich. Sie liebte Kleinkinder, die riefen ihr nicht wie größere Kinder auf der Straße »Wackelpopo! Wackelpopo!« nach. Als die beiden Kleinen dann eines Morgens von zwei SS-Männern abgeholt wurden, verlor sie ihren Gott vollends. Ein wenig lebte sie wieder auf, als sie während des Krieges als Botengängerin Juden mit falschen Papieren helfen konnte. Ja, mitten im Naziterror lebte sie auf: Wir brauchen alle eine Aufgabe. Erst in Schweden, als man ihr nach dreijähriger Schwesterntätigkeit in einem Heim für mongoloide Kinder kündigte, weil man sie zu langsam fand – sie gäbe sich mit den Kindern zuviel ab –, nahm sie sich das Leben.

Nie hat Kläuschen – so nannten wir Gerda –, nie in ihrem Leben hat sie etwas so klug und effizient ins Werk gesetzt wie dies. Sie legte sich im eiskalten Dezember in den verschneiten schwedischen Wald, hatte sich warm angezogen, drei Strickjacken übereinander, ein Fläschchen mit Wasser und Schlaftabletten mitgenommen, war mit den Tabletten schnell eingeschlafen und dann schlummernd erfroren. Erst als der Frühling kam, fand man sie.

Ein paar glückliche Stunden konnten wir beide, Kläuschen und ich, noch in Schweden teilen, kurz nach dem Krieg. Von meinem Gehalt an der Amerikanischen Botschaft in Stockholm (davon gleich) konnte ich genug Geld für uns beide abzweigen, um nach dem Zusammenbruch zahlreiche Lebensmittel- und Kleiderpakete an Freunde in Deutschland zu schicken, darunter auch an so manche von Gerdas Baptisten (sie wollte es). Das wöchentliche geschwisterliche Paketepacken war ein »seelisches Pfingstfest«, wie Gerda es nannte, und oft kamen uns beim Packen die Tränen, weil wir – wann kann man das denn schon? – Freunden in geradezu biblischer Hungersnot helfen konnten. Dazu kam die diebische Freude von Brüderlein und Schwesterlein, auch von Laing, über die Entrüstung meiner Mutter, die ständig gegen diese Pakete stichelte: Erstens hätten wir es doch selber nicht so dicke, und zweitens seien das ja alles alte Nazis. Vermutlich hatte sie recht, wie immer. Aber recht haben ist nicht alles.

Die Dankesbriefe unserer Freunde und Bekannten, zugleich verdeckte Bittbriefe für eine Fortsetzung, waren so lang, innig und herzzerreißend, daß ich heute lachen muß, wenn ich daran denke, wie kurz, nüchtern und negativ diese Briefe ein paar Jahre später waren, als ich dieselben Freunde – nunmehr Regierungsräte, Senatspräsidenten, Direktoren – bat, mir Arbeit in der Bundesrepublik zu verschaffen. Meine Mutter triumphierte: »Das ist der Dank!« Wieder hatte sie recht, und ich haßte sie nur noch mehr.

»Ich bin ja ehrlich.« Sie war es bis zum letzten Atemzug. Als sie mit achtundachtzig Jahren mit einem schweren Herzkollaps im Bett lag und der Arzt ihr Trost zusprach, es würde schon wieder besser werden, antwortete sie auf schwedisch: »*Åttiåtta* – achtundachtzig, was wollen Sie denn eigentlich?« und verschied.

Nachdem Mr. Parrotts, nunmehr Sir Cecils, *Press Reading Bureau* mit Kriegsende geschlossen worden war, fing ich wieder an, in Schweden für alle möglichen Jobs lebenszulaufen, nachdem aus meiner erhofften Rundfunkarbeit in Deutschland nichts geworden war. Aber nicht ein einziger schwedischer Arbeitgeber war interessiert. Die Schweden passen nun einmal zueinander wie ein Legostein zum anderen, und ich paßte ihnen nicht, ich beunruhigte sie sogar: Sie wollten ihr wohlgeordnetes Weltbild nicht dadurch erschüttert wissen, daß ein Dr. jur. zu jeder Arbeit bereit war, auch dazu, an einem Fließband zu arbeiten.

(Ja, »Dr. jur.«: Ich hatte meinen »Rücktritt des Teilnehmers vom Versuch« in Uppsala fertiggeschrieben, an die Universität Basel geschickt und sozusagen per Post promoviert, da ich ja während des Krieges nicht persönlich in Basel erscheinen konnte. Dies in Klammern, weil meine einstige selbstmordträchtige Privattragödie mittlerweile zu der Belanglosigkeit abgesunken war, die sie schon immer hätte sein sollen. Auch war ein Schweizer Dr. jur. bei meiner Arbeitssuche in Schweden nicht viel mehr wert als eine flüchtige Bekanntschaft mit Suaheli.)

Wie früher die Engländer, so nahmen mich jetzt die Amerikaner in Schweden auf, genauer gesagt die Amerikanische Botschaft in Stockholm. Der *Labor Attaché* der Botschaft brauchte einen Assistenten, und dieser Assistent wurde ich. Der Posten eines *Labor Attachés* – auf deutsch wohl am besten »Sozialattaché« – war nach dem Krieg eingerichtet worden, einerseits wohl, um die USA in sozial hochentwickelten Ländern wie Schweden als einen gleichfalls progressiven Staat darzustellen, und andererseits, um den sozialdemokratischen schwedischen Wohlfahrtsstaat in regelmäßigen Berichten nach Washington unter die Lupe zu nehmen. Schweden galt damals, wie zum Teil noch heute, als das Modelland eines erfolgreichen, gemäßigten Sozialismus, und Marquis Childs' *Sweden: The Middle Way* war ein Bestseller in Amerika gewesen. Der Zweck unserer Berichte war nun wohl der, die Demokraten in Washingtons *Department of Labor* zu sozialen Reformen im eigenen Land zu ermuntern, vielleicht aber auch, die Republikaner mit Material zu versehen, um derlei Reformen als katastrophal hinstellen zu können.

Die Hauptarbeit des Sozialattachés bestand in einem monatlichen *Labor Report* von etwa zwanzig Seiten, der die sozialdemokratische Politik, gewerkschaftliche Trends, kommunistische Einflüsse, Streiks, Lebenshaltungskosten, Sozialgesetzgebung, Verstaatlichungstendenzen, Arbeitgeberhaltung und dergleichen zu rapportieren und zu analysieren hatte. Da der neuernannte *Labor Attaché* weder Schwedisch konnte noch die blasseste Ahnung von Schweden hatte, durfte ich diese Reporte selber schreiben, während er sie mit seinem schönen, gesellschaftlich hervorragend eingeführten Namen als Autor signierte.

Was er sonst noch tat, weiß ich nicht. Doch, da war seine Großtat, jene Vorlesung in Lund, einer südschwedischen Universitätsstadt, in der er einen allgemein orientierten Vortrag über die USA zu halten hatte. Zweck: Popularisierung seines als »kapitalistisch« verschrienen Landes im »sozialistischen« Schweden. Ein halbes Jahr im voraus wurden Flugtickets für das große Ereignis gebucht, Hotelreservierungen getätigt, Einladungen verschickt, amerikafreundliche Zitate aus schwedischen Büchern und Zeitungen für den Vortrag zusammengetragen (von Lansburgh), während Linda Johnson, eine flachsblonde Stenotypistin aus Minnesota, die von demselben verfaßten Pressemeldungen zur Verteilung an öffentliche und halböffentliche Instanzen Schwedens tippte, mit Kopien an das *State Department,* Washington (vertraulich, Staatsangelegenheit), bis es dann zu dem berühmten Vortrag kam. Die Zuhörerschaft bestand aus dem als Bürstenfabrikant tätigen amerikanischen Vizekonsul in Lund, einem schwedischen Rokkefeller-Stipendiaten namens Karlsson und einem begleitenden Stockholmer Fotografen (von dem ich das habe). Dann kehrte mein Chef triumphierend nach Stockholm zurück, signierte, noch ein großes Blumenbukett in der Hand, meinen neuesten *Labor Report* und begab sich auf seinen Urlaub *back home.*

Das regte mich nicht sonderlich auf, ich bin immer ein bürgerlich loyaler, durch keine Klassenkampf-Ideologie rebellisch gestimmter Untergebener gewesen. Was mich dagegen irritierte, war, daß Linda Johnson, die flachsblonde Stenotypistin aus Minnesota, die meine Reporte mit zahlreichen orthographischen Fehlern tippte, als Amerikanerin mehr als das doppelte Gehalt bezog als ich, der ich nur ein *local employee* war, ein Lokalangestellter. Was mich noch mehr irritierte, war, daß aus Gründen der Staatssicherheit *(security)* nur sie und mein Chef Zugang zu meinen getippten Reporten hatten, da diese *confidential* oder vertraulich waren, also von einem Lokalangestellten wie mir nicht eingesehen werden durften. Wie sollte ich da auch nur den geringsten Zusammenhang zwischen meinen einzelnen *Labor Reports* wahren und ärgerliche Wiederholungen vermeiden? Nun, *security* war wichtiger, und außerdem: Wer las schon diese Reporte?

Einmal erhielt ich aufgrund meiner deutschen Sprachkenntnisse den Auftrag, zwei früher in Schweden wegen »Gefährdung der schwedischen Freiheit und Neutralität« zu Zuchthaus verurteilte deutsche Kommunisten, die jetzt angeblich zu den Sozialdemokraten übergetreten waren und nun nach Kriegsende um Einreiseerlaubnis in die amerikanische Zone ersucht hatten – diese beiden sollte ich auf Herz und Nieren abklopfen, ob sie wirklich keine Kommunisten mehr und somit stubenrein waren.

Wir trafen uns in einer bekannten Stockholmer Konditorei, einem mit Spiegeln und Blumen, nur nicht mit Kuchen, ausgestatteten Lokal. Nach einigem verlegenen Schweigen allerseits bestellte ich Kaffee und »Prinzeßtorte«, eine mit grünem Marzipan überdeckte Angelegenheit. Die beiden waren auch weiterhin wortkarg, bestellten etwas verächtlich gleichfalls Prinzeßtorte und behandelten mich deutlich von oben herab, da sie mich offenbar – und mit Recht – für einen unverbesserlichen Bourgeois hielten. Der eine, ein breitschultriger, muskulöser Bursche, wie er kantig mit Hammer oder Sichel auf kommunistischen Wahlplakaten der Weimarer Zeit zu erscheinen pflegte, sah mich aus seinen blauen Augen ausgesprochen feindselig an, mit trotzigem Proletenblick; der andere, ein älterer Miesepeter, äußerte sich abweisend und rauhbeinig. Offenbar hatten sie sich den Repräsentanten der mächtigen Vereinigten Staaten von Amerika etwas anders vorgestellt. Allmählich aber tauten sie auf, da es schließlich um ihre Rückkehr nach Deutschland ging, und überhäuften mich schließlich mit Einzelheiten, von denen ich so gut wie nichts verstand, wenn ich auch zu allem verständnisinnig nickte: Zweite und Dritte Internationale, Komintern, Kautsky, USPD(?), Erfurter Programm, Heidelberger Programm, »Bankrott des NKFD« (das Moskauer Nationalkomitee Freies Deutschland vielleicht? Ich nickte), NKWD (GPU?), Trotzki, Willi Münzenberg, um schließlich bei Kurt Schumacher zu landen und mehrmals mit Nachdruck zu betonen, daß sie nunmehr überzeugte Sozialdemokraten seien.

»Linker, rechter oder mittlerer Flügel?« fragte ich. Sie antworteten mit so vielen Fachausdrücken, Abkürzungen und Interna, daß ich wiederum kein Wort verstand.

Wir verabschiedeten uns reserviert. Nach all der ideologischen Berieselung wußte ich nicht recht, wie ich meinen Bericht für die Amerikaner abfassen sollte. Das einzig Konkrete, an das ich mich erinnern konnte, war die für eine unmittelbare Nachkriegszeit recht akzeptable Prinzeßtorte. Nun, mit dem Mut des Ignoranten bezeichnete ich in meinem Bericht den Jungen mit dem trotzigen Proletenblick als politisch ziemlich fragwürdig, und den älteren Miesepetrigen als weitaus zuverlässiger, wenn auch *»not quite my cup of tea«*, nicht ganz nach meinem Geschmack (was wohl kaum zur Sache gehörte). Den Namen des Jungen habe ich vergessen. Der Ältere, der Miesepeter, daran erinnere ich mich noch genau, hieß Herbert Wehner.

Aber zurück zu meinen *Labor Reports*. Sie fielen mir schwerer und schwerer. Das Ärgerliche war nämlich die Tatsache, daß sich in einem so schläfrigen und ereignislosen, dazu noch scheintot-neutralen Land wie Schweden, das nun schon seit Jahrzehnten praktisch dieselbe Regierung hatte, niemals soviel ereignete, daß meine zwanzig Reportseiten mit Anstand gefüllt werden konnten. Dazu kam, daß es fast unmöglich war, den vorsichtigen Schweden, insbesondere ihrer selbstbeflissenen, intern verklausulierten, eigentlich nur für Eingeweihte bestimmten Presse auch nur einigermaßen Konkretes abzugewinnen. (Ach, wie schön waren doch die Zeiten der Nazi-Presse gewesen!)

Ein Beispiel: Einmal versuchte ich, beim Schwedischen Statistischen Zentralamt die gegenwärtige Bevölkerungszahl Schwedens telefonisch zu eruieren, nachdem alle anderen schwedischen Quellen überaus vage gewesen waren. Die Antwort des Statistischen Zentralamts war, eine Volkszählung habe vor acht Jahren stattgefunden, eine aktuelle Ziffer fehle.

»Nun, dann die Zahl vor acht Jahren bitte«, sagte ich.

Die sei nicht mehr aktuell, man könne mir da leider keine Auskunft geben.

»Aber *ungefähr* bitte, es muß doch eine Hochrechnung geben.«

Der Mann beharrte darauf, er könne keine genaue Zahl nennen.

»Dann bitte eine *ungenaue*«, rief ich aus.

Der Mann legte beleidigt den Hörer auf. Worauf ich die Einwohnerzahl Schwedens aus meinem leicht ramponierten einbändigen Volks-*Brockhaus* nach Washington rapportierte.

Die Konsequenz: Nach ein paar Jahren fing ich wieder einmal an, in verschiedenen Richtungen lebenszulaufen, schickte meine Bewerbungen am laufenden Band in eine bundesdeutsche Stadt nach der anderen – Redakteur, Fremdsprachen-Korrespondent, Amtsrichter, Justizgehilfe –, ohne den geringsten Erfolg. Die in Deutschland waren offenbar wieder einmal ausschließlich mit sich selbst beschäftigt, brauchten keine Emigranten für ihren Wiederaufbau. (»Denen geht's ja gut da draußen, da möcht' ich auch sein.«)

Statt dessen »beförderte« man mich an der Amerikanischen Botschaft und wies mir eine Arbeit an, die kaum erfreulicher war. McCarthy, der republikanische Kommunistenjäger, wütete gerade mit seinen Hexenprozessen in den USA – wir sind in den frühen fünfziger Jahren –, und ich bekam einen neuen Chef. Er war zwischen dreißig und vierzig, hatte einen untersetzten, robusten Körper, stechende stahlgraue Augen, einen kurzen Bürstenhaarschnitt, dazu einen schneidigen, gleichsam mit Schmissen versehenen Namen (etwa: Fliss) und sah auch im übrigen aus wie ein ultrareaktionärer Polizeikommissar, war vermutlich auch ein Mann der FBI.

Mein neuer Auftrag war ganz im Sinne McCarthys und des kalten Krieges. Hatte man vielleicht meinen elenden Herbert-Wehner-Report gut gefunden? Meine Arbeit bestand jetzt darin, die schwedische kommunistische Presse auf Namen und nähere Einzelheiten von kommunistischen Führern, Funktionären, Parteimitgliedern, Gewerkschaftlern, Aktivisten und Mitläufern *(fellow travelers)* durchzukämmen und aus den gewonnenen Daten eine Personenkartei zu kompilieren, also eine schwarze Liste. *Public intelligence* hatte das einst bei den Briten geheißen...

Der Zweck dieser Hexenjagd wurde mir nicht verraten. Eine schwarze Liste, um diese Leute im Falle einer amerikanischen Okkupation Schwedens unschädlich machen zu können? Oder nur, um ihre Einreise in die USA zu verhindern? Auf jeden Fall wurde mir von Schmisse-Fliss aufgetragen, so viele Einzelheiten wie möglich über die »Roten« einzusammeln: wo wohnhaft, wo organisiert, in welcher Parteifunktion, Gewerkschaft, Aktionszentrale oder Deckorganisation *(front organization)*, bei welcher Gelegenheit und in welcher Eigenschaft hervorgetreten – in einer Rede, als Unterzeichner eines Aufrufs, als Spendengeber, als... usw.

Ich verrate hier keine Staatsgeheimnisse. Wenn wir schon in Sachen Diskretion pingelig sein wollen, so hat die amerikanische Regierung *mich* verraten, denn vor kurzem wurden heimliche Regierungspapiere aus der McCarthy-Ära von Washington freigegeben, und da steht groß und breit mein Name als Kompilator jener schwarzen Liste und als Verfasser eines umfangreichen, gleichfalls auf der kommunistischen Presse gründenden Reports über die Schwedische Kommunistische Partei und ihre einzelnen Gewerkschaftseinheiten und Lokalabteilungen. Nicht genug damit: Meine Arbeit wird in jenen Regierungspapieren als *»invaluable in the event of war«*, unschätzbar im Fall eines Krieges, bezeichnet, und darüber hinaus als *»a monumental job«* (womit sich meine Auftraggeber wohl selber auf die Schulter klopfen wollten). Ja, der ehemalige CIA-Chef William Colby schreibt in seinen Memoiren (*Honorable Men: My Life with the CIA*, S. 101f., Kapitel »A Scandinavian Spy«), daß die CIA-Archive keine »auch nur annähernd so umfassenden« heimlichen Informationen besaßen wie die von mir aus öffentlichen Quellen zusammengestellten, und daß es ein »Sieg des Amtsschimmels über den Geheimdienst« gewesen sei, mich nicht direkt in die CIA zu übernehmen...

Nun, so großartig war die Sache nun auch wieder nicht, obwohl der ehemalige Chef der Schwedischen Kommunistischen Partei, C. H. Hermansson, anläßlich jener Freigabe geheimer Papiere erklärte, ein einzelner Mann habe unmöglich eine so umfassende schwarze Liste aus öffentlichen Quellen erstellen können, das müsse in heimlicher Zusammenarbeit mit der perfiden Sozialdemokratischen Partei Schwedens und ihren Gewerkschaften geschehen sein. – Danke für das Kompliment, Genosse Hermansson, aber bitte verleumden Sie mir die guten Sozialdemokraten nicht; was Sie als Schwede gröblich verkennen, ist: deutsche Gründlichkeit.

Ich schämte mich dieser Arbeit kaum. Schließlich, so versuchte ich mich zu rechtfertigen, waren Stalin mitsamt seinen europäischen Trabanten keine Engel, und dies war die Zeit des kalten Krieges. Für die Amerikaner, so argumentierte ich, mußte wohl selbst ein so dunkler Geselle wie dieser McCarthy herhalten, sogar unter einem demokratischen Präsidenten, um jedermann zu zeigen, daß sich die Russen, die Kommunisten, die stalinistischen Imperialisten, nicht in gefahrloser Ferne auf der anderen Seite des Erdballs befanden, sondern »mitten unter uns«, als Agenten in den USA, als Unterwanderer der westeuropäischen Demokratien. Keine amerikanische Hysterie also, beruhigte ich mich, sondern eine notwendige Taktik zur psychologischen Untermauerung der Truman-Doktrin, zur Konkretisierung eines damals für die Festigung des Westens vielleicht unentbehrlichen Feindbildes.

Ein frommer Selbstbetrug, auf jeden Fall, was die schwedischen Kommunisten betraf. Denn je mehr Schmisse-Fliss darauf brannte, daß ich heimliche »Zellen« der Kommunisten entdeckte, verborgene Waffendepots, dunkle Geldtransporte aus Moskau, Sowjetagenten und paramilitäre Ausbildungskader, desto mehr entdeckte ich, daß meine schwedischen Kommunisten, klägliche vier oder fünf Prozent der schwedischen Wähler, mitsamt ihrer Führung eine harmlose Sekte verbitterter Arbeiter waren, die aus dem einen oder anderen Grund den Anschluß an die Sozialdemokratische Partei verpaßt hatten. Ich betonte das auch in meinem Gesamtbericht, aber Schmisse-Fliss strich den Passus.

Und dennoch machte ich weiter. War es der Emigrant mit seiner panischen Furcht vor Arbeitslosigkeit? War es der Preuße, der Bürger, der loyale Angestellte? War ich mit meinen fünf- oder zehntausend schwarzgelisteten Kommunisten ein zweiter Adolf Eichmann, der aus purer Arbeitswut und »Pflichterfüllung« Millionen von Juden in den Tod geschickt hatte? Oder war ich wieder einmal der Jude, der in die zwielichtigsten Jobs an die Peripherie der Gesellschaft abgedrängt worden war, als Schnüffler? War es denn überhaupt ein Zufall, daß so viele Juden in Schnüffelberufen tätig waren wie Soziologie, Psychologie, Verhaltens- und Sexualforschung? Aber wer hatte ihnen denn früher den Weg zu anderen, traditionelleren Karrieren geöffnet, zur Beamtenlaufbahn etwa? Und wer hatte mir jetzt in Deutschland oder Schweden auch nur die geringste Spur irgendeiner anderen Arbeit angeboten?

Schmisse-Fliss kam eines Nachts deutlich angeheitert von einer Party in die Botschaft (er hatte hier seine Hausschlüssel liegen lassen) und sah mich immer noch bei der Arbeit an meinem Kommunistenreport, nach Mitternacht.

»Es ist schrecklich«, klagte ich, »ich kriege die Sache nicht in den Griff, so sehr ich mich auch damit abplage.«

»*Yes*«, sagte Fliss weinselig, »*I see your point* – ich verstehe Sie; der

Mensch ist nun einmal ein faules Geschöpf.« Und torkelte aus meinem Zimmer, während ich emsig weiterarbeitete. (Der letzte Zug zurück nach Uppsala ging um drei Uhr morgens.)

Immer noch bezog Linda Johnson, die flachsblonde amerikanische Stenotypistin, die meine Arbeiten tippte, mehr als das Doppelte meines Gehalts. Zwar durfte ich ihre häufigen Tippfehler korrigieren, dann aber natürlich, wie schon früher, mein Werk nicht mehr einsehen, das diesmal zum Teil sogar *secret* war. *Security!* (Um Unterlagen für Fortsetzungen meiner Arbeit zu haben, nahm ich das handgeschriebene Manuskript meines Reports, Hunderte von Seiten, heimlich mit nach Hause. Ich besitze es heute noch. *Security!*) Überdies, wenn ich Linda Johnsons Zimmer betrat und sie zufällig gerade am Safe stand, um ihn zu öffnen, erstarrten ihre Hände plötzlich, damit ich als »Lokalangestellter« nur ja nicht die Zahlenkombination der Nummernscheibe erraten konnte. Wie widerlich loyal doch Frauen sein können! (Bei Männer ist man's ja gewohnt.) Daß ich aus Wut und Rache mit Linda Johnson ins Bett zu gehen versuchte – vergeblich, es wurde bei dem tugendsamen, republikanisch imprägnierten Mädchen nur ein »Petting« daraus –, sei nur am Rande vermerkt.

Ob es nun Linda Johnson, Schmisse-Fliss, meine »jüdische« Dunkelmann-Arbeit oder die hohlen, immer wiederkehrenden Propaganda-Klischees des kalten Krieges waren, oder all dies zusammen: Wieder einmal reagierte ich, wie ich es bei den Engländern aus Ekel vor der Schmutzpropaganda meiner Schwarzsender-Geschichten getan hatte: Ich schrieb ein Buch, um mich einigermaßen zu rehabilitieren. Diesmal auf englisch, Titel: *The Paper Curtain*, »Der Papierne Vorhang«, in satirischer Anspielung auf seinen großen Bruder, den Eisernen Vorhang.

Das Buch schildert die Leiden des jungen Joseph Maria Misorgsky, eines staatenlosen »Lokalangestellten« an einer angelsächsischen Botschaft im neutralen Nulland, der bis zum Erbrechen die sowjetischen beziehungsweise westlichen Propagandaklischees des kalten Krieges aus nulländischen Zeitungen zu rapportieren hat – eine Propaganda, die gerade jetzt infolge eines sensationellen Ereignisses noch intensiver als je in den Massenmedien tobt: Der nulländische Professor Sven Vikingius, weltberühmter und nobelpreisgekrönter Atomphysiker, ist mit einer neutral-nulländischen Kulturdelegation nach Moskau gereist und auf dieser Reise auf äußerst rätselhafte Weise verschwunden. Nun behaupten die Schlagzeilen der Westpresse natürlich, der Atomprofessor sei von den Sowjets entführt und unter Drogen und/oder Folter seiner Heimlichkeiten beraubt worden (die Russen waren damals noch Atombomben-Neulinge), während die Schlagzeilen der Ostblock-Presse ebenso natürlich verkünden, der Professor sei aus brennender Friedensliebe zu den Sowjets und ihren Wissenschaftlern übergetreten.

Joseph Maria Misorgsky aber, der Tintensklave, der zähneknirschend jede Einzelheit dieses von Tag zu Tag wachsenden Pressekrieges einer mehr als doppelt so hoch bezahlten, flachsblond anglo-arischen (engl. »WASP« – *White, Anglo-Saxon, Protestant*) Tippse namens Elvira Shinkendecker zu rapportieren hatte – dieser J. M. Misorgsky wußte es besser. Er wußte, daß sich der gute Professor in einer bösen Midlife-crisis aus Liebeskummer – der weitaus jüngere Misorgsky hatte zufällig vor kurzem des Professors nulländische Freundin übernommen – daß sich der gute Mann kurz vor Moskau in die Moskwa gestürzt hatte und mausetot war. Da Misorgskys Wissen aber weder den Westlern noch den Östlern in den Kram paßte *(The Paper Curtain)* und er sich schließlich weigerte, west-östliche Zeitungslügen weiterhin zu kolportieren, wurde er von der angelsäschsischen Botschaft fristlos entlassen und dann, als er ohne Arbeit und ohne Geld frech zu werden und desperat die Wahrheit auszuposaunen drohte, von den Russen kurzerhand entführt und irgendwo vor Moskau in die Moskwa geworfen, wo er, wie der Zufall so spielt, auf das Skelett des Atomprofessors Vikingius prallte und in der Folge seinen Geist aufgab.

So etwa *The Paper Curtain*. Philip Unwin, Chef des traditionsreichen englischen Verlages Allen & Unwin, sicherte sich telegrafisch eine Option auf das Buch, das allerdings noch »irgendwie« *(somehow)* zu überholen sei. Ich versuchte, irgendwie zu überholen, erhielt dann aber dennoch das Manuskript wegen seiner »dünnen sprachlichen Substanz« zurück. Nun ja, wie soll jemand, der noch nie in England oder Amerika gewesen ist, die baren Knochen seiner Fabel mit pulsierendem Fleisch, mit praller »sprachlicher Substanz« bekleiden?

Ein zweiter Verlag, diesmal amerikanisch, wünschte das »Original«

des Buches zu sehen, da die englische Übersetzung der Kraft *(vigor)* des ursprünglichen Textes keineswegs gerecht zu werden schien. Misorgsky war untröstlich.

So untröstlich, daß ich bei der Amerikanischen Botschaft kündigte und für ein Drittel des dort bezogenen Gehalts die Arbeit eines Drukkereikorrektors in der Uppsalaer Universitätsdruckerei annahm. Man wollte mich dort zuerst nicht anstellen, als man mein früheres, noch dazu steuerfreies Gehalt erfuhr – man hielt mich nicht für normal –, besann sich aber nach Beibringung eines psychiatrischen Gutachtens dann doch eines Besseren, weil man in Nulland nach dem Sieg der Alliierten dringend einen englischsprachigen Korrektor brauchte, besonders einen, der obendrein noch »Engländer« war. (Mein Deutschtum behielt ich für mich: So mißliebig früher Emigranten in Nulland gewesen waren, so unpopulär waren jetzt Deutsche.)

Als ich die Amerikanische Botschaft verließ, drückten mir die demokratischen Botschaftsmitglieder voller Sympathie die Hand. Man sah ihnen an, was sie dachten, wenn sie es auch in jenen Jahren nicht laut zu sagen wagten: »Endlich ein Mensch mit Charakter; endlich einer, der der faschistischen Hexenjagd eines McCarthy die Stirn zu bieten wagt.«

Ich sonnte mich in dieser Sympathie, muß aber zu meiner Schande gestehen, daß mein Weggang von der Botschaft auch noch einen anderen Grund hatte. Nicht genug mit Linda Johnson, Schmisse-Fliss und schäbiger Schnüffelei: Die Arbeit war ausgegangen. Die Schwedische Kommunistische Partei, schon immer unbedeutend, war in letzter Zeit zu einem Schatten ihrer selbst zusammengeschrumpft; ihre Mitglieder waren so gut wie ausnahmslos von mir erfaßt, ohne daß neue hinzukamen; und ihr Hauptorgan *Ny Dag* (»Neuer Tag«), aus dem ich meine Proskribierten bezog, war von einer dicken Tageszeitung zu einem jämmerlichen Wochenblättchen abgemagert. Ich saß beschäftigungslos herum, und wenn einmal jemand in mein Zimmer kam, dann hatte er sich verlaufen. Ich litt. Meine Bitten um eine neue Arbeitsaufgabe blieben unbeachtet, da Schmisse-Fliss aus Staatsgründen immer noch einen Assistenten benötigte, wenn auch einen arbeitslosen (Parkinsonsches Gesetz). Das konnte ein Preuße wie ich nicht ertragen. Arbeit! So unmoralisch meine Tätigkeit auch gewesen sein mochte, noch gab es so etwas wie eine Arbeitsmoral...

Schmisse-Fliss schenkte mir zum Abschied *The Oxford Book of English Verse,* eine Lyriksammlung mit Goldschnitt.

Seite 178:
Später Ruhm in der schwedischen Presse, wenn auch als Dunkelmann und erst nach vierzig Jahren: meine antikommunistische »Spionage« in Schweden.

Onsdagen den 9 november 1988   Nr 305 v. 45   130:e årg.

USA:s svenska register:

Han samlade in namn i fem år

Werner Lansburgh, 76 år, berättar för första gången om sitt arbete med att registrera svenska kommunister.

Under fem år arbetade doktor Werner Lansburgh med att registrera kommunister för den amerikanska ambassadens räkning.

I dag — nästan fyrtio år senare — berättar han för första gången om denna verksamhet i en intervju för G-P:

— Jag läste kommunistpressen och strök under alla namn som dök upp. Namnen fördes upp på kort av min medhjälpare som satt och skrev på en apoteksskrivmaskin med små bokstäver.

Lansburgh lämnade arbetet på ambassaden 1952 därför att han ogillade arbetet med att lista människor:

— Helst ville amerikanarna ha historier om konspirationer och hemliga celler men det fanns ingenting sådant att rapportera och jag tyckte aldrig om det hela, säger doktor Lansburgh. SIDAN 6

USA-spionage i Sv

[T]usentals svenska kommu[n]ister registrerades av den [a]merikanska ambassaden i [S]tockholm på 1950-talet.

"Det ganska ovanliga re[g]istret över kommunister [a]nvänds inte bara ofta för

USA registrerade tusentals svenskar

Tusentals svenskar registrerades som kommunister av den amerikanska ambassaden under åren 1947 till 1953. Listan kan bli "ovärderlig i händelse av krig", skrev den dåvarande ambassadören Walter Butterworth i en rapport till Washington.

— Jag tänker mig att amerikanarna vid en eventuell ockupation av Sverige skulle ha listan för att oskadliggöra potentiella motståndskämpar, säger doktor Werner Lansburgh, den man som fram till 1952 spårade och registrerade svenska kommunister för ambassadens räkning.

I den artikelserie G-P idag inleder om det amerikanska spionaget mot Sveriges kommunistiska parti framgår också att amerikanarna fick hjälp från svenskt håll.

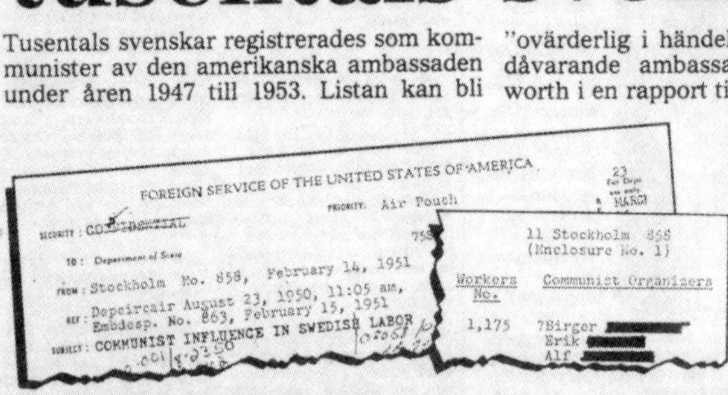
FOREIGN SERVICE OF THE UNITED STATES OF AMERICA

PRIORITY: Air Pouch

SECURITY: CONFIDENTIAL

TO: Department of State

FROM: Stockholm No. 858, February 14, 1951

REF: Depcircair August 23, 1950, 11:05 am, Embdesp. No. 863, February 15, 1951

SUBJECT: COMMUNIST INFLUENCE IN SWEDISH LABOR

Stockholm 858 (Enclosure No. 1)

Workers No.	Communist Organizers
1,175	?Birger ▬
	Erik ▬
	Alf ▬

I listorna, som upprättades på amerikanska UD:s papper, fanns namnen på tusentals svenska vänsteranhängare och de företag de var anställda på. "Ovärderliga i krig", skrev USA:s dåvarande ambassadör om listorna.

14
Der Tabellenkönig

Schön, endlich in Schweden unter Schweden zu arbeiten, in einem ehrlichen Handwerk, statt dreifach ein Fremder zu sein – als Deutscher bei Amerikanern in Schweden. Die eine Fremde, die noch übrigblieb, eben Schweden, war damals noch relativ erträglich: In der Bundesrepublik hatte ich ja offenbar keine Chancen, und schließlich hatte ich eine schwedische Frau, mittlerweile auch zwei kleine Kinder, die hier ihre Heimat haben würden. Das Land, so sagte ich mir damals, war zwar farblos (»Wenn ein Schwede lacht, dann ist's ein Däne«), aber doch im Grunde gut und könnte mir allmählich durchaus zu einem neuen Zuhause werden. Daß ich mich irrte, sah ich erst viel später ein. Es dauerte Jahre, ja Jahrzehnte, nach immer neuem beruflichem Scheitern und immer neuen, vergeblichen Anläufen, bis ich erkannte, daß dies ein Land war, in dem sich eingewanderte EDV-Spezialisten oder Zahntechniker vielleicht einmal zu Hause fühlen könnten, besonders wenn sie begeisterte Angler oder Skilangläufer waren, niemals aber ein kontinentaler Intellektueller. Ein schwedischer Lebenslauf ist dermaßen voraussehbar, gleichgeschaltet und stereotyp, daß es die Phantasie der Schweden übersteigt, es könne bei einem anderen Menschen, sagen wir einmal bei einem Emigranten, etwas anders aussehen.

(»Genau wie bei uns in Deutschland!« Sagte das jemand? Solchenfalls freue ich mich, hier und auch später etwas Aussagekräftiges über Deutschland bringen zu können, statt den Leser mit einem für ihn relativ so fernliegenden Land wie Schweden zu langweilen. Auch *ich* hätte diese Jahrzehnte lieber in der Bundesrepublik verbracht, auch *ich* hätte lieber deutsche Zustände kritisiert und damit vielleicht ein ganz klein wenig ausrichten können, statt nichts und aber nichts in der Fremde.)

Man suche übrigens den Grund für Schwedens Spannungslosigkeit, ja Sterbenslangweiligkeit nicht, wie das oft seitens politisch Konservativer geschieht, in der angeblich gleichmacherischen, alles und jeden totorganisierenden »sozialistischen« Regierung des Landes, den schwedischen Sozialdemokraten, die hier nun schon ein halbes Jahrhundert am Ruder sind. Wenn es auch schwer zu entscheiden ist, was zuerst da war, die Henne oder das Ei, hier scheint die Mentalität des Volkes das Primäre zu sein. De Maistres berühmtes Wort »Jedes Volk hat die Regierung, die es verdient« mag in den meisten Fällen übertrieben sein, gilt aber durchaus für Schweden: Der einzelne Schwede, auf jeden Fall die ältere Generation, *will* diese Gleichmacherei aus einer ziemlich scheußlichen teutonischen Ordnungssucht, aber auch aus einem bewundernswert tiefen sozialen Gerechtigkeitsgefühl heraus; und er nimmt damit eine geradezu totalitäre Organisation und Gleichschaltung, mithin Sterbenslangweiligkeit, in Kauf – unter *jeder* Regierung. (Man soll es in der Regel unterlassen, »Nationaleigenschaften« solchermaßen zu verallgemeinern; aber bei einem so homogenen Volk wie den Schweden darf man das.)

Die teutonische, ja mehr als teutonische Ordnungssucht der Schweden braucht man Deutschen kaum näher zu erklären. Wohl aber ihr Gerechtigkeitsgefühl: Es gibt kaum ein anderes Volk, das ein so ausgesprochen soziales Feingefühl hat wie die Schweden. Ein Beispiel: Wenn ein Mann überfahren wird und, sagen wir einmal, eine mittellose, nicht berufstätige Frau mit drei kleinen Kindern und eine alte, querschnittgelähmte, gleichfalls von ihm abhängige Mutter hinterläßt, wer tut einem da am meisten leid? Jeder Schwede würde unweigerlich antworten: der Fahrer.

Oder man sehe zwei sich balgenden Jungen auf einem schwedischen Schulhof zu. Wenn einer gewonnen hat, sitzt er lachend auf dem Bauch oder Rücken des Besiegten, der – gleichfalls lacht. Und dann geht's wieder von vorne los, lachend. Wir Deutschen mit unserem blutigen Ernst können uns ein Stück davon abschneiden.

Also doch ein gutes Land? Im Grunde, ehrlich gesagt: Ich bin aus Schweden immer noch nicht klug geworden. Das Beste ist wohl, Deutsche zu fragen, die ein oder zwei Wochen als Touristen dort gewesen sind. Sie werden einen ausführlich über dieses Land belehren, besonders, wenn sie erfahren, daß man dort über vierzig Jahre lang gelebt hat.

Und außerdem, so traurig meine Erfahrungen in Schweden auch

waren: Exil ist Exil, in jedem Land. Es mag in größeren Ländern, etwa im Schmelztiegel USA oder im geselligen, menschenfreundlichen England, etwas leichter sein als in einem so kleinen und homogenen Land wie Schweden, aber schwer ist es überall.

Und doch ist da so etwas wie eine spezifisch schwedische Farb- und Spannungslosigkeit. Liegt das am kalten Klima des Landes, an seiner geographischen Isolation, an seiner spärlichen Bevölkerungsdichte oder gar an »Rassischem«? Ein wichtiger Faktor ist wohl, daß mit den Konjunkturen des Ersten und Zweiten Weltkriegs, die dem »neutralen« Schweden neben großen Profiten eine moderne industrielle Entwicklung brachten, der größte Teil der Bevölkerung, Kleinstbauern und Landarbeiter, seine bäuerlichen Traditionen verlor und wurzellos in die Anonymität der Großstadt und der Industrie geschwemmt wurde.

Denn soviel ist sicher: Das neue, das junge, an Stadt und Industrie und nicht zuletzt an Auslandsreisen gewohnte Schweden, die mittlerweile herangewachsene Generation ist anders, ist besser, ist aufgeschlossener, urbaner und internationaler als die alte. (Nicht nur Deutschland ist mittlerweile »besser« geworden.) Ich aber hatte es mit dem alten, dem bleich in sich gekehrten und stumpf selbstzufriedenen Schweden zu tun.

Auch war ich nicht allein in meiner schwedischen Einsamkeit. Unter den vielen Emigranten, die ich in Schweden kennenlernte, habe ich keinen getroffen, der sich in diesem Land auch nur einigermaßen wohlfühlte.

Da fällt mir der alte Dr. Veilchenfeld ein, ehemaliger Medizinprofessor in Dresden, jetzt »Archiv-Hilfsarbeiter«. Man traf ihn zuweilen am Uppsalaer Bahnhof, wo er sich eine deutsche Zeitung kaufte.

»Guten Tag, Herr Professor, wie geht's?«

Sein schmales, durchgeistigtes Gesicht mit den tiefen Furchen unter der großen Baskenmütze verfinsterte sich, fast spie er dieses eine Wort aus:

»Schllechcht!!«

Und doch, wie sehr hatte er sich, wie sehr hatte ich mich in den ersten Jahren bemüht, in Schweden eine neue Heimat zu sehen. Wer will denn so vorlaut sein, über ein ganzes Land von vornherein den Stab zu brechen? Da war dieser warme gute Bror Hjorth, mein einziger schwedischer Freund, damals fast unbekannt, heute, nach seinem Tode, Schwedens großer Bildhauer (sogar schwedische Briefmarken zeigen seine Werke). Bror, ein glühender Antinazi und Sozialist, nahm mich, den Hitlerflüchtling, mit grenzenloser Gastfreundschaft auf, führte mich in den Kreis seiner Freunde ein, schanzte mir alle erdenklichen Arbeiten und Einkünfte zu, sogar das Vorhauen seiner Steine. »Ach«, rief ich einmal aus, als wir die kupferne Kaffeekanne auf einen großen Marmorblock neben unsere Schlageisen plaziert hatten und euphorisch von der Zukunft träumten – »ach, Bror, wenn ich hier erst mal so 'n richtiger Schwede sein werde –«

Bror setzte seine Kaffeetasse bedächtig auf den Stein und sah mich ernst an: »Du wirst nie ein Schwede«, sagte er betrübt. »*Nie*. Du hast hier als Kind den Schnee nicht fallen sehen.«

Der glühende Antinazi und Sozialist – so nationalromantisch? Es machte mich sehr traurig. Aber er hatte recht.

Ja, am Anfang war es anders. Fest angestellt in Schweden! Die Arbeit als Korrektor an einer Universitätsdruckerei mochte monoton sein, aber auch die schlimmste Routine ist erträglich, wenn sie neu ist. Dazu kam, daß meine Korrekturfahnen stets auf englisch waren und von Sprach- und Rechtschreibungsfehlern der Autoren wimmelten, die kein schwedischer Schriftsetzer berichtigen konnte. Ich hatte somit sehr viel zu verbessern, was meinen Ehrgeiz vorerst befriedigte, wenn ich auch mit den Fehlern oft das einzig Menschliche wegkorrigierte, was in diesen tristen akademischen Arbeiten zu finden war.

Man muß dazu wissen, daß wissenschaftliche Arbeiten in Schweden, auch wissenschaftliche Zeitschriften und Doktorarbeiten, stets in einer führenden Fremdsprache geschrieben werden, um bei dem kleinen schwedischen Sprachgebiet eine größere internationale Verbreitung zu erfahren. In Wirklichkeit werden nun diese Arbeiten allerdings nur von Schweden gelesen, vor allem von Kollegen und Konkurrenten des Autors, aber was macht das schon: Jedermann sonnt sich gern in der Vorstellung, vor einem internationalen Forum aufzutreten, und so auch die Schweden.

Daß das Englisch auf meinen Korrekturfahnen so erbärmlich war, lag an der bereits erwähnten Tatsache, daß unser neutrales Nulland bis zum Desaster von Stalingrad, spätestens aber bis zum Mai 1945, in

Wort und Schrift ausgesprochen deutsch orientiert war und nun plötzlich auf Englisch umsatteln mußte. Die schwedischen Akademiker hatten in der Schule Deutsch als erste Sprache gelernt, hatten dann meistens an deutschen, natürlich auch nazideutschen, Universitäten studiert und radebrachen oder radebrechten nun nach der Stunde Null ihr Englisch sozusagen auf deutsch. »Blutdruckabfall« zum Beispiel hieß jetzt *»bloodpressuredecrease«*, eben *ein* Wort wie im Deutschen, und »u. a.« (unter anderem), das die vorsichtigen Schweden als Sicherheitsventil in jedem zweiten Satz anzubringen pflegen – schwedisch »bl. a.« *(bland annat)* – hieß nunmehr in jedem zweiten englischen Satz »i. a.«, eine im Englischen völlig unbekannte Abkürzung, die irgendein Schlaukopf von dem lateinischen *inter alia* abgeleitet hatte. Von grausam deutsch-schwedischen, erbarmungslos ins Englische hineingeboxten Schachtelsätzen ganz zu schweigen.

Doch diese Fehler gaben mir ja schließlich Brot, und das in einer schönen, großen Druckerei in Uppsala, der angesehensten wissenschaftlichen Druckerei Skandinaviens. Endlich ehrliche Arbeit statt »jüdischer« Dunkelmänner-Schnüffelei! Ich liebte es, durch den großen Saal der Handsetzer zu gehen, seit eh und je Aristokraten der Arbeiterschaft, *konstförvanter* (»Verwandte der Kunst«), aufrecht an ihren hohen Pulten, vor ihren Schriftkästen, ganz wie zur Zeit Johannes Gutenbergs. Am 13. Dezember, Schwedens vorweihnachtlichem »Lucia-Fest«, wurden in diesem Saal frühmorgens die Lichter gelöscht. Dann kommt Lucia, ein junges Mädchen in langem weißem Hemd mit einer brennenden Kerzenkrone, dann ihr Gefolge mit Kerzen in den Händen. Sie schreiten feierlich durch den Saal, singen »Santa Lucia« und servieren den Schriftsetzern Kaffee und Kuchen. Der lange Setzersaal mit seinen schmalen Gängen, die Setzer vor ihren Pulten, die Manuskripte neben den Schriftkästen, alles im Kerzenlicht. Wie eine Kirche. Unvergeßlich.

Das versöhnte ein wenig mit dem teutonischen Englisch meiner Korrekturfahnen. Ich erinnere mich noch besonders lebhaft an einen in Schweden berühmten, ganz in die deutsche Lehre gegangenen Rechtsphilosophen namens Vilhelm Lundstedt. Er hatte, wenn auch stark verspätet, nach Art des um die Jahrhundertwende in Deutschland florierenden Weltanschauungs-Schwulstes ein Buch geschrieben, in dem sämtliche Rechtsbegriffe umgeworfen und umgemodelt wurden, wobei jeder zweite Satz ein »*verily*« oder wahrlich enthielt und mit einem oder zwei Ausrufungszeichen endete – auf englisch, der Sprache des Understatements. Das Buch trug den Titel »*The Revolution of Law*«, die Revolution des Rechts also – ein Unding, das ich englisch und bescheiden in *Legal Thinking Revised* änderte, etwa »Eine Umwertung juristischen Denkens«. Das »*verily*«, manchmal auch *truly* oder *absolutely* der einzelnen Sätze änderte ich zu *perhaps, possibly* und *maybe.*

Soweit war alles in Ordnung, der große Professor beugte sich murrend meinem britischen Paß. Aber als ich dann seine Ausrufungszeichen strich – schätzungsweise ein Dutzend pro Seite –, protestierte er und meinte, ich könne ihm nicht weismachen, daß es im Englischen keine Ausrufungszeichen gäbe. Auch gegen meine vielen sprachlichen und orthographischen Änderungen hatte er etwas einzuwenden, allerdings nicht ganz zu Unrecht: Wie sollte er das alles bezahlen? Korrekturen des fertigen Satzes kosteten viel Geld; der schwere Bleisatz mußte mühsam aus den Regalen gehoben, die einzelnen Lettern und Wörter von Hand ausgewechselt und die Zeilen und Absätze, ja oft ganze Seiten, entsprechend umgeworfen und verschoben werden. Die Zeit des Bildschirms war noch nicht gekommen.

Das brachte mich auf eine geniale Idee. Wie wäre es, wenn man Sprachberichtigungen nicht nach der vollendeten Tatsache des fertigen Satzes auf den Korrekturfahnen anbrächte, sondern von vornherein im *Manuskript?* Hier genügte ein Federstrich, kein Metall brauchte hinfort mühsam hin- und herbewegt zu werden.

Meine Erfindung überzeugte den Druckereichef, und so wurde eine Sprachberichtigungsabteilung eingerichtet, deren Chef und einziger Mitarbeiter ich selber war.

Ich arbeitete Tag und Nacht, denn sämtliche englischen Manuskripte, fast die gesamte Produktion der Druckerei, gingen nunmehr durch meine Hände, an die zwanzig wissenschaftliche Zeitschriften, der totale Output der Königlich Schwedischen Akademie der Wissenschaften und so fort. Aber was machte das schon, ich war stolz auf meine geniale Erfindung. Endlich ein Insider, ich hatte meine »Nische«, wie ich es nannte (englisch *niche,* etwa: Wirkungskreis, Funktion). Daß meine geniale Erfindung etwa zweihundert Jahre alt war, sollte ich später an der Oxford University Press erfahren, der Oxforder Universitätsdruckerei, wo ein derartiger Manuskriptdurchgang vor der Fahnenkorrektur, das sogenannte *copy editing*, seit Jahrhunderten gang und gäbe war – eine Tatsache, die allerdings nur für die Vernünftigkeit meiner Erfindung sprach. In Schweden jedenfalls war ich ein Bahnbrecher.

Ich kann mich nur an einen einzigen Fall erinnern, wo ein Autor meine Sprachbereinigung als unnötig empfand. Er war Theologe – Theologen waren übrigens nach Erfahrung des gesamten Personals der Druckerei die intolerantesten, sozusagen unchristlichsten Druckereikunden. Er bestand darauf, daß sein vierhundertseitiges Manuskript, weil sprachlich perfekt, direkt in die Setzerei ginge. Ein flüchtiger Blick in den Manuskriptstoß überzeugte mich davon, daß das Buch von Fehlern wimmelte.

»Welche denn?« fragte er brüsk.

»Na, wo Sie wollen«, entgegnete ich, schlug wahllos eine seiner vierhundert Seiten irgendwo in der Mitte auf und zeigte auf den ersten besten, also ersten, obersten Satz. Dieser enthielt die Wörter *has showed* für *has shown, would* für *should* und *beeing* für *being.*

»Einen Augenblick«, sagte der Theologe, zückte seinen Kugelschreiber und verbesserte die beanstandeten Wörter.

»Was war sonst noch?« fragte er ungeduldig.

»Hier, im nächsten Satz: *faithsentence* gibt es nicht; der deutsche »Glaubenssatz« heißt auf englisch *dogma.* Und *ocured* wird mit zwei c und zwei r geschrieben.« Mein Ton war etwas bestimmt geworden.

Auch das verbesserte er. »So«, sagte er befriedigt, und nach einer kleinen Pause: »Sonst noch was?«

Ich schwieg. Er klappte frohgemut die Pappdeckel seines Konvoluts zu und übergab das Ganze dem Druckereifaktor.

Sonst aber hatte ich keine Schwierigkeiten, erhielt sogar eine Gehaltserhöhung. So vergingen einige Jahre glücklicher sprachlicher Handwerkerei, ich hatte meine Nische, jubelte mit Walther von der Vogelweide: »Ich hab' mein Lehen, all die Welt, ich hab' mein Lehen!« – bis in den späten fünfziger Jahren das Unvermeidliche eintrat: Meine Schweden hatten Englisch gelernt, eine neue amerikanisierte Generation von Akademikern war herangewachsen, und den nunmehr betagten verknöcherten Teutonen halfen junge angelsächsische Stipendiaten.

Meine Nische schrumpfte mehr und mehr, bis sie kaum mehr vorhanden war. Doch Gott sei Lob und Dank: Ich hatte beim jahrelangen Lesen der Manuskripte eine weitere geniale Entdeckung gemacht, wenn sie sich auch späer in Oxford gleichfalls als uralt entpuppen sollte: Wenn die Manuskripte nun auch sprachlich in Ordnung waren, so waren sie es keineswegs *typographisch:* ihre Überschriften, Rubriken, Tabellen, Fußnoten, mathematischen Gleichungen, Bildtexte, Register, Literaturverzeichnisse waren dilettantisch geschrieben und wurden in der Druckerei ganz wie im Manuskript, also dilettantisch, gesetzt. Wie die schwedischen Professoren, so waren auch die schwedischen Drucker einst in die deutsche Schule gegangen, und zwar in Leipzig anno dazumal, und hatten seit der Frakturschrift kaum etwas dazugelernt.

Wie anders wirkte da das Zeichen des englischen und amerikanischen wissenschaftlichen Satzes auf mich ein! Hier hatte man angesichts eines gewaltigen Umsatzes an wissenschaftlicher Literatur gelernt, sich den neuen Maschinensatz-Methoden anzupassen: keine Tabellen mit kostspielig handgesetzten Kästchen und Linien mehr, kein unnötiges Herumspielen mit verschiedenen Schriftgraden (Korpus, Borgis, Petit!), keine Unzahl von »fetten« und »halbfetten« Überschriften und Rubriken in willkürlicher, ununterscheidbarer Folge, keine wolkenkratzerhohen Integrale und Brüche, kein... usw., sondern ein klarer, ebenmäßiger, schönerer und gleichzeitig unvergleichlich billigerer Satz.

Nichts tun? Provinz Provinz sein lassen und ein kleines, popeliges Land in seinem Dornröschenschlaf belassen? Nein! Denn das war meine neue Nische. Das Gespenst der Arbeitslosigkeit war vertrieben. Ich hatte an die hundert englische Zeitschriften und Handbücher angeschafft – biologische, philologische, mathematische, physikalische, soziologische, medizinische, chemische, theologische – und lernte aus ihnen, wie ein moderner wissenschaftlicher Schriftsatz aussieht. Während eines Sommerurlaubs reiste ich nach Oxford, um im Mekka wissenschaftlicher Typographie, an der Oxford University Press, mein neues Handwerk noch gründlicher zu lernen. Man war dort so entgegenkommend, mich vier Wochen lang als Korrektor und *copy editor,* Manuskriptredakteur, arbeiten zu lassen, sogar bezahlt.

Zum ersten Mal sah ich England. Ich hatte mir dieses Land, diese

Sprache und seine Literatur so intensiv erarbeitet, daß die Wirklichkeit an mir vorbeizog, als hätte ich sie in einem grenzenlos euphorischen Traum erfunden. Ich fiel von einem Glücksrausch in den anderen. Auch wurde mir wieder einmal klar, klarer denn je, was meiner Generation in Deutschland bei aller Kulturbeflissenheit so bitterböse gefehlt hatte: das bißchen mitbürgerlicher Benimm, das eine *civilized community* hervorbringt, eine Polis, und Gaskammern unmöglich macht. Dazu eine überwältigende Kontinuität, *continuity,* die unsere zerrissene deutsche Geschichte so schmerzlich vermissen läßt.

The Oxford University Press. In einer der mönchischen Zellen des Korrektorensaals, in der ich arbeitete, hatte ich nach Wochen emsigen Lesens ein merkwürdiges Erlebnis. Ich habe es schon andernorts erzählt, möchte das aber hier noch einmal tun, denn es sagt etwas über den Geist Englands aus, über Kontinuität, jahrhundertelang, ungebrochen bis auf den heutigen Tag. Gegen Abend, als ich in meiner gerade noch hinreichend beleuchteten Zelle stundenlang die Korrektur eines in *Old Style* (Mediävalschrift – »mittelalterlich«) gesetzten Textes las – auch dieses Buch ist aus einer Variante dieser »mittelalterlichen« Schrift gesetzt, Lettern haben uralte Ahnen –, da standen die Zeilen auf den matten, gelblichen Korrekturfahnen plötzlich still, die einzelnen Buchstaben mit ihren auf- und absteigenden Strichen und Rundungen wandelten sich in der Dämmerung in gotische Strebepfeiler, Zinnen, Türmchen, Türme, Renaissancekuppeln, Tudorbögen, die Zeilen wurden zu Häuserzeilen, zu den mittelalterlichen Straßen Oxfords. *Continuity.* Ich hielt andächtig inne.

Als ich nach Uppsala zurückkam, war es mein ganzer Ehrgeiz, die rückständige schwedische Typographie zu anglisieren. (Ein ähnlicher Modernisierungsprozeß vollzog sich übrigens etwa gleichzeitig, gegen Ende der fünfziger Jahre, in deutschen wissenschaftlichen Druckereien, aber davon wußte ich nichts.) Der Druckereichef war wieder auf meiner Seite, schon wegen der bei rationellem Schriftsatz viel geringeren Produktionskosten. Ich fuhrwerkte arbeitswütig in den Manuskripten herum, klassifizierte Überschriften maschinengerecht, vereinheitlichte unterschiedliche Schriftgrade, kursivierte mathematische Größen im Gegensatz zu chemischen Symbolen, verwandelte aufwendige Fußnoten nach dem »Harvard-System« in rationelle Referenzlisten, bereinigte Literaturverzeichnisse und Indexe, ersetzte die im

Englischen nie gesperrten Betonungen durch Kursiv, verdeutlichte undeutlich Handgeschriebenes, reduzierte zwei oder drei Zeilen hohe Brüche auf eine Zeile, unterteilte ellenlange Gleichungen, berichtigte Abkürzungen und Symbole nach internationalen Regeln und erging mich in anderen Feinarbeiten dieser Art, die gewöhnliche Menschen vielleicht für sterbenslangweilig halten, ich aber als faszinierend empfand: »Ich hab' mein Lehen, all die Welt!«

Die Autoren ließen sich meine Eingriffe gefallen, wenn sie auch nicht immer das vollste Verständnis dafür aufbrachten. So Professor Hamidullah Dhar, ein indischer Landwirtschaftschemiker in schneeweißem Gewande, Gastprofessor in Uppsala, der in seinem dreihundert Seiten langen Manuskript weit mehr daran interessiert war, die jeweils richtigen Düngemittel für die unterschiedlichen indischen Bodenarten zu bestimmen, als die dazugehörigen Überschriften, Diagramme, Tabellen, Formeln, Fußnoten, ja Zeilen an die richtige Stelle des Textes zu setzen. Ich konnte das Chaos nicht alleine in druckbare Ordnung bringen und suchte den guten Professor im Chemischen Institut der Landwirtschaftlichen Hochschule auf. Er empfing mich strahlend in seinem weißen Gewand, mitten im eiskalten Winter.

»*Tell me, Professor*«, fragte ich ihn, »*is this* – ist dies eine Überschrift über einem neuen Kapitel oder eine Fußnote?«

»*Just as you like* – ganz wie Sie wollen«, antwortete Professor Hamidullah Dhar mit der ganzen Liebenswürdigkeit seines Landes und fügte mit ausgebreiteten Armen hinzu: »*You are the printer*«, Sie sind ja der Drucker.

»Und diese zwei Zeilen«, forschte ich, »ist das die Legende zu dem Diagramm da oben oder die Überschrift der Tabelle auf der nächsten Seite – oder ganz einfach laufender Text?«

»*Just as you like, you are the printer.*«

»Aber diese Bleistiftnotizen hier auf der Rückseite, sind das private Aufzeichnungen oder ein Teil des Manuskripts?«

»*Just as you like, Dr. Lansburgh, you are* –« etc.

Ich blätterte weiter und stellte fast auf jeder Seite eine neue Frage. »*Just as you...*«, sagte er dann immer wieder, wurde aber plötzlich auf einer der letzten seiner dreihundert Seiten sehr bestimmt. In der Mitte der Seite war ein Absatz ausgestrichen, und zwar jede Zeile mit Bleistift. Außer dem Bleistift waren die Zeilen zu allem Überfluß mit dicken Tintenstrichen unleserlich gemacht und überdies der ganze Absatz mit einem roten Kugelschreiber vertikal und diagonal so dicht mit Strichen ausgemerzt, daß teilweise das Papier verschwunden war. Am Rande dieses mehrmals zu Tode beförderten Textes standen drei große Deleatur- oder Tilgungszeichen über- und nebeneinander, in Bleistift, blauer Tinte und rotem Kugelschreiber.

Der Professor war jetzt sehr eifrig geworden. Er wies auf den gestrichenen Absatz, sah mich mit rotem Kopfe an und fragte dezidiert: »*Dr. Lansburgh, is it clear that this goes out?*« – ist es klar, daß dies wegfällt?

Meine *raison d'être* aber war mein unermüdliches Ringen um Tabellen ohne Linien, wie sie in Oxford, Cambridge, Princeton und Harvard gang und gäbe waren. Nicht so in Schweden, übrigens auch in Deutschland (noch) nicht. Autoren wie Druckereien beharrten auf einem überaus aufwendigen Liniennetz à la Mondrian. Und doch lagen hier die Grundfesten meiner Nische. Wenn ich gegen alle Tradition die teutsch-Leipziger Tabellen von ihren senkrechten und waagerechten Linien und Verschachtelungen befreien konnte, von ihrem mittelalterlichen Fachwerk sozusagen, dann ließen sich alle Tabellen maschinell setzen, statt wie jetzt in enorm kostspieliger Handarbeit. Und da in einem so technisch und statistisch orientierten Land wie Schweden fast jede Seite einer soziologischen, mikrobiologischen, chemischen, medizinischen, ja neuerdings auch philosophischen und philologischen Arbeit mit mindestens einer Tabelle ausgestattet war (nunmehr auch international gesehen ein Statussymbol), konnte ich der Druckerei mit Einführung der Linienlosigkeit ungeahnte Summen ersparen und damit meine Existenz vor Gott und der Welt rechtfertigen.

Der Grund für das Grassieren von Tabellen ist leicht einzusehen. Statistische Zusammenstellungen zeigen immer irgend etwas an, und selbst wenn sie nichts anzeigen (Signifikanz = 0), so ist auch dies ein wissenschaftliches Ergebnis und als solches interessant. Um ein herrliches spanisches Sprichwort zu zitieren: »*Si sale con barba, San Antón; si no, La Santísima*« – »Kommt's mit einem Bart heraus, dann ist's der heilige Antonius; kommt's ohne, dann ist's die Heilige Jungfrau.« Irgend etwas wird's immer; Tabellen sind ein Eldorado für phantasielose Wissenschaftler in aller Welt und besonders in Schweden.

Nun, es gelang: Sämtliche Tabellen wurden fortan dank meiner Redigierung der Ziffernkolonnen von der maßgeblichen wissenschaftlichen Druckerei Skandinaviens ohne senkrechte Linien und folglich maschinell gesetzt. Hurra! Ein deutscher Praktikant in der Maschinensetzerei, ein junger Mann aus Gütersloh, hatte den richtigen Namen für mich gefunden: Tabellenkönig.

Vielleicht hätte ich das ungetrübte Dasein eines Tabellenkönigs bis an mein seliges Ende weitergeführt, wenn sich nicht eines schönen Tages eine zwölfköpfige Delegation von Druckereifaktoren ohne mein Wissen zum Generaldirektor der Druckerei begeben und gegen die freche typographische Einmischung eines *utböling* oder »Hergelaufenen« protestiert hätte. Es wurde gefordert, ihm unmittelbar das Handwerk zu legen, schließlich seien *sie* die gelernten Typographen.

Ich mag es nicht, wenn Juden jede gegen sie gerichtete Tätigkeit automatisch als Antisemitismus auslegen. Auch sind ja Außenseiter, die sich eine eigene Nische zusammenhämmern wollen, oft übereifrig und irritierend. Aber ich muß daran denken, wie wir Korrektoren einmal einen an Knochenkrebs sterbenskranken, im Delirium liegenden Kollegen, einen lieben jungen Schweden, mit dem ich jahrelang befreundet war, im Krankenhaus besuchten. Wir standen um sein Bett, etwa zehn an der Zahl. Nach einiger Zeit zeigte der Fiebernde auf mich. »Wer ist dieser Schwarze da?« fragte er, »*jag tycker inte om honom* – ich mag ihn nicht.« *Är han jude?* Mein armer Freund fieberte. Aber wieder einmal mußte ich an jene Randnotiz auf Kurt Tucholskys Einbürgerungsgesuch denken – »Ist er Jude?« Auch ist es so gut wie erwiesen, daß es der schwedische Botschafter in Berlin war, der bei den Nazis die Einführung des »J«-Stempels in jüdische Reisepässe anregte, damit die Grenzpolizei in einem so ordnungsliebenden Land wie dem seinen Bescheid wisse und die Leute mit den J-Pässen auf der Stelle abweisen könne.

Doch zurück zu meinen Tabellen. Der Generaldirektor, ein kluger und fortschrittlicher Unternehmer, hörte sich die Protestdelegation der Druckereifaktoren geduldig an. Als sie ausgeredet hatten, ließ er ihnen Sherry servieren und meinte, sie seien leider etwas rückständig, rief mich in ihrer Gegenwart in die Direktion und beauftragte mich, ein typographisches Lehr- und Regelbuch zu schreiben, nach dem sich die gesamte Druckerei in Zukunft zu richten habe.

So kam es 1961 zu dem fast fünfhundert Seiten starken typographischen Handbuch *Sättningsregler* (Satzregeln), das laut *Börsenblatt für den deutschen Buchhandel* »in der Weltliteratur das ausführlichste Werk« ist, im Grunde aber die Fleiß- und Schweißarbeit eines deutschen Emigranten war, der nichts so sehr fürchtete wie Arbeitslosigkeit. Ein Franzose – oder war's Madame de Staël? – hat einmal gesagt, die Deutschen hätten die Wissenschaft schwer gemacht. Auf ähnliche Weise habe ich der ungetrübten Beschaulichkeit schwedischer Typographen ein Ende bereitet, wieder einmal mit einem *monumental job*. Allerdings nicht lange, denn mein Monumentalwerk war so etwas wie ein Schwanengesang des Metall- oder Bleisatzes: Kurz darauf kamen der Computer und der Photosatz.

Immerhin, noch gab es den Bleisatz, und mein Lehrbuch wurde führend in ganz Skandinavien – bis auf die Druckereifaktoren meines eigenen Unternehmens, die ihre Niederlage nicht hinnehmen wollten. Sie grüßten nicht mehr, ignorierten oder sabotierten meine Arbeit und zogen mich nicht einmal zu den Lehrlings-Ausbildungskursen der Druckerei zu, für die mein Lehrbuch die Grundlage zu bilden hatte.

Wieder einmal Außenseiter. Wieder einmal schrieb ich Bewerbungen nach Deutschland, diesmal an Druckereien und Verlage. Wieder einmal vergeblich. Emigranten waren nicht gefragt. (Ich meine die Bundesrepublik. In der DDR unternahm ich nichts, da hatte ein Bürger wie ich nichts zu suchen.)

Aber ich will nicht ungerecht sein. Denn mangelndes Interesse war nicht der einzige Grund meiner vergeblichen Arbeitssuche in der Bundesrepublik in den fünfziger und sechziger Jahren. Vergeblich war sie auch deshalb, weil man im Exil seine Sprache verliert, in diesem Fall: an die falschen Adressen schreibt. Die richtigen kennt man nicht mehr. So bewarb ich mich bei Axel Springer um Arbeit als wissenschaftlich-typographischer Manuskriptbearbeiter, »Spezialität Mathematik- und Tabellensatz«, und erhielt keine Antwort, vermutlich, weil man mich für geistesgestört hielt. Ich hatte vergessen, daß der große wissenschaftliche Verlag meiner Studienjahre *Julius* Springer hieß. Vielleicht gab es ihn überhaupt nicht mehr.

Oder: Ich schrieb ein ausführliches Arbeitsgesuch an den Börsenverein des Deutschen Buchhandels in Frankfurt, wurde von diesem freundlichst an die »Zentralstelle für Arbeitsvermittlung der Bundesanstalt für Arbeit« in der gleichen Stadt weiterverwiesen und erhielt von dieser auf mein erneutes Arbeitsgesuch eine Absage als »ausländischer«, will sagen fremdsprachlicher Arbeitnehmer.

Oder ein Beispiel aus Schweden. Ich wollte wieder einmal mein Glück als Schriftsteller versuchen und schrieb eine tägliche Glosse über ein aktuelles Ereignis, »Apropos« betitelt, die ich Tag für Tag als Probe unaufgefordert per Eilboten an Herrn Sven Johansson schickte, laut Impressum der Herausgeber einer der sympathischsten liberalen Zeitungen Schwedens. So schrieb und schickte ich denn tagtäglich meine Tagesglosse und dachte mir, Sven Johansson müßte doch mindestens von meinem Fleiß beeindruckt sein und eines Tages antworten. Schon die Tatsache, daß meine Manuskripte nicht zurückkamen, schien mir nach etwa zwei Wochen ein gutes Omen. So ging es fünf Wochen lang, pünktlich brachte ich jeden Abend mein Manuskript zum Briefkasten – der Briefkasten, der Weg zu den Sternen! –, bis ich eines Morgens eine Antwort erhielt, und zwar in jener Zeitung, in Form eines Nachrufs: Sven Johansson, Seniorchef und Herausgeber der Zeitung, sei im Alter von achtundneunzig Jahren nach jahrelanger, schwerer Krankheit und tragischer Erblindung gestern abend still von uns gegangen.

Sprache besteht nicht nur aus Worten: aus Wissen besteht sie, aus Dazugehörigkeit.

Ich sollte in diesem Zusammenhang vielleicht noch erwähnen, daß zur Zeit meiner vergeblichen Stellungssuche in der Bundesrepublik auch mein Antrag auf Wiedergutmachung abgewiesen wurde. Ich hatte diesen Antrag gestellt, weil mir eine Entschädigung vielleicht ermöglichen würde, nach Deutschland zurückzukehren, in Ruhe eine Arbeit zu suchen, ja vielleicht sogar schreiben zu können. Das Entschädigungsamt lehnte meinen Antrag ab. Ich ging vor Gericht mit der Begründung, durch den Nationalsozialismus meiner Sprache beraubt worden zu sein, und damit meines Werkzeugs und meiner Berufsaussichten als Schriftsteller: Sprache sei mehr als Vokabeln, sei Kommunikation, Standort, Selbstverständnis, Identität, Mitbürgertum. (Ich zitterte, als ich dies als Schlußwort vor Gericht sagte, in meiner Heimatstadt Berlin.)

Das Amtsgericht Berlin, das mit einer jungen, in der Bundesrepublik ausgebildeten Amtsrichterin besetzt war, gab mir recht und sprach mir eine Entschädigung zu. Der Beklagte, »Berlin« (mein Berlin), legte protestierend Berufung ein, obwohl ich mich zu jedem, aber auch *jedem* Vergleich bereit erklärt hatte. Und das Oberlandesgericht sowie schließlich der Bundesgerichtshof in Karlsruhe, in dem vermutlich alte Nazis saßen – wir sind in den sechziger Jahren –, wiesen meine Klage ab.

Eine Rückkehr nach Deutschland war damit ausgeschlossen. Erst wollte ich mir das Leben nehmen. Dann entschloß ich mich, weiter für Tabellen ohne Linien zu kämpfen, wie es sich für einen Sprachberaubten ziemt.

Seite 194:
Triumph: eine von insgesamt 139 Tabellen über Ratten-Ejakulationen, zum ersten Mal durchgehend ohne Vertikallinien. (Aus: Knut Larsson, *Conditioning and sexual behaviour in the male albino rat*, Universitätsdruckerei Almqvist & Wiksell, Uppsala, 1956.)

TABLE 46. *The development of sexual activity in senescent rats: The number of ejaculations, intromissions and attempts per hour.*

Group A: senescent animals; Group B: adult, non-senescent animals.

	A			B			*df*	*t*	*p*
	N	*M*	*SD*	*N*	*M*	*SD*			
1st obs.									
Ejac.	77	5.0	2.27						
Intr.	77	37.8	11.49						
Att.	77	22.8	2.42						
2nd obs.									
Ejac.	33	4.5	1.63	36	5.0	1.58	67	1.15	—
Intr.	33	37.2	8.12	36	41.4	10.82	67	1.78	—
Att.	33	33.5	2.23	36	27.0	19.89	67	1.26	—
3rd obs.									
Ejac.	26	4.0	2.52	34	4.9	2.29	58	1.53	—
Intr.	26	32.5	14.35	34	48.2	16.12	58	3.91	<0.001
Att.	26	29.4	22.99	34	25.4	17.11	58	0.76	—
4th obs.									
Ejac.	18	2.4	2.01	30	5.7	1.54	46	6.93	<0.001
Intr.	18	21.8	9.01	30	43.1	2.18	46	6.35	<0.001
Att.	18	26.0	16.12	30	21.5	14.38	46	1.11	—
5th obs.									
Ejac.	16	3.1	1.92	30	5.7	1.54	44	4.94	<0.001
Intr.	16	25.3	13.49	30	43.1	12.16	44	4.55	<0.001
Att.	16	18.9	8.79	30	21.5	14.38	44	0.64	—
6th obs.									
Ejac.	12	2.9	1.83	27	4.9	2.02	37	2.90	<0.01
Intr.	12	22.3	11.05	27	43.5	15.39	37	4.26	<0.001
Att.	12	22.7	15.16	27	25.2	17.69	37	0.43	—
7th obs.									
Ejac.	12	0.6	1.00	26	4.6	1.93	—	—	—
Intr.	12	8.8	16.52	26	37.4	13.64	—	—	—
Att.	12	11.0	16.52	26	22.4	14.51	—	—	—

Note.—In the 7th obs. 6 animals did not achieve intr.; 4 of these rats made no att.

15
Papier und Papa

Unseren Kindern gegenüber verlor ich, solange sie klein waren, nie ein Wort über meine beruflichen Sorgen und meine zunehmende Bitterkeit auf das Land meines Exils. Schweden war ihr Land, hier sollten sie sich zu Hause fühlen. Für kleine Kinder sind Vaters und Mutters Worte die absolute Wahrheit, da muß man sehr vorsichtig und umsichtig sein. Erst als die Kinder erwachsen waren, schimpfte ich auf Schweden wie ein Rohrspatz, denn jetzt hatten sie die Möglichkeit, anderer Meinung zu sein. Merkwürdigerweise waren sie es nicht, obwohl sie sich zum Glück in Schweden wohlfühlen, ja echte Schweden sind und nur gebrochen Deutsch sprechen. (Wir erzogen sie nicht zweisprachig: Im Exil konnte ich unseren Kindern keine deutsche Wirklichkeit bieten, kein Leben: keine Sprache. Vielleicht hätte man praktischer sein sollen; aber für bloße Erwägungen linguistischer Nützlichkeit ging mir die Sache zu nahe.)

Es sind zwei entzückende Schweden. Karin, geboren 1948 – wir wollten zur Hitlerzeit keine »halbarischen« Kinder in die Welt setzen, Laing war bei Karins Geburt schon einundvierzig –, und Lennart, geboren 1951. *»Nu är dom sötast«*, »jetzt sind sie am süßesten«, pflegten Laing und ich zu sagen, als sie Babies waren, und dann wieder, als sie drei, vier, fünf, sechs, sieben Jahre alt waren, und so fort, jedes neue Jahr, fast jede neue Woche. Als wir sie jetzt zu Weihnachten sahen, erwachsene Leute mit ihren eigenen Kindern, flüsterten wir uns wieder einmal zu: *»Nu är dom sötast!«* (Blinde Affenliebe? Wohl den Eltern, die so lange blind sein dürfen!) Das Schönste aber, beide Kinder finden immer wieder, sie hätten eine glückliche Kindheit gehabt.

Wo ich eben meine Enkel erwähnte, so ist mein Großvatertum sprachlich nicht ganz einfach. Bei Karins Kindern heiße ich *»Morfar«*, Mutters Vater, bei Lennarts *»Farfar«*, Vaters Vater. Das ist eine sehr empfehlenswerte, weil verdeutlichende Unterscheidung, wenn ich nur meine zwei Großvaterrollen bei meinen fünf Enkeln nicht ständig durcheinanderbrächte. Übrigens stellte Lennart vor kurzem mit hoffentlich scherzhaftem Bedauern fest, ich schiene mich für meine Enkel nicht so leidenschaftlich zu interessieren wie andere Opas und Omas. »Interessiere du dich für *deine* Kinder«, gab ich zurück, »ich interessiere mich für *meine.*« Was ich damit meinte, war eigentlich dies: Ich hasse Eltern, die ihre Kinder mit der Peitsche traktieren und dann, auf ihre alten tatterigen Tage, ihre Enkel mit Zuckerbrot. In Deutschland soll das immer noch keine seltene Erscheinung sein.

Jedes Kind ist ein Wunderkind, und so auch unsere Kinder. Ich sehe Karin noch vor mir, etwa drei Jahre alt, wie sie mir eine Himbeere gibt und mit ihren großen dunklen Augen zu mir aufsieht: *»En ätblomma«*, sagt sie, »eine Eßblume«. Und Lennart sehe ich vor mir, wie er im gleichen Alter *»pappa«* und *»papper«* nicht auseinanderhalten kann, Papa und Papier. Wie sollte er auch.

Dann sehe ich die beiden, etwa vier und sieben, mit puterroten Köpfen und wild funkelnden Augen – ich habe ihre Augen nie wieder so funkeln sehen – wutentbrannt vor einem Bett stehen, auf dem Laing unsere Katze Måns (Ausspr. *mons*) aus erzieherischen Gründen verprügelt, weil sie sich in diesem Bett einmal wieder verewigt hatte. *»Att slå ett oskyldigt djur!!«* schrien sie um die Wette, »ein unschuldiges Tier zu schlagen!!« – ich habe sie nie wieder so laut und verzweifelt schreien hören. Ich stand ungesehen in der Tür, wie sich die beiden auf ihren kleinen Beinchen, mit den großen funkelnden Augen, die Kehle ausschrien, als steckten sie am Spieß – und konnte mich vor Lachen nicht halten. Es war das Lachen der Glückseligkeit.

Nur einmal vorher habe ich Karin so verzweifelt gesehen. Sie war etwa fünf, ich hatte ihr rote und grüne Gummibären mitgebracht. Sie aß alle auf, bis auf einen grünen. Den hütete sie wie ihren Augapfel, nahm ihn überallhin mit, bereitete ihm allabendlich sein kleines Bettchen in einer mit rosa Watte gefüllten Streichholzschachtel, fütterte ihn dreimal täglich, manchmal auch zehnmal. Bis es nach einigen Wochen zur Katastrophe kam. Karin schrie herzzerreißend.

»Was ist denn los, Karin?«

»Der G-Gummibär!«

»Was ist denn mit ihm, Herzchen?«

»Er ist – ist weg!«

»Wo kann er denn sein?«

Schluchzend und wimmernd kam es allmählich heraus: »*Jag – jag har ätit upp den*« – ich hab' ihn aufgegessen!

Da fällt mir Lennart ein, ähnlich verzweifelt. Es gab *Isterband* zum Abendbrot, einen ganzen Isterband für jeden, eine Bratwurst ziemlich gleichgültigen Inhalts, aber mit einer sehr scharf und »kroß« gebratenen Haut, eine überaus knackige Knackwurst. Nun war Lennart eigentlich in dem Alter, in dem man ein Kind nicht mehr füttert, aber Mama tat es gleichwohl immer noch, durchaus zu seinem Gefallen, und so auch diesen Abend. Sie nahm seine Gabel, stach in die Knackwurst und fing an, diese mit dem Messer in kleine Stücke –

– ein gellender Schrei, ein Schrei fürchterlichsten physischen Schmerzes und letzter Verzweiflung von Lennart.

Mama fragte besorgt, was denn los sei, während sie automatisch weitersäbelte, bis die einst so knackige Knackwurst in kleinen entseelten Häppchen auf Lennarts Teller lag.

Lennart hatte sich heiser geschrien, jetzt war nur noch ein wehrloses Wimmern zu hören. Aber seine Augen! Aus tiefstem, finsterstem, haßerfülltestem Herzen blitzte er die entmenschte Person an, die seine Mutter war und mit ihren grausamen Händen ihn und seinen Isterband – es war dasselbe – in kleine Stücke zerhackt hatte.

Und wieder konnte sich der herzlose Vater vor Lachen nicht halten. Zur Sühne bot er dem Sohn seinen noch teilweise intakten Isterband an, aber das half nichts mehr, das Paradies war verloren.

Dann sehe ich die beiden, Karin jetzt etwa neunzehn und Lennart sechzehn, am Weihnachtsabend nach der Bescherung gemütlich im Wohnzimmer Nüsse knacken, während Mama gerade woanders war. Der Weihnachtsbaum brannte nicht mehr, das Zimmer lag im Halbdunkel. Ich saß allein in einer Ecke, hing meinen Gedanken nach, hatte eine Schallplatte mit Chören aus Händels *Messias* aufgelegt. Nach einiger Zeit erklang der gewaltige Chor *Der Herr gab das Wort.* Der Satz kam gleichsam über mich, den Sprachinvaliden. Papa-Papier erhob sich und ging langsam auf die Menora zu, den siebenarmigen jüdischen Leuchter, der jedes Weihnachten bei uns mit seinen sieben Kerzen unter einer großen Reproduktion des Gekreuzigten von Matthias Grünewald brennt. Ich stand still davor, wie in einem Gebet.

Meine beiden Kinder erhoben sich.

Ich glaube, dies war der schönste Augenblick meines Lebens.

Dann gab es natürlich auch manchmal Krach bei uns. Wenn das bei Tisch geschah, besonders, als die Kinder noch kleiner waren, schlug ich jedesmal die Anschaffung eines (von mir) sogenannten »Ringtisches« vor. Der Ringtisch oder *ringbordet*, so erklärte ich meine Erfindung, stets unter lautesten Protesten der Kinder, doch endlich mit dieser Albernheit aufzuhören – der Ringtisch oder *ringbordet* ist ein Eßtisch mit einer ringförmigen Eßplatte rund um einen größeren kreisrunden Hohlraum, der durch einen aufklappbaren Teil der Eßplatte betreten wird. In diesem Hohl- oder Innenraum, *rotunda* genannt, stehen vier Stühle für uns vier, jeder Stuhl der Eßplatte zugekehrt, und zwar aus Platzgründen jedesmal in einer anderen Richtung, Ost, West, Nord, Süd. Man nimmt also – hier gingen meine weiteren Erklärungen meistens im Protestgeschrei der Kinder unter – man nimmt also zwangsläufig *mit dem Rücken zueinander* in der Rotunde Platz, *dos à dos,* windrosenförmig, ohne seine widerwärtigen Nachbarn sehen oder mit ihnen auch nur ein Wort wechseln zu müssen, und mampft sein Essen in aller Ruhe hinunter. (Während ich dies niederschreibe, finde ich die Sache fast auch in praxi empfehlenswert. Auf jeden Fall war über dem allgemeinen Geschrei die ursprüngliche Ursache unseres Krachs völlig vergessen, und allmählich trat selige, wenn auch schmollende Ruhe ein.)

Außer dem Ringtisch bliebe noch unser »Rab Rab« zu erklären, zwei Laute, die noch heute jeder von uns von sich gibt, wenn wir uns voneinander verabschieden. Die etymologische Herleitung von Rab Rab ist kompliziert. Zuallererst sagten Laing und ich stets, wenn ein Kind zur Schule oder anderswohin ging: »Sei vorsichtig« *(var försiktig)*. Nun genieren sich Kinder ihrer Eltern leicht, wenn andere Kinder dabei sind, und diese etwas normwidrige Abschiedsfloskel genierte ungemein. Also beschlossen wir, statt dieser Worte, aber in ihrem Sinne, beim Abschied ganz leise und diskret zu husten, Eltern wie Kinder. Das ging einige Zeit ganz gut, bis sich das Hüsterchen zu einem immer deutlicheren »rrh« entwickelte, das sich mit der Zeit unmerklich zu vokalisieren begann: es nahm die Form eines »rab« an und schwoll allmählich zu dem heutigen lautstarken »Rab Rab«. Fremde fragen zuweilen, was das eigentlich bedeutet. Unsere Kinder, inzwischen erwachsen, erklären ohne die geringste Hemmung, es bedeute

»sei vorsichtig«. Wobei es sie keineswegs geniert, daß manche Leute dann leicht den Kopf schütteln.

Sie sind eben jetzt erwachsen. Was nicht besagt, daß wir es sind, Laing und ich. *»Ni blir aldrig vuxna«,* Ihr werdet nie erwachsen sein, meinte Karin kürzlich und sah uns lieb an. Sicher meinte sie Laings kristallklare, immer wieder begeisterungsfähige Jungmädchenseele. Was mich betrifft, so meinte sie vermutlich den Kindskopf, der ich war und bin.

Wo wir bei Privatausdrücken wie Rab Rab sind: Karin, damals etwa acht, kam einmal von der Schule mit einem roten Fragezeichen nach Hause, das ihre Schwedischlehrerin an den Rand eines Klassenaufsatzes betitelt »Bei uns zu Haus« *(Hemma hos oss),* gekritzelt hatte. Das Fragezeichen bezog sich auf den von Karin gebrauchten Ausdruck *»knotsja«* (Ausspr. *knuhtscha*), und nun wollte Karin wissen, was denn daran falsch sei. Ich erklärte ihr, *»knotsja«* sei unser privates Schmuse-Kauderwelsch, hausintern und gleichsam innerbetrieblich hergeleitet vom deutschen »knutschen«, das wir ja oft miteinander tätigten. Karin war empört: Nie würde sie mehr mit uns *knuhtscha,* wenn wir weiter Wörter gebrauchten, die nicht existierten.

Und Dinge, die nicht existierten? Ich sehe sie als Fünfjährige vor mir stehen, im linken Arm eine leere Milchflasche und im rechten eine Rolle Toilettenpapier. »Ist sie nicht süß, meine kleine süße Puppe Stina?« fragt sie und zeigt zärtlich auf die Milchflasche.

»Süß!« rufe ich begeistert aus und bin stolz, mich der kindlichen Phantasie so schnell anpassen zu können. »Und was ist das Süße da in deiner andern Hand?«

»Das?« Sie sieht mich mit ihren großen Augen verwundert an, fast, als sei ich ein Blödian. »*Das?* Toilettenpapier natürlich!«

Wie ich Karins Entzücken über die süße Stina zu teilen versuchte, so auch Lennarts Begeisterung über seine Feuerwerk-Rakete, die er, wie er mir als Sechsjähriger mit großem Stolz versicherte, *automatisch* auf unserem Balkon zur Detonation bringen konnte. Statt das Ding direkt an seiner Zündschnur mit einem Streichholz anzuzünden, was das Einfachste und Zweckmäßigste gewesen wäre, hatte er von drei mit Reibefläche, Sprungfeder und allerlei Haken an die Rakete gebundenen Streichhölzern eine hundert Meter lange Schnur, die er »Fernsteuerung« nannte, quer über die Straße gelegt, um dort, auf der anderen

Seite, weit entfernt, seine High Tech in Gang zu setzen. Es klappte nie (ich hatte jedem Versuch persönlich beizuwohnen), bis auf ein einziges Mal: nach einem Countdown von zweiundfünfzig Sekunden flog die Rakete auf unserem Balkon automatisch in die Luft (Laing hatte sie heimlich angezündet). Ich zollte dieser maskulinen Großtat unumschränkte Bewunderung: Sicher würde Lennart in unserer verdammten Männergesellschaft und dem besonders verdammten, besonders männlich automatisierten Schweden (Deutschland, Frankreich usw.) seinen Weg machen.

Er machte ihn, dieser Raketen-Schlingel. Er ist jetzt Captain bei der SAS, während Karin, die sanftere, Krankengymnastin geworden ist, wie ihre Mutter. Beide Kinder sind glücklich verheiratet, nur ist Lennart namentlich durch Stewardessen mit zu vielen Frauen gesegnet. Das gibt Komplikationen. Vielleicht bin ich daran schuld. Die Sache ist die:

Während der Pubertät litt Lennart unsäglich unter seiner großen Nase. Es ist diese eine der schönsten Nasen, die ich kenne, »großzügig«, wie die Engländer sagen *(generous),* und überaus fein modelliert. Von dieser Nase gilt, was einst Max Liebermann über einen als viel zu lang gerügten Arm auf einem Gemälde Cézannes ausrief: »Zu lang? Der iss ja so jut jemalt, der Aam, der kann jaanich lang jenuch sind!« (Cézanne, *Knabe mit roter Weste.* Der Arm-Kritiker war übrigens Wilhelm von Bode, Leiter der Berliner Museen, der das herrliche, damals noch spottbillige Bild aus diesem Grunde nicht erwarb.) Übrigens stammt Lennarts Nase höchstwahrscheinlich von dem notorisch langnasigen schwedischen König Karl XV., der um 1860 herum Laings Urgroßmutter, eine stattliche Hofdame, geschwängert haben soll.

Doch weder meine kunsthistorischen noch royalistischen Argumente verfingen als Trost bei Lennarts Nasenkomplex. Da griff ich zu einem Radikalmittel. Ich berichtete dem Vierzehnjährigen im Flüsterton, erfahrene Frauen wüßten ganz genau, daß Männer mit einer langen, kräftigen Nase auch einen langen, kräftigen… hätten. Das war frei erfunden; erst viel später erfuhr ich zu meiner Überraschung, daß dieses Gerücht tatsächlich im Umlauf ist. Wie auch immer, ich habe Lennart seitdem nie mehr über seine Nase klagen hören. Aber jetzt diese Stewardessen!

Da fällt mir etwas längst Vergessenes wieder ein: Als Lennart etwa zehn war, erhielt ich ein Rundschreiben vom *Rasforskningsinstitutet,* Rassenforschungsinstitut, der Universität Uppsala (heute anpaßlerisch in »Genforschungsinstitut« oder so ähnlich umgetauft). Das Rundschreiben ersuchte meine Genehmigung, die Nasen- und Schädelmaße meines Sohnes, der aufgrund einer Stichprobenerhebung *(sampling)* ausgewählt worden sei, messen zu dürfen. Dies, so erfuhr ich später, im Rahmen einer großangelegten Untersuchung des Rassenforschungsinstitutes, um – fünfzehn Jahre nach Hitler – mit der ganzen Autorität eines neutralen, mithin exemplarisch unparteiischen Nobelpreis-Staates unter Beweis stellen zu können, daß Juden und Halbjuden aussähen wie gewöhnliche Menschen.

Diese Genehmigung erteilte ich sehr gerne, da ich, wie ich schrieb, selber ähnliche, streng wissenschaftliche und voraussetzungslose Vermessungsstudien betriebe und deshalb gleichsam als Gegendienst wie auch als Vorbedingung meiner Einwilligung darum bäte, die Oberschenkelumfänge und Scheidentiefen der vor dem Klimakterium befindlichen weiblichen Angestellten des Rassenforschungsinstituts vermessen zu dürfen, um im Verlauf einer solchen Untersuchung unter anderem *(bland annat)* die Zuverlässigkeit eines von mir speziell konstruierten Klitoroskopes zu erproben.

Wie aus dem Obigen erhellen dürfte, hatte meine Stinkwut auf Schweden als das klassische Land weltrichterlicher Selbstgefälligkeit mittlerweile um einiges zugenommen. Das mag undankbar wirken, wo ich mich doch in diesem Lande einer reizenden kleinen Familie erfreuen durfte. Aber Exil ist Exil: Es haperte einmal wieder an der Arbeit. Ein glückliches Familienleben wiegt ein solches Manko bei manchen Menschen auf. Bei anderen Menschen aber, bei denen Arbeit ebenso notwendig ist wie Atmen, hilft ohne Atmung kein privates Glück. So leider bei mir. Ich möchte den Leser nicht wieder und wieder mit dem »Geist des Prinz-Heinrich-Gymnasiums«, dem Einfluß des Vaters oder dem meines ach so fleißigen Vaterlandes als Grund für diese unselige Veranlagung bemühen. Schließlich ist man irgendwann einmal alt genug und für sich selbst verantwortlich. Auch ist dieser Arbeitsdrang vielleicht gar nicht so unselig und hat ein bißchen, wenn ich das sagen darf, mit Künstlertum zu tun, mit dem Hunger nach einigermaßen kreativer Betätigung. Innere, oft auch äußere Arbeitslosigkeit im Exil haben diesen Hunger unaufhörlich verstärkt.

Der unmittelbare Anlaß meiner Stinkwut auf Schweden war diesmal mein *Språkalmanackan* oder Sprachenkalender. Meine Universitätsdruckerei besaß das schwedische Kalendermonopol, will sagen das ausschließliche Recht, Kalender zu drucken und zu vertreiben. (Komisches Land.) Das brachte mich, nachdem mir die ständige Sabotage der Druckereifaktoren mein Tabellenkönigtum vergällt hatte, auf eine Idee: Ein kleiner, 365seitiger, spiralgebundener Kalender mit 365 englischen Mini-Lektionen für jeden Tag des Jahres. Dies nach dem

Prinzip »Steter Tropfen höhlt den Stein«, und zwar für blutige Anfänger, die keine Fremdsprache in der Schule gelernt hatten – Arbeiter, »kleine Leute«, Rentner.

Der systematische Aufbau war schwierig ohne das gesprochene Wort des Lehrers. Am schwierigsten deshalb die Lautschrift: Da meine potentielle »ungebildete« Leserschaft das internationale phonetische Alphabet nicht lesen konnte, hatte ich eine vereinfachte Lautschrift mit den gewöhnlichen Buchstaben des schwedischen Alphabets anzuwenden, was in einer Sprache nicht einfach war, in der o, u und å phonetisch ineinander übergehen.

Genug der Einzelheiten, die Abbildung (stark verkleinert) dürfte eine ungefähre Vorstellung geben. Die Sache war ein unmittelbarer Erfolg, zwanzigtausend Exemplare wurden in den ersten zwei Wochen verkauft. Ich träumte von einem kleinen Imperium von Sprachkalendern – englisch, französisch, deutsch, spanisch, italienisch, weltweit. Eine neue Nische für den Sprachinvaliden. »Ich hab' mein Leben!«

Bis sich nach etwa zwei Wochen die Meute der Lehrer, perfektionistische Schulfüchse in einem perfektionistischen Land, auf meinen kleinen Sprachkalender stürzte, mit Kanonen auf diesen Spatzen schoß und in der Presse – an der Spitze einmal wieder *Svenska Dagbladet* – die Unwissenschaftlichkeit meiner Methode brandmarkte und meine Lautschrift als eine freche und pädagogisch durch nichts zu rechtfertigende Mißachtung des allein richtigen internationalen phonetischen Alphabets hinstellte. Die Universitätsdruckerei als Verleger dieses infamen Produkts war blamiert, zog es mit Rücksicht auf ihren Schulbuchverlag aus dem Handel und kassierte den Satz. Ich hörte die bleiernen Lettern durch den Ablegeschacht, der an meinem Zimmer vorbeilief, in den Keller rasseln. Mein Traum von einer Sprachenkalender-Nische war ausgeträumt, das Kalendermonopol schloß jede weitere Publizierungsmöglichkeit aus, ich beugte mich zähneknirschend über meine Tabellen.

Doch siehe, der Gott der Sprachinvaliden schenkte mir eine neue rettende Idee, das *Amphi Wall Book* oder Wandbuch. *Amphi,* griechisch, bedeutet »zweifach« oder »Mehrzweck-«: Dies war das erste Amphibien- oder Mehrzweckbuch der Weltgeschichte, ein Buch, das sowohl als Kunstmappe in der Hand des Beschauers wie auch als gerahmtes Bild an seiner Wand entzückte. Konkreter: eine Mappe, die etwa zwanzig wunderschöne Kunstreproduktionen enthält – van Gogh, Gauguin, Cézanne, Chagall etc. – und die, eingebettet in einen sinnreichen, durchsichtigen, weltweit zu patentierenden Rahmenschuber aus glasklarem Kunststoff, als solche, eben als Mappe, entweder herauszunehmen und zu durchblättern oder eben in dem glasklaren Schuber mit jedem beliebigen ihrer Kunstblätter gerahmt an die Wand zu hängen ist. Ich jauchzte. Die Nische! *Le musée imaginaire*, wie es der große André Malraux verkündet hatte! Vorbei die Sabotage der Druckereifaktoren, die Schelte der Sprachlehrer, vorbei selbst der Sprachschwund des Emigranten: Van Gogh hieß in allen Sprachen van Gogh, sogar auf holländisch. Und statt mich selber aufzuhängen, hängte ich, dem wahren Künstler gleich, mein Werk, mein Wandbuch, an die Wand. Hurra!

Doch bleiben wir nüchtern: Die Herstellungskosten der Kunstmappe mit ihren etwa zwanzig Reproduktionen – Hochglanzpapier (120 g), Vierfarbendruck – konnte ich getrost der Druckerei überlassen, das war ja schließlich ihr Handwerk. Die Kosten meines zu patentierenden glasklaren Kunststoff-Schubers aber (Plexiglas), Buchdekkel, Behälter und Rahmen zugleich, betrugen – man höre und staune, ich hatte es persönlich von Herrn Svensson, dem Stockholmer Generalvertreter der Plexiglas-Weltfirma Kalle, Frankfurt am Main – diese Herstellungskosten betrugen ganze 57 Pfennig das Stück, weit weniger also als ein gewöhnlicher Hard-cover-Bucheinband. Hurra!

Der Generaldirektor meiner Universitätsdruckerei war von meinem *Amphi*-Projekt leicht zu überzeugen. Hier war ein ideales internationales Druckereiobjekt, »Koproduktion«, mit unbegrenzten Möglichkeiten für zentral in Uppsala zu druckende Lizenzausgaben aller möglichen Mappen-Serien in aller Welt – *World Copyright.*

Ein verführerisch glitzerndes Plexiglas-Modell meines Rahmenschubers wurde vorerst von mir handgefertigt, da eine aufwendige stählerne Gußform erst bei Massenherstellung in Frage kam. Auch die Kunstmappe selber war zunächst Handarbeit, ich stellte das Verkaufsmuster emsig kleisternd mit herrlichen Reproduktionen aus den schönsten und kostspieligsten Kunstbüchern der Welt zusammen: *»Still Life and Flowers«*, Stilleben und Blumen, von Brueghel bis Picasso, als erste meiner zahlreichen zukünftigen Amphi-Serien. (Später natürlich auch eine Serie »Akte«, von Tizian über Ingres bis Modigliani; »Children«: Velázquez, Rubens, Renoir; »Christus«: von Giotto bis Nolde; »Buddha«: noch zu erarbeiten; et cetera.) Dann trat ich auf Kosten der Druckerei mit meinem Prototyp eine Reise durch Europa an, um Lizenznehmer zu werben. Mein Kontinent! Paris! München! Amsterdam! Wie schön ist es doch, ein Weltbürger zu sein.

Der große Mondadori in Mailand biß mit einer Erstbestellung von 30 000 Exemplaren für einen Dollar das Stück an (der Dollar stand damals höher als heute), und ebenso der mächtige Elsevier in Amsterdam. Altmeister Thames and Hudson in London verhielt sich wohlwollend abwartend, so auch der berühmte Kunstverleger Skira in Genf, aber ein englischer Buchklub bestellte 100 000 Exemplare, ebenfalls für einen Dollar das Stück, und auch vom Bertelsmann Lesering kam ein größerer Auftrag. (Das war Karl Ludwig Leonhardt, ein großartiger Mann, der mit später entscheidend helfen sollte.) Alles zusammen bisher rund zweihunderttausend Exemplare, Skandinavien noch gar nicht mitgerechnet: Triumph auf der ganzen oder fast ganzen Linie. Nur Monsieur Hazan, der renommierte jüdische Kunstverleger in Paris, fand die Sache »*absolument absurde*«, ohne jede weitere Begründung.

Die Begründung wurde mir kurz darauf durch harte Tatsachen geliefert. Als wir die Produktion in Gang zu setzen begannen, stellte sich heraus, daß die maschinelle Fertigung meines Plexiglasschubers allein, ohne Kunstmappe, weit über einen Dollar das Stück kostete. Herr Svensson, der Stockholmer Generalvertreter von Kalle, hatte mir den Preis für das pro Stück benötigte Plexiglas-*Pulver* genannt, das überhaupt noch nicht gegossen und gefertigt war – als hätte man bei einem Autokauf den Preis des erforderlichen Blechs statt den der fertigen Limousine genannt. O verfluchtes, phantasieloses Schweden! O ich dreimal verfluchter Kindskopf, der ich eine alles entscheidende Grundinformation nicht gründlich nachgeprüft hatte! Aber das war noch nicht alles. Denn zweitens und vor allem erwies es sich als unmöglich, die mit dem Schuber verschmolzene Plexiglasscheibe, hinter der die Bilder zu prangen hatten, maschinell ohne eine die Mitte der Scheibe entstellende Eingußnarbe zu gießen. O große Ideen!

Daß ich meine Amphi-Nische nicht aufgab, daß jetzt ein desperater Kampf, ein Amoklauf, begann, das teure Plexiglas durch billigeren Kunststoff zu ersetzen und die Eingußnarbe, die auch in dem neuen Material auftrat, durch immer verzwicktere und verzweifeltere Konstruktionen zu umgehen, bis mein *Amphi Wall Book* eher einer plattgedrückten, wenn auch glasklaren Mausefalle als einem Kunstbuch glich, das mag sich der Leser selber ausmalen. Nur dies: Der Endkampf um eine *Amphi*-Lösung zog sich mit Hunderten von Konstruktionszeichnungen über ein ganzes Jahr hin – ich experimentierte schließlich in einem verlassenen Kellerloch der Druckerei –, bis mein Generaldirektor schließlich die Geduld verlor und verständlicherweise alle weiteren Gelder sperrte. Die Nische war nicht mehr.

Und wer war der wirklich Schuldige an dieser Katastrophe gewesen? Nicht Herr Svensson, nicht Schweden, nicht einmal Kalle in Frankfurt, sondern mein geliebtes Töchterlein Karin. Sie war damals noch klein, hatte ein paar Radieschen, Tomaten, Salamischeiben, Paprika, Butterkügelchen und Salatblätter entzückend um drei Scheiben Knäckebrot auf einem Frühstücksbrettchen aus Teakholz arrangiert und das Brettchen aus purem Schönheitsdrang auf eine flache Kristallschale gestellt. Sie kam damit zu mir herein, mit den großen Augen.

»Ein Stilleben!« rief ich aus. »So etwas nennt man nämlich ›Stilleben‹, wenn's gemalt ist«, fügte ich erzieherisch hinzu.

Dann kam der Genius über mich. Ich stülpte die flache Kristallschale über das Frühstücksbrett. »Hier ist dein Stilleben unter Glas, ein Gemälde!« rief ich aus. Ich hatte das *Amphi Wall Book* erfunden. *World Copyright.*

»Wenn der Sprachenkalender einschlägt, dann fliegen wir alle nach Venedig«, hatte ich meinen Kindern versprochen. Diese »große Reise«, *stora resan,* war lange ihr Lieblingsthema, wobei sich Lennart natürlich für das Flugtechnische und Karin nur für die Stadt in den Wassern interessierte.

Aus der Reise wurde nichts, aus erwähnten Gründen. Als aber dann der potentielle Welterfolg von *Amphi* auftauchte, erhielt die Reise nach Venedig lange eine neue Aktualität. Bis wieder nichts daraus wurde.

Ein drittes Mal, einige Zeit nach dem *Amphi*-Fiasko, prophezeite ich wiederum Venedig im Anschluß an eine aufs neue vom Gott der Sprachinvaliden eingegebene Nische, mein »Bibliogramm«: eine weltweit zu patentierende, postalisch stoßsichere, überaus attraktive Geschenkverpackung für Taschenbücher, aus Karton. Penguin Books, das englische Taschenbuch-Weltunternehmen, teilte mir feierlich mit, die Produktion werde Anfang nächsten Jahres starten, und Rowohlt-rororo fertigte bereits Versuchsmodelle an, aus gelber, grüner und roter Pappe. Bis beide trotz wiederholter Anfragen meinerseits nichts mehr von sich hören ließen und die Sache verlagsgerecht im Sande verlief.

Danach war von Venedig nicht mehr die Rede. Die Kinder waren groß geworden, Karin reiste mit ihrem Mann nach Rom und Florenz, und Lennart flog mit seiner DC 10 nach Honolulu.

Karin und Lennart. Umrisse von Papier-Papa mit Tusche vorgegeben, »Inhalt« – hier nur in Grautönen sichtbar – von den beiden mit Buntstiften ausgefüllt.

16
»Welche Ansprrüche!«

Über zwanzig Jahre lang hatte ich nichts mehr auf deutsch geschrieben, nur auf schwedisch und englisch. Jetzt, 1965, war ich über fünfzig, Rückkehrversuche nach Deutschland waren immer wieder gescheitert. Wo mir die Rückkehr auf »handwerklicher« Basis nicht gelungen war, trotz meiner typographischen Qualifikationen, dann würde es vielleicht, so sagte ich mir, auf unbescheidenere Weise gehen: Ich könnte versuchen, mich als Schriftsteller gleichsam nach Deutschland »zurückzuschreiben«, schließlich hatte ich ein halbes Dutzend Bücher in drei Sprachen hinter mir. Gewiß, es gab sicher auch in Deutschland Hunderte von brotlosen Schriftstellern, aber wenn man mit einem Buch in der Bundesrepublik mit etwas Glück auch nur ein klein bißchen Erfolg hätte, sagte ich mir, könnte man dort vielleicht doch noch beim Rundfunk oder bei einer Zeitung ankommen – wenigstens so, wie ich als Zwanzigjähriger beim *Berliner Tageblatt* angekommen war.

Ich nannte das Buch *J*, nach dem Judenstempel in Emigrantenpässen. Untertitel: »Eine europäische Vergnügungsreise«. Dieser Untertitel knüpfte an das Motto des Buches an, ein Zitat aus Shakespeares *Richard II.*, in dem ein greiser Vater unter Tränen Worte sucht, um seinen soeben vom König aus England verbannten Sohn zu trösten: »Nenn's eine Reise, bloß zur Lust gemacht – *call it a travel that thou tak'st for pleasure.*«

Noch heute tut es mir leid, daß ich die Worte eines in derselben Szene lebenslang aus seinem Land Verbannten nicht gleichfalls in das Motto des Buches aufgenommen habe: »Nun ist mir meine Zunge nicht mehr nutz / Als eine Laute oder Harfe ohne Saiten – *And now my tongue's use is to me no more / Than an unstring'd viol or a harp.*« Noch nie habe ich in den vielen Büchern, Schriften und Gedichten von Emigranten (meine Bücher eingeschlossen) Worte gefunden, die den

Fluch des Exils, der verlorenen Spache auch nur annähernd so zwingend, so kurz beschreiben.

J war eine Sammlung von siebzig satirisch-wehmütigen, gegen Ende des Buches desperaten Episoden aus dem Exil, jede auf einem DIN-A4-Blatt geschrieben. Die einzelnen Geschichten, so hatte ich mir vorgeschrieben, durften keinesfalls länger sein als ein solches Blatt, um redseligem Selbstmitleid von vornherein den Platz abzuschneiden. (Daß ich mit der Zeit auf meinem DIN-A4-Blatt immer kleiner schrieb, ist eine andere Sache.)

Um auf diesem beschränkten Raum eindringlich und doch entspannt zu erzählen, schrieb ich jede Episode an die sechs- bis achtmal, auch weil ich dummerweise mit Tinte schrieb, statt wie heute mit Bleistift und Radiergummi. (Goethe und Schiller hatten's ja auch mit Tinte getan...) Das unermüdliche Neuschreiben dieser Geschichten aber auch wegen der Sprache, die nun in einem Abstand von über dreißig Jahren ganz klein in der Ferne lag. Zur Übung las ich moderne deutsche Literatur, Grass, Böll, Wolfgang Koeppen, ließ das aber bald sein, da mich ihr reiches Vokabular deprimierte. »Wortkapitalisten!« fluchte ich aus purem Neid. Ganz zu schweigen von meinem Ingrimm auf andere, die sich aus Übersättigung an sprachlichen Klischees in experimenteller Prosa ergingen, während ich glücklich war, wenn sich diese Klischees aus Dunst und Nebel der Vergangenheit oder aus meinem Duden wieder einstellten (ach, die Schollen auf dem Strom der Sprache!), ja glaubte, eine Sprachtat zu vollbringen, wenn ich »Frühling« schrieb, oder »Kartoffelpuffer« oder »Gänseblümchen«.

Das Blatt hatte sich gewendet. Während der Hitlerzeit waren wir Emigranten so etwas wie Hüter der deutschen Sprache gewesen, wenn auch noch so kleine, während die da drinnen im Reich die Barbaren waren. Jetzt aber, schon zwei Jahrzehnte lang, war ein neues, gutes oder schlechtes oder mittelmäßiges, auf jeden Fall ereignisreiches Deutschland entstanden, mit einer ebenso ereignisreichen Prosa. Ein Emigrant wie ich war im doppelten Sinne des Wortes »zurückgeblieben«, ein alter Mann, draußen vor der Tür. Er hatte überlebt, er *war* überlebt.

In Deutschland wollte kein Mensch von Emigranten etwas wissen, auch die Gruppe 47 nicht. Jeder war mit sich selbst beschäftigt: Wiederaufbau war alles, Fähigkeit zu trauern nichts. Und wenn einige wenige die Vergangenheit zu bewältigen suchten, wie das die Mitglieder der Gruppe 47 taten, so war es *ihre* Vergangenheit, nicht unsere. Nicht einmal einen einzigen jener großen emigrierten Architekten hatte man in den fünfziger Jahren aus dem Exil zurückgeholt, obwohl ein ganzes Land in Trümmern lag und wieder aufzubauen war. Kein Wunder also, daß achtundzwanzig bundesdeutsche Verlage nacheinander ein Exilbuch wie *J* ablehnten, fast stets mit der Begründung, das Thema des Exils, auch wenn noch so ergreifend geschildert, käme heutzutage nicht an. (Das neudeutsche Wort »ankommen« lernte ich bei dieser Gelegenheit.) Damit war auch diese Rückkehrmöglichkeit dahin. Die schwerste Zeit des Exils hatte begonnen, *nach* Hitler.

Bei mir dauerte dieses zweite Exil, das Exil nach dem Ende des Dritten Reiches, über dreißig Jahre. Das, was sonst die besten, die aktivsten Lebensjahre eines Menschen sind. Das schwedische Schattenreich schien unentrinnbar.

Auf schwedisch schreiben? Diese Sprache hatte ich nun länger gesprochen als jemals Deutsch. Und dennoch: Das glückselige Gefühl, einer neuen, einer aufregenden Welt begegnen zu dürfen, wie ich es im Englischen erlebt hatte, dieses Gefühl hatte sich niemals im Schwedischen eingestellt. War es die verschiedenartige Natur dieser zwei Sprachen? Wenn mir die englische Sprache wie ein beglückender gemeinsamer Nenner erschienen war, auf den eine äußerst komplexe Welt hatte gebracht werden können, so erschien mir Schwedisch als das enge, stereotype Spiegelbild eines ebenso engen und stereotypen Alltags. Warum? Weil die Reaktionen dieser guten Schweden so entsetzlich voraussehbar waren, *»so terribly predictable«*, wie ich einmal einen Engländer sagen hörte? Oder einfach darum, weil ich nicht mitspielen durfte? Immer stärker wuchs in mir das Gefühl, mit einer Sprache vollgestopft zu werden – zuletzt auch Strindbergs, auch Lagerlöfs Sprache –, die ich nicht wieder von mir geben konnte, in keiner auch nur irgendwie aktiven, kreativen Weise. Bis ich, zum Bersten vollgestopft, mit einem Gefühl physischer Übelkeit, ja Ekels, keine schwedischen Bücher mehr lesen konnte, keine schwedischen Zeitungen, und Rundfunkapparat wie Fernseher abstellte.

Meine einzige Erleichterung war der Gedanke, Schluß zu machen. Lange Zeit brachte er mich durch wie eine Droge. Die alte Automatik setzte wieder ein, oft jede zweite Minute: untragbare Ausweglosigkeit,

Schlußmachen-Wollen in der einen Minute, gefolgt von ein wenig Erleichterung über ein beinahe verlorenes, nun doch noch geschenktes Leben in der nächsten; dann wieder Ausweglosigkeit, dann wieder – eine Zigarette! – etwas Erleichterung: *ad infinitum.*

Vielleicht ist auch Selbstmord oft so etwas wie ein letzter verzweifelter Akt der Kommunikation. Von den Hunderten von Selbstmördern, die sich von der Golden-Gate-Brücke bei San Francisco stürzten, soll sich kaum einer zur Meeresseite hinabgestürzt haben, in die öde Unendlichkeit des Stillen Ozeans hinein, sondern der Bucht, der lebendig am Horizont glitzernden Stadt entgegen...

Ich schlug Laing vor, wir sollten die Kinder auf den Verlust des Vaters vorbereiten, um sie vor einem traumatischen Schock zu bewahren. Wir sollten ihnen klarmachen, daß Suizid nichts anderes sei als der Ausgang einer langen, zehrenden Krankheit, einer Krankheit wie jeder anderen. Laing meinte darauf nur, ob ich nicht mit der Sache warten könne, bis die Kinder etwas größer seien, möglichst auch erst einmal ihr Abitur gemacht hätten. Das war keine lieblose Reaktion. Sie litt mit mir ebenso, wie sie später mit mir glücklich war, als ich – sogar ohne sie – nach Deutschland zurückkehren konnte.

Doch bis dahin sollten noch viele Jahre vergehen. Die Selbstmordpsychose hielt an. Diese verfluchte Sucht nach Arbeit, einigermaßen kreativer Arbeit! Warum in Gottes Namen konnte ich mich nicht zur letzten Weisheit durchringen, zu einem friedlich-ruhigen Dahinleben, wie es die Schweden so gut verstanden, wenn ihnen auch die erste, zweite und dritte Weisheit fehlen mochten? Wie gesund sie lebten! War ich seelisch krank? Ich verlor den Glauben an mich selbst, suchte einen Psychiater nach dem anderen auf und erhielt ein Psychopharmakon nach dem andern. Daß mir diese Pillen und Tabletten beim Schlucken im Halse steckenblieben oder steckenzubleiben schienen, erklärten die Psychiater ebenfalls als eine psychopathische Erscheinung (»Kolumbus-Reflex« oder so ähnlich nannten sie das) und stellten obendrein die schlimmste Diagnose: Meine Depressionen seien aller Wahrscheinlichkeit nach endogen, will sagen von innen kommend, anlagemäßig bedingt, kurz: krankhaft; nicht, wie ich zu Gott gehofft hatte, bedingt von äußeren Faktoren, eben den Nöten des Exils, also von Einwirkungen auf einen an sich normalen Menschen. Ich war Psychopath, mit dem Exil als neurotischer Ausrede.

Auch dies ein Fluch des Exils. Er begleitete mich unaufhörlich. Erst, seitdem ich wieder in Deutschland bin, hier eine Sprache habe und in dieser Sprache eine Arbeit, weiß ich, nun schon zehn glückliche Jahre lang, daß ich stinknormal bin.

Karl Ludwig Leonhardt, damals Programmchef des Bertelsmann Leserings, war und ist ein großartiger Mann, der mir im Gegensatz zu vielen anderen zu nichts verpflichtet war – durch keine früheren Freßpakete aus Schweden, keine Nazi-Vergangenheit, kein gar nichts als nur durch seine menschenfreundliche, in diesem Fall emigrantenfreundliche Haltung und eine literarische Nase. Der einzige Deutsche, der mir in kritischer Zeit geholfen hat. Ich hatte ihn früher wegen meines totgeborenen *Amphi*-Wandbuch-Projekts als ein völlig Unbekannter angesprochen, und er, der von Verlegern und Autoren ob seiner riesigen Vertriebsmöglichkeiten Belagerte und Hofierte, hatte Zeit und Geduld aufgebracht, den mit der Intensität eines Ertrinkenden auf ihn Einredenden anzuhören und über Wege und Mittel nachzudenken, ihm zu helfen.

Jetzt, 1967, nach achtundzwanzig Verlagsabsagen von *J*, das er liebte, sagte er: »Ich kann mir das nicht mehr länger mit ansehen.« Er nähme das Buch in den Lesering, sagte er, obwohl es dort eigentlich nicht besonders hineinpasse. Aber wegen des dadurch für einen Koproduzenten drastisch verminderten Kostenrisikos, meinte er, würde sich sicher ein Verleger finden, der das Buch vor der Buchklub-Ausgabe auf dem gewöhnlichen Markt herausbringen würde.

So kam *J* 1968 bei dem lieben kleinen Damokles-Verlag in Ahrensburg bei Hamburg heraus. »O Jott, o Jott!« stöhnte der Verleger Heinz Riedel, wenn immer von *J* die Rede war, denn die Verkaufschancen waren angesichts der herrschenden Stimmung in Deutschland minimal. (Bevor ich es vergesse: Die letzte oder neunundzwanzigste, weit über ein Jahr in Anspruch nehmende Absage eines als besonders progressiv bekannten Verlages kam geraume Zeit nach der Veröffentlichung des Buches.)

Die erste und, wie sich zeigen sollte, entscheidende Besprechung von *J* erschien in der *Frankfurter Allgemeinen Zeitung* unter der Überschrift »Deutsche Krankengeschichte«. Der Inhalt entsprach der Überschrift. Der Autor, so hieß es, sei ein kranker Mensch, der in allen

Verlegern, die sein Buch abgewiesen hatten – Antisemiten wittere. In Wirklichkeit sei seine Prosa »nicht druckbar« und der Autor selber ein »miserabler Schriftsteller« mit »paranoiden Zügen«. Abschließend: »Da gibt es nichts mehr zu ›rezensieren‹. Da kann man nur noch eine desolate Krankengeschichte anzeigen…«

Der Verfasser dieser Besprechung war ein noch heute tätiger, in Fachkreisen nicht unbekannter Literaturkritiker und Essayist, damals offenbar ein engagierter 68er. Ein gegen diese Besprechung vehement protestierender Leserbrief (der Leser schickte mir eine Kopie) wurde zwar nicht veröffentlicht, von dem verantwortlichen Literatur-Redakteur der *FAZ* jedoch privat dahin beantwortet, der Leser habe einen »sehr notwendigen Brief« geschrieben, die Rezension sei »typisch für die Haltung der jungen Generation: Die Leiden, Schmerzen und schrecklichen Erfahrungen der älteren betrachtet sie mit kühler Gelassenheit, ohne emotionale Anteilnahme… ein bedenkenswertes Phänomen.«

Eine von mir an die *FAZ* gerichtete Entgegnung auf jene Rezension wurde von demselben Redakteur abgelehnt.

Nach dieser ersten Begegnung mit dem deutschen Literaturbetrieb kam ich mit einer Überdosis an Schlafmitteln ins Uppsalaer Krankenhaus. (»Da kann man nur noch eine desolate Krankengeschichte anzeigen.«) Die Bewußtlosigkeit dauerte –

Nein, der Leser verzeihe mir, ich kann es mir nicht versagen, die letzten zwei Absätze meiner unveröffentlichten Entgegnung zu zitieren, da ich sie heute wieder vor Augen habe. Ich schrieb sie am Abgrund des Verstummens.

> »Früher wurde man als Jude verfolgt. Heute ist man laut Ihrer Besprechung ein Verfolgungswahnsinniger, der in jedem ablehnenden Verleger einen Judenhasser wähnt. Obwohl man keine Spur davon gesagt hat. Obwohl man nur den namenlosen Abgrund hat schildern wollen, vor dem Menschen meines Schicksals um das verlorene Wort ringen, im Todeskampf, vorm Abgrund des Verstummens.
>
> Stoßen Sie nur nach! Aber reden Sie keinem ein, ich halte nun auch Sie für einen Antisemiten. Ich halte Sie für einen sehr sympathischen, demokratischen, durchaus philosemitischen, wenn auch

etwas fahrlässigen Menschen, von dem es auch unter Hitler Millionen gegeben hat.

Im Niemandsland, April 1969«

Nur wenige Exemplare des Buches wurden verkauft. Walter Berendsohn, der große Kenner der Exilliteratur, gleichfalls Emigrant in Schweden, einstmals Professor in Hamburg, schrieb eine hinreißende Rezension (Überschrift: »Aus tiefster Not«) und sendete sie an – mich, da er »kein Forum für eine Veröffentlichung« habe. So war das damals. Später, nach dem Tode des Verlegers, ging übrigens die ganze Auflage von *J* verloren. (Fünfzehn Jahre danach, als sich das Klima in der Bundesrepublik um einiges verändert hatte, erschien das Buch in praktisch unveränderter Form aufs neue, unter dem Titel *Strandgut Europa*. Es hat bisher drei Auflagen erlebt.)

Karl Ludwig Leonhardt, der treue, schickte Blumen ins Krankenhaus und lud eines Tages den Papst deutscher Literaturkritiker zu sich ein, und mich dazu. Das war die Chance meines Lebens. Ich flog auf zwei Tage von Schweden nach Hamburg, fast aus dem Krankenhaus heraus, ließ mir die Haare schneiden, schnitt mir die Fingernägel, kaufte ein neues, besonders diskret, gleichzeitig aber »engagiert« aussehendes Jackett (grau mit leichtem Grün), dazu einen noch diskreteren Schlips (dunkelgrün, uni), wusch mir den Hals, bildlich und teilweise tatsächlich gesprochen an die neunundzwanzigmal, und stellte mich des Abends mit einem Blumensträußchen und pochendem Herzen bei den Leonhardts und einigen bereits eingetroffenen Gästen in der Isestraße ein. Nach einem Viertelstündchen kam der Große, wir schüttelten die Hände, und ich sagte (das war ehrlich), seine Rezensionen in der *Zeit* stellten für mich so etwas wie eine Brücke von Deutschland nach Schweden dar. »Sehr interressant«, sagte er mit seinem zu jener Zeit noch ausgesprochenerem osteuropäischen Akzent, und mein Herz hüpfte vor Freude.

Man sprach über Uwe Johnson, Peter Handke, über allerhand neue, meist einsilbige Namen, dem Klange nach ungefähr wie Ulrich-Rainald Lötz, Hans Herbert Schutt und ähnliches, um schließlich bei Arno Schmidts *Zettels Traum* zu verweilen. Ich hatte von alledem keine Ahnung, hatte ja auch diese Leute voller Neid als »Wortkapitalisten« gemieden, und kam mir nun vor wie ein Kind unter Erwachsenen. Karl Ludwig Leonhardt – hatte er meine Verlorenheit gemerkt? – brachte schließlich die Rede auf Mitscherlichs *Unfähigkeit zu trauern*, als allgemeineres Thema. Ein älterer Herr brummte dazu nachdenklich: »Das Leben ist der Güter höchstes nicht, / Der Übel größtes aber ist die Schuld.«

Der Papst nickte Zustimmung. »Die Jungfrau von Orrleans«, konstatierte er.

»Die Braut von Messina«, sagte ich.

Er: »Die Jungfrau von Orrleans.«

Ich: »Die Braut von Messina.« Und dann, in plötzlichem, unerklärlichem Aufwallen: »*Soviel* muß man nun schon wissen.«

Totenstille. Der Papst wandte sich einem anderen Gesprächspartner zu, mit dem Rücken zu mir. Es war geschehen. Ich wollte in die Erde sinken, nicht mehr sein. Ein Todestrieb hatte von mir, meinem neuen Jackett, meinen geschnittenen Haaren und Nägeln Besitz ergriffen, ein innerer Teufel hatte mir in meiner bedingungslosen Anpassungssucht zugeraunt: »Hier wird nicht in den Arsch gekrochen, mein Junge!« Oder war es nur der dummstolze Neid eines zum Ignoranten Herabgesunkenen auf Johnson, Handke und irgendsoeinen Ulrich-Rainald Lötz? Oder eine durch die bloße Anwesenheit des Literaturgottes ausgelöste, in Hybris übergeschlagene Euphorie? Oder Lansburgh gegen Landsberg? Wie auch immer: Der Papst würdigte mich im Verlauf des Abends keines Wortes mehr. Eine Besprechung des Buches *J* war dahin. Vielleicht auch schon deshalb, weil das Buch bei ihm nicht »ankam«, wie er später einmal sagte; oder vielleicht auch, weil er als »Gerrmanist«, wie er sich gerne nannte – das klang fast wie »Germane« – lieber mit echt »deutscher« als mit allzuviel Emigrantenliteratur umging, um nicht in den Ruf jüdisch-cliquenhafter Parteilichkeit zu geraten. Schließlich wollen wir uns ja alle einmal irgendwie assimilieren…

Es gab ein Wiedersehen, und zwar Anfang der siebziger Jahre, als er seine ersten Gastvorlesungen an der Universität Uppsala hielt. Ich war gerade wieder einmal arbeitslos, ging wieder einmal mit Selbstmordgedanken um. Als das Telefon klingelte und kein anderer als der leibhaftige Papst der deutschen Literaturkritik am Apparat war, in *Uppsala,* und seinen Besuch ankündigte, erzitterte ich im Glauben, ein Deus ex machina sei erschienen, um mir die heiligen Pforten Deutschlands zu öffnen. Oder wollte er sich bei mir nur so ein bißchen über Schweden und Uppsala informieren? Das konnte es doch nicht sein.

Beseligt wartete ich auf sein Taxi. Als er ausstieg und unser bescheidenes Siedlungshäuschen sah, meinte er abschätzig: »Sie haben ja das ganze Drritte Reich von der Galerrie aus gesehen.« Das erinnerte mich ungewollt an die Sprüche so mancher prominenter deutscher Nazi-Literaten (Gottfried Benn und andere), die jüdischen Emigranten hätten ihr Exil genüßlich in südfranzösischen Badeorten verbracht.

»Kurt Tucholsky hat sich auf dieser Galerie das Leben genommen«, erwiderte ich.

»Er war ja krrank«, meinte der Papst.

»Ich bin es auch«, sagte ich leise.

Aber er wollte die Nöte des Exils, jedenfalls die Nöte meines Exils, nicht wahrhaben. »Welche Ansprrüche!« rief er immer wieder aus, wenn ich ihm meine Vereinsamung und Funktionslosigkeit klarzumachen versuchte und mich anheischig machte, ein sprachgelähmter *Homme de lettres* zu sein. Vielleicht hielt er mich auch für einen so miserablen Schriftsteller – Werturteile dieser Art soll er jedenfalls in Uppsala, ausgerechnet am Ort meines Exils, wo Diskreditierung am schwersten traf, geäußert haben –, daß auch das kleinste Verlangen nach ein bißchen kreativer Tätigkeit in seinen Augen ein unleidlicher *Ansprruch* war. War es Landsberg gegen Lansburgh? Schade. Denn zuweilen habe ich das Gefühl, wir hätten um ein Haar gute Freunde werden können. Aber dazu müßte man vielleicht ein Autor »ansprruchsvoller« Bücher sein. Na, nichts zu machen.

Die Jahre gingen, er rezensierte keines meiner Bücher, und auch das Feuilleton der *Frankfurter Allgemeinen,* das er später leitete, schwieg sich im Gegensatz zu praktisch allen anderen überregionalen Zeitungen über meine späteren, weit erfolgreicheren Bücher aus. Doch meine Rache, o Herr, war fürchterlich. Auf irgendeiner *Lokal*seite der *Frankfurter Allgemeinen* schrieb irgendein obskurer Reporter einmal eine begeisterte Lokalnotiz über eine Autorenlesung, die ich nach meiner Rückkehr nach Deutschland in Frankfurt gehalten hatte, und pries dabei mein Buch *Dear Doosie* mit goldenen Worten. Die denn auch prompt in der Verlagsreklame zitiert wurden, natürlich groß und breit mit Quellenangabe: *Frankfurter Allgemeine Zeitung.*

Einmal nur pries er meine literarischen Fähigkeiten. Ich war am bitteren Ende meiner Schwedenjahre zu einem vom Sozialamt versorgten Hilfsarbeiter, einem Paria, am Deutschen Institut der Universität Uppsala abgesunken (darüber später) und hatte im Auftrag der Uppsalaer Tageszeitung gegen Honorar – mein erstes Zeitungshonorar in Schweden – eine Laudatio auf den großen Mann anläßlich seiner Promotion zum Ehrendoktor in Uppsala zu schreiben. (In Stockholm war diese Ehre bereits an Walter Jens vergeben; mit dem Gedeihen der Bundesrepublik waren die Schweden plötzlich wieder so deutschfreundlich geworden wie zur Nazizeit.)

Ich rang mir den Artikel unter tiefsten Depressionen ab – lustlose, blutlose Klischees, nichts als impotent lobhudelnde Phrasen (schließlich war er ja ein kluger Kopf), die ich unter physischer Übelkeit zu Papier brachte. Begeistert rief mich der Papst kurz nach der Veröffentlichung an: Er habe sich den Artikel ins Deutsche übersetzen lassen, noch nie sei etwas so Begabtes über ihn geschrieben worden.

Dieser Laudatio ging übrigens ein persönliches Treffen mit dem zu Preisenden voraus, um mich über einige Daten seines Lebens und Schaffens zu informieren. Er empfing mich in einem Uppsalaer Apartment, das ihm die Fakultät anläßlich seiner Promotion zur Verfügung gestellt hatte. Zunächst klagte er ein wenig – nach dreitägigem Aufenthalt im Lande – über die »erschreckende Reaktionslosigkeit« der Schweden. (Welche *Ansprrüche!*) Dann gingen wir in seine kleine Küche, er öffnete einen Brotkasten, um ihm etwas Eßbares zum Tee zu entnehmen. Ich traute meinen Augen nicht: Im Brotkasten lagen keine Brötchen, keine gewöhnlichen Kekse oder Gebäckstücke, sondern einzig und allein sämtliche Sorten, aber auch *sämtliche,* der von mir heißgeliebten, aber noch nie in ihrer Gesamtheit nebeneinander erblickten sieben oder acht Spielarten schwedischer Matschkuchen.

Man muß dazu wissen, daß schwedische Konditoren, wie wohl auch Konditoren anderer Länder, übriggebliebene Krem-, Marzipan-, Nuß-, Krokant-, Mokka- und Schokoladentorten, wenn diese ob ihres Alters nicht mehr verkäuflich, durch eine Art Fleischwolf drehen und, mit Arrak oder Rum versetzt, zu einer Masse verarbeiten, die dann in kleinen Schnitten oder Kugeln, mit Kokosbröseln oder ähnlicher Verzierung versehen, ein neues Gebäck ergibt. In allen mir bekannten Ländern aber eben nur *ein* neues Gebäck. In Schweden jedoch in Form von Rollen, Kugeln, Kegeln, Scheiben, Sternen, Kringeln, in den verschiedensten Zuckerguß-Hüllen, Glasuren, Farben und Geschmacksnuancen. Ich liebe diese Mansch- und Matschdinger über die Maßen (atavistischer Rückfall in Sandkuhlenmatsch-Glückseligkeit am Ostseestrand, »backe, backe Kuchen«?) und habe in den vier Jahrzehnten meines schwedischen Exils stufenweise herausbekommen, daß es hier sieben bis acht Arten dieses geliebten Matsches gibt (die achte ist eine Übergangsform), aber natürlich nie bei *einem* Bäcker oder in *einer* Konditorei. Man muß sie kraft jahrzehntelanger Erfahrung mühselig zusammenklauben und froh sein, wenn man drei Sorten auf einmal hat.

Der Kritiker der Kritiker aber hatte mit dem ihm eigenen Scharfblick sämtliche Matschkuchenarten nach nur dreitägigem Aufenthalt in Schweden in seinem Brotkorb versammeln können. Und nichts anderes als diese.

»Haben *Sie* die gekauft?« fragte ich atemlos.

»Ja, wieso«, fragte er ohne Fragezeichen.

»Lieben Sie diese Dinger *auch* so innig?«

»Was heißt lieben«, sagte er, wieder ohne Fragezeichen.

Ich verbreitete mich über die Reize und Geheimnisse schwedischer Matschkuchen, während er schweigend, geradezu verächtlich – »wegwerfend« ist das Wort – die ganze Kollektion auf einen großen Teller packte, in sein Studio trug und dort mitten auf den Schreibtisch zwischen sich und seinen Interviewer stellte.

»Also ich kann mich nicht beruhigen«, sagte ich und griff nach dem ersten Matschkuchen, »wo haben Sie die gekauft?«

»Irgendwo.«

»Unglaublich! Aber Sie *mögen* diese Dinger doch, oder?«

Klein, mickerig fast, saß er in seinem tiefen Schreibtischsessel – der war für die langen Schweden berechnet – mir gegenüber, hinter dem hohen Matschkuchenberg. Er putzte sich die Brille, sagte kein Wort, verzehrte auch nichts.

»Ich kann mich nicht beherrschen«, sagte ich und mampfte einen zweiten Matschkuchen.

»Essen Sie, soviel Sie wollen.«

»Darf ich, wirklich? Das ist ja –«

»Nun hören Sie schon endlich auf damit!!«

Mehr habe ich von ihm in Sachen Matschkuchen nicht herausbekommen. Auch sahen wir uns dann in Uppsala nur noch selten, und keinmal, als ich in die Bundesrepublik zurückkehrte und ihn dort auf meiner Suche nach Verankerungen immer wieder zu erreichen suchte.

Aber ich greife vor. Nach *J* versuchte ich es mit einem Dutzend neuer Buchentwürfe, die meistens über die ersten fünfzig Seiten nicht hinausgediehen – vor allem wohl deshalb, weil ich im Grunde von der eigenen Substanz zehrte, die sich nur wenig über den Fundus des einundzwanzigjährigen Emigranten hinausentwickelt hatte. Stoff! Woher nehmen und nicht stehlen? Die nährende Umwelt fehlte, ich war ein Kerzendocht ohne Wachs, ein Mann des Wortes ohne Worte. Mein einzig wirklicher, lebender Stoff war das Exil, das Vakuum, und dafür gab es kein Publikum. Stoff! Wo war der Standort, der Bezug, das Pro und Kontra mitbürgerlichen »Drinseins«, und damit der »lange Atem« des Erzählers?

Nun ja, wäre ich ein »Dichter«, wie die Deutschen komischerweise ihre hochkarätigen Schriftsteller nennen, dann könnte ich wohl auch im Exil etwas fertigbringen, das hatten mir ja schließlich Thomas Mann mit seiner herrlichen *Lotte in Weimar* und Bert Brecht mit seiner wunderbaren *Mutter Courage* vorexerziert. Nur keine Ausreden! Aber ich war und bin kein »Dichter«, ich kann nur hoffen, ein anständiger Feuilletonist zu sein und hätte auch gegen das abwertende »Kaffeehausliterat« eigentlich nichts einzuwenden.

Stoff! In einem zehnten oder fünfzehnten Buchversuch, betitelt »Das Uppsalienser Alphabet«, zwang ich mich zu der unabdingbaren Voraussetzung, genau jede fünfte der siebenhundert Seiten meines Duden »Rechtschreibung« (der war noch von 1929 und arg zerfleddert) nacheinander, also streng alphabetisch, aufzuschlagen und auf dieser und nur dieser Seite unbedingt und absolut ein Wort auszuwählen, das als Thema einer Erzählung von mindestens fünfzig Zeilen – aber *nicht* über das Exil! – zu dienen hatte. Am Anfang ging es ganz gut, dann immer langsamer. Nach der dreißigsten Erzählung – ich war auf Duden Seite 150, »Exkommunikation« bis »Exponent« – gab ich auf und warf das Ganze in den Mülleimer.

Noch desperater war ein anderer Buchversuch, *Schloß Buchenwald.* Mein lieber alter Verleger Heinz Riedel brachte es – wieder einmal mit Beistand von Karl Ludwig Leonhardt – heraus, bitter und unausgewogen wie es war (man wird im Laufe der Exil-Jahrzehnte nicht gerade ausgewogener). Das Buch fand kaum Beachtung, wohl mit Recht. Seine Fabel sei dennoch erzählt, schon weil sie im Grunde autobiographisch ist:

Ein deutscher Emigrant, der dreißig Jahre im Land X in einer Art Gehirntod verbracht hat, will endlich Schluß machen, und zwar diskret. Um seiner Frau und seinen Kindern den Anblick eines blauviolett angelaufenen Erhängten oder einer bleich aufgeschwemmten Wasserleiche zu ersparen und überhaupt die Tatsache seines Ablebens in völlige Ungewißheit zu hüllen, erklärt er den Seinen, er gehe auf einen längeren Urlaub nach Italien. Er nimmt tatsächlich einen Zug gen Süden und wirft nach der Grenzkontrolle seinen Paß und sämtliche Identitätspapiere auf einer Eisenbahnbrücke in die Ostsee, ja trennt Hersteller-Etiketten aus Jacke, Hemd und Hose heraus, um nach seinem Tode nicht mehr identifiziert werden zu können. Im Hauptbahnhof einer großen Stadt jenseits der Grenze angekommen, wechselt er als weitere Vorsichtsmaßnahme Zug und Richtung und will sich gerade aus diesem Zug vor eine entgegenkommende Lok werfen, als zwei kleine Jungen mit Schulränzeln das Abteil betreten und eine Sprache sprechen, die ihn berührt: Deutsch. Er will vor den Kindern kein Theater machen, steigt am nächsten Bahnhof aus, in einem kleinen Ort namens Wesenbek. Wartend nimmt er im Bahnhofsbüffet zwei »Berliner« zu sich (er ist Berliner) und erfährt eine Art Transsubstantiation. Noch mehr, vor dem Bahnhofsbüffet entdeckt er ein paar Löwenzahnblüten neben etwas Hundekot. Beides *duftet,* ob nun gut oder schlecht, das ist gleichgültig: nur hatten diese Dinge im Lande X nie geduftet. Worauf unser Mann beschließt, weiterzuleben. »Denn Deutschland ist das schönste Land / Für jeden, der kein andres fand.«

Der Rest ist traurig. Er zieht in Wesenbek in ein reizendes kleines Hotel inmitten eines idyllischen Buchenwaldes, direkt am See (»Schloß Buchenwald«), ursprünglich die von den Nazis enteignete Villa eines reichen Juden. Aus dieser Villa wird er bald recht unmißverständlich herausgegrault, da sein Zimmer wie das ganze Haus von einem Schulungskurs für besonders einsatzfreudige Tieffrierproduktverkäufer in Anspruch genommen wird. Er findet in dem etwas gastfreundlicheren Haus eines alten Nazis Unterkunft und sucht von hier aus verzweifelt Arbeit in der Bundesrepublik. Vergeblich.

Wird er sich auf der letzten Seite des Buches doch noch vor den Zug werfen? Das hängt, wie auf der Schlußzeile angedeutet, von der einzigen Instanz ab, die ihm noch eine Existenzmöglichkeit, eine *Raison d'être* geben kann: vom Leser.

Kaum ein Exemplar wurde verkauft. Im Buchanzeiger für öffentliche Büchereien wurde das Buch als »nicht empfohlen« rubriziert.

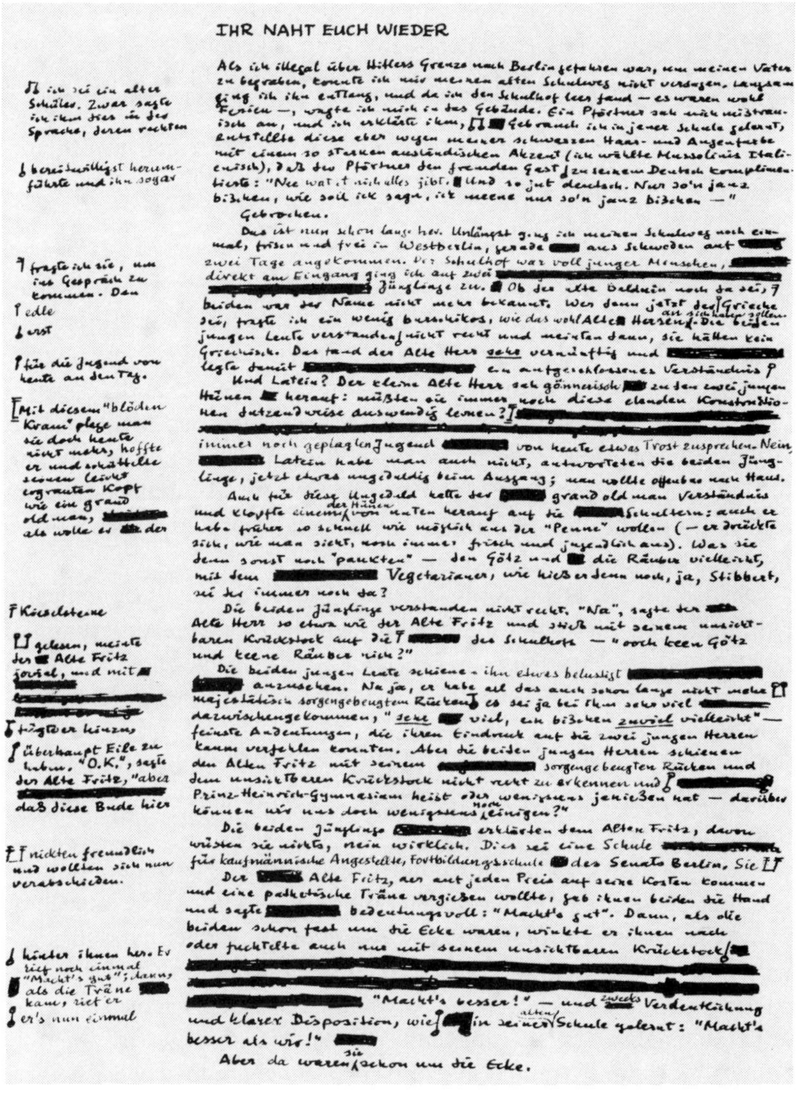

Keine meiner Exil-Erzählungen für das Buch *J* durfte im Manuskript ein DIN-A4-Blatt überschreiten, um nicht in redseliges Selbstmitleid auszuarten.

17
Unter Welteroberern

Es gibt so etwas wie einen schwedischen (deutschen, französischen, englischen usw.) Größenwahn. Schon Olof Rudbeck, der große Uppsalaer Gelehrte, erklärte im 17. Jahrhundert, das sagenumsponnene Atlantis, die Wiege der menschlichen Kultur, sei nichts anderes gewesen als Schweden. Dann ernannte sich Schweden mit Alfred Nobel zum Weltrichter über Literatur, Physik, Medizin und dergleichen, und bis auf den heutigen Tag läßt sich in Sachen Israel, Afrika, Amerika und so weiter die »Stimme der Vernunft« allein aus diesem neutralsten und objektivsten aller Länder vernehmen.

Das ist gut so. Denn wenn es keinen schwedischen Größenwahn gäbe, hätte ich, da ich nun alt und älter wurde, nie meine mir gründlich leid gewordene Anstellung als Tabellenkuli gegen eine andere Position eintauschen können. Normale schwedische Arbeitgeber waren mir eigentlich nie recht hold. Größenwahnsinnige aber sehen nur sich selber, sind also auch in puncto Gefolgschaft blind. So boten mir denn jetzt nur Megalomane eine Arbeit an, und zwar stets eine, für die ich überhaupt nicht geeignet war.

Mein erster Größenwahnsinniger war ein in Schweden weltberühmter Mann. (Der in Schweden populäre Ausdruck »weltberühmt in Schweden«, *världsberömd i Sverige,* stammt übrigens von mir, genauer aus einem wiederholt im Schwedischen Rundfunk zitierten Passus meines Buches *Blod och Bläck,* »Blut und Tinte«; ich bin sehr stolz auf diesen meinen Beitrag zur schwedischen Spache.) Dieser in Schweden weltberühmte Mann nun, Sohn eines zungenredenden Sektenpredigers, war selber ein Fanatiker: Er hatte die neuartige Bebilderung eines populären amerikanischen Konversationslexikons zum Vorbild genommen, dessen US-Eiscreme-Buntscheckigkeit kraft des in Schweden weltberühmten *Swedish Design* versachlichend gebleicht, das Ganze *Globus-Enzyklopädie* genannt und nun verkündet, das erste moderne Nachschlagewerk der Welt geschaffen zu haben, dessen epochemachend schwedisch-neutral-maßgebliches Bild- und Textkonzept internationale Gültigkeit habe, mithin per Lizenz für Lexikonverlage aller Länder der Welt das einzig Wahre sei.

Wie in fast jedem Größenwahn, so steckte auch in diesem ein Fünkchen Vernunft. Hatte ich nicht selber mit meinem *Amphi Wall Book* den Welteroberer spielen wollen? Das kleine Schweden verführt zu derlei Höhenflügen wie ein Hühnerstall, in dem sich ein verirrter Spatz wie ein Adler vorkommt; auch ich bin mir in Schweden oft als Genie erschienen. Und was nun Konversationslexika betrifft: Warum in aller Welt, und wozu, sollten die Enzyklopädien dieser Erde, viele Dutzende, ja Hunderte an der Zahl, jedesmal einzeln für sich eine aufwendige Karte von Europa, Afrika, Italien, Griechenland, oder eine kostspielige Vierfarbtafel des Blutkreislaufs, des Sonnensystems, der Schmetterlinge, der Mona Lisa erstellen, oder arbeitsintensive Artikel über Napoleon, Elektronik, Geschlechtskrankheiten – hundertmal, tausendmal ein und dasselbe, statt *Globus'* exemplarisch ausgewogene Karte oder Tafel oder Textstruktur ein für allemal zu einem angemessenen Preis zu übernehmen? Der Gedanke war gar nicht so übel, nur: die Welt ist nicht so.

Da Schwedisch leider nur in Schweden gesprochen wird, wurde für das nunmehr *Globus International* getaufte Unternehmen Englisch als internationales Medium, als *Lingua franca* gewählt, direkt verwendbar für sämtliche übernehmenden Verlage der restlichen Kontinente. Der Übersetzer aus dem Schwedischen ins Englische war ich. Zwar hatte ich meinen Arbeitgeber, den Welt-Enzyklopädisten, vorsichtshalber gewarnt, daß ich als Übersetzer von ganzen Konversationslexika nicht ganz sattelfest sei und daß, wenn ich mir eine weitere Bemerkung erlauben dürfe, die Weltaussichten des *Globus* vielleicht trotz seiner universalen Vorbildlichkeit ein wenig ungewiß seien; aber Fanatiker sehen nun einmal nur, was sie sehen wollen: Er war von mir als »Engländer« ebenso blind begeistert wie von seinem Werk und stellte mich ein.

Schon was den Anfang der *Globus Enzyklopädie* betraf, will sagen den Anfang des Buchstaben A, stellten sich beträchtliche Schwierigkeiten ein. Das schwedische Stichwort *abborre* zum Beispiel. Nachdem ich dieses mir unbekannte Wort im Deutschen als »Barsch« und dann als das mir bislang im Englischen gleichfalls unbekannte »*perch*« identifiziert und im weiteren Verlauf dieses Stichworts mühselig die englische Übersetzung der schwedischen Ausdrücke für »Knochenfisch« und »Segelflosser« gefunden hatte, stockte ich bei *taggfenig fisk* oder »Stachelflosser« sowie bei »Kaulbarsch oder Pfaffenlaus«, die es vielleicht in England gar nicht gab. Nicht weit von diesem, für mich fünf Stunden in Anspruch nehmenden *abborre* entfernt folgte dann das vierseitige Stichwort *atom* mit Dutzenden von Termini, die ich weder auf schwedisch noch auf deutsch, geschweige denn auf englisch verstand. Ich gab auf, begab mich in das imposante Büro des Welt-Enzyklopädisten und bat um meine Entlassung.

Er aber wußte mich zu trösten, denn Fanatiker sehen keine Schwierigkeiten. Wie könnte Jimmy Carter da drüben im Weißen Haus jemals funktionieren, meinte er, wenn er seine Arbeit so ernst nehmen würde wie ich? Meine Übersetzung sei großartig, sagte er (er konnte kein Englisch), stellte eine Flasche Schnaps vor mich hin und gab mir die Erlaubnis, mir als Hilfsmittel so viele und so teure englische Nachschlagewerke und Sachbücher anzuschaffen, wie ich wolle (Fanatiker sind großzügig). Das half mir über das Schlimmste hinweg, denn eines der von mir angeschafften Nachschlagewerke, bei dem ich massive, wenn auch Copyright-geschützte Anleihen machte, war die *Encyclopaedia Britannica.* Sie half mir so sehr, daß ich nach knapp zwei Jahren das gesamte Universum hinter mir und keine Arbeit mehr hatte.

Zu einer englischsprachigen Lizenzausgabe der *Globus Enzyklopädie* kam es natürlich nie, aber ich hatte immerhin, wenn auch unwissentlich, recht beträchtlich zur Werbung auf dem schwedischen Markt beigetragen, denn riesige Anzeigen konnten nunmehr stolz verkünden: »Globus ins Englische übersetzt!« Mit anderen Worten, *Globus International* war weltberühmt in Schweden geworden.

Mein nächster Größenwahnsinniger – oder tat er nur so? – war Captain So-and-So, M. C. *(Military Cross,* etwa *Pour le mérite),* ein Mann mit der Ambition, britischer *Prime Minister* zu werden. Ursprünglich ein mittelloser tschechischer Jude anderen Namens, hatte er sich mit seinem Verlag wissenschaftlicher Zeitschriften mit Sitz im noblen, ehrfurchtgebietenden Oxford einen Namen gemacht. (Was mich unfairerweise an einen deutschen Emigranten namens Blumenzweig erinnert, der in Turin unter dem feudalen Namen *Oxford Tra-*

ding Company mit Schnürsenkeln und Hosenträgern hausierte.) Da ich arbeitslos war und als ehemaliger »Tabellenkönig« einiges von der Typographie wissenschaftlicher Zeitschriften verstand, reiste ich nach Oxford und stellte mich vor.

Der Captain residierte in einem Oxforder Schloß mit dem megalomanisch alliterierenden Namen *Headington Hill Hall.* Auf dem großen Rasen vor den vier Flügelfenstern seines Studios spazierten Pfaue. Außer diesen vier Flügelfenstern bestand der riesige Raum, in den man mich ehrfurchtsvoll geleitet hatte, aus nichts anderem als einem flächendeckenden Aubusson-Teppich und, in echt englischem Understatement, aus einem winzigen Mahagonitisch, hinter dem, eine magnifike Oscar-Wilde-Gestalt, der Captain saß.

Ich legte mein Lehrbuch über wissenschaftlichen Schriftsatz auf den kleinen leeren Mahagonitisch, er blätterte kurz und hatte nur eine Frage, übrigens in dem perlendsten Oxford-Englisch, das ich je gehört habe: *»What do you consider your greatest fault?«,* Was halten Sie für Ihren größten Fehler? Ich antwortete, ich nähme meine Arbeit oft leider viel zu ernst, habe da keinen britischen *sense of proportion.* Worauf er mir unmittelbar eine Anstellung anbot. »In welcher Eigenschaft etwa?« fragte ich schüchtern. *»Well«,* sagte er, er habe die Absicht *»to go into politics«,* Politiker zu werden (siehe oben, *Prime Minister*), und was mich beträfe, so suche er ganz einfach *the Publisher,* den Verleger. Das schmeichelte mir ungemein. Nur das angebotene Gehalt – unter dem eines kleinen, unterbezahlten Redaktörs – paßte weder zu dieser grandiosen Zukunftsaussicht noch zu den vor *Headington Hill Hall* herumspazierenden Pfauen.

Ich bot mir Bedenkzeit aus. Frühere Kollegen in der Oxford University Press, die ich um Rat fragte, warnten mich einstimmig und aufs nachdrücklichste vor diesem »Abenteurer«, »Aufschneider« und – das schien besonders zu dem mir angebotenen Gehalt zu passen – »Ausbeuter«. Ich ließ mich jedoch nicht ganz abschrecken, nicht einmal von dem Gerücht, er habe wiederholt Konkurs gemacht, und reiste halb entschlossen, die Stelle anzunehmen, nach Uppsala zurück. Dort versuchte ich beim Mittagessen gleichsam im Vorbeigehen, *casually,* meinen Kindern klarzumachen, daß Papas Abwesenheit nicht viel schlimmer sein würde als die eines Schiffskapitäns, der eben meistens auf See sei. Da fing Karin, damals noch klein, so herzzerreißend zu weinen an, so verzweifelt und untröstlich, daß ich mir wie ein Verräter vorkam. Ich sagte ab und tröstete mich damit, daß die Warnungen meiner Oxforder Kollegen vielleicht doch berechtigt gewesen waren.

Nun ja, der Captain ist der einzige meiner Größenwahnsinnigen, der es zu etwas gebracht hat: Er wurde noch größer als sein Größenwahn. Mr. So-and-So (Mr.!, den »Captain« hat er inzwischen abgelegt) ist heute der unbestrittene Zeitungs- und Verlagskönig Großbritanniens, ein Medien-Zar mit einer Macht und einem Vermögen, die sich in Zahlen nicht mehr ausdrücken lassen. Und ich *the Publisher!* Etwa Chef des jüngst von ihm für Hunderte von Millionen erworbenen Nobelverlages Macmillan (London, New York, Melbourne, New Delhi) oder meinetwegen auch Herausgeber seines *Daily Mirror,* der britischen *Bild*-Zeitung (nur keine falsche Scham!). Ich kann nur hoffen, daß der Mann wirklich ein Ausbeuter ist und mir damals eine große Zukunftschance nur vorspiegelte, um mich lebenslang als unterbezahlten Underdog ausbeuten zu können. Dagegen spricht allerdings leider Gottes, daß er mir nach meiner Absage einen reizenden Brief schrieb und mir – Gott sei's geklagt! – freiwillig sämtliche Reisespesen ersetzte. Jeder Mensch, und so auch ich, hat eben mindestens einmal im Leben eine kleine Chance...

Nach längerer Arbeitslosigkeit und unaufhörlichem Lebenslaufen, auch wieder in Deutschland, folgte mein dritter Größenwahnsinniger. Es war der neuernannte Betriebsleiter meiner alten Universitätsdruckerei in Uppsala, ein blonder, fischäugiger Hüne, nennen wir ihn Hyne – Betriebsleiter sind in Schweden stets einen Kopf länger als ihre ohnehin langen Untergebenen. Dieser Sven M. Hyne war, wie alle Schweden, überaus technisch orientiert. So war er felsenfest davon überzeugt, daß nach fünfhundertjähriger Stagnation der Buchdrukkerkunst (was stimmte) nunmehr die Zeit des Computersatzes angebrochen sei (was nicht stimmte, das war erst viele Jahre später der Fall). Das Unternehmen, so High-Tech-Hyne, müsse diese einmalige, in den anderen, rückständigeren Ländern Europas noch nicht wahrgenommene Chance als weltweiter Pionier ergreifen und aus schmutzigen, lärmenden, mit schwerem Metall und mühseliger Handarbeit herumfummelnden Werkstätten blitzsaubere, mit Teppichböden,

Hydrokulturen und stromlinienförmigen Eingabegeräten ausgestattete Großraumbüros machen, in denen junge, adrette Damen praktisch unhörbar endlose Lochstreifen codierten, worauf, nach entsprechender Computerbearbeitung, eine digital gesteuerte Mammut-Setzmaschine 1 000 000 000 Lettern per Sekunde (oder Minute, Tag, Woche, ich hab's vergessen) »erstelle«. Automatisierung, Rationalisierung, Motivation – Sven M. Hynes Lieblingsworte.

(Höre ich da wieder jemanden dazwischenrufen: »Genauso wie bei uns in Deutschland?« Herzlichen Dank, solchenfalls ist die Sache um so allgemeingültiger.)

Sven M. Hyne war, wie man sieht, ein Mann des Fortschritts, der Ordnung und nordischer Blitzsauberkeit. »Stellen Sie sich vor«, schwärmte er mir einmal an seinem riesigen, antiseptisch spiegelblanken Schreibtisch nach einer Reise in die Normandie vor, »die Soldatenfriedhöfe der Alliierten!« Seine Augen nahmen einen ekstatischen Glanz an. »Phantastisch, wohin auch immer das Auge schweift, unübersehbar lange Reihen von schneeweißen Kreuzen, eines wie das andere, in genau gleichen Abständen, und rechts unten neben jedem Kreuz eine Blume – ich habe noch nie in meinem Leben etwas so Schönes gesehen.«

Er baute das riesige Dachgeschoß der Druckerei in diesem Sinne zu einer schmucken, staubfreien, mit geschniegelten Programmierern und adretten Tastatur-Girls ausgestatteten Computer-Eingabeanlage aus, gründete Zweigniederlassungen in London und Düsseldorf (der Welteroberer) und stellte mich als polyglotten Koordinator des Ganzen wieder in meiner alten Druckerei an, obwohl ich von EDV soviel verstand wie von seinen Soldatenfriedhöfen. Wie gesagt: Größenwahnsinnige sind blind – ein Segen für mich.

Arbeitshungrig wie ich war, ließ ich mich trotz instinktiver Abneigung gegen Daten- und Soldatenfriedhöfe für die Sache gewinnen und predigte als internationaler Koordinator die Segnungen schwedischen Computersatzes für imponiert zuhörende Deutsche in Düsseldorf und leicht amüsierte Engländer in London. Je weniger ich an die Sache glaubte, desto leidenschaftlicher predigte ich. Unnötig zu sagen, ich arbeitete wieder einmal Tag und Nacht; mein Werbe-Evangelium in vier Farben, Hochglanzpapier, betitelt *Informationsexplosion unter Kontrolle,* erschien in fünf Sprachen, *all done by myself.* Dabei scheute ich mich nicht, auch in der englischen Version die von mir früher so kategorisch verworfenen Ausrufungszeichen unentwegt hinter meine werbekräftigeren Slogans zu setzen. Man kann kaum tiefer sinken.

Aber ach, der Lichtsatz steckte noch in den Kinderschuhen, das Magnetband war in praxi noch ein Lochstreifen, Disketten, Bildschirme und verfügbare Programme gab es noch nicht, und die Speicherkapazität unseres Computers, der zu Sven M. Hynes Entzücken zwei ganze Hallen einnahm, war unvergleichlich kleiner als die eines heutigen PC-Gerätes auf einem x-beliebigen Schreibtisch. (Ganz zu schweigen von der Ironie des Schicksals, daß späterhin, gerade durch die Weiterentwicklung des Computers, wichtige traditionelle Funktionen der Druckereien ganz woandershin abwanderten, nämlich in Schreibstuben und Redaktionen.) Kein Wunder also, daß noch niemand im übrigen Europa und in Amerika etwas gleiches unternommen hatte und daß der schwedische Welteroberungstraum nach Jahren millionenschweren Herumexperimentierens kläglich zusammenbrach, in Uppsala, London und Düsseldorf. Die Verluste waren so groß, daß die gesamte Universitätsdruckerei in andere Hände übergehen mußte. Der neue Eigentümer, ein Mann der praktischen Vernunft, gab Sven M. Hyne den Laufpaß, und mir dazu.

Hyne, 38, wurde unmittelbar von einer High-Tech-Firma in Südschweden in einer noch höheren Position übernommen, er hatte ja schließlich ein hochqualifiziertes Unternehmen geleitet bzw. ruiniert. Ich selber stand wieder einmal auf der Straße, ein alter Mann, den niemand mehr haben wollte. Vielleicht auch deshalb, weil ich, wie der Leser bereits bemerkt haben dürfte, mit vorrückendem Alter in diesem stillen Lande immer übereifriger, auch etwas zu laut, ja vorlaut und besserwisserisch geworden war. Warum gleich ein Werbe-*Evangelium,* und das in vier Farben, fünf Sprachen und mit Hunderten von Ausrufungszeichen? Ich sagte es schon einmal: nichts mäßigt so sehr wie Zugehörigkeit zu einer Gruppe und eine gesicherte Existenz. Aber das ewige Strampeln und Zappeln nach Arbeit und Sicherheit macht einen Menschen, machte jedenfalls mich, zu einem zeitweise unleidlich intensiven Zeitgenossen. Ich will nicht alles mit dem Exil entschuldigen, aber doch behaupten, daß ein gemäßigter, vernünftiger Ton zur Sprache gehört, und daß ich eine Sprache nicht mehr besaß.

Kommt einer
von ferne
mit einer Sprache
die vielleicht die Laute
verschließt
mit dem Wiehern der Stute
oder
dem Piepen
junger Schwarzamseln
oder
auch wie eine knirschende Säge
die alle Nähe zerschneidet –

Kommt einer
von ferne
mit Bewegungen des Hundes
oder
vielleicht der Ratte
und es ist Winter
so kleide ihn warm
kann auch sein
er hat Feuer unter den Sohlen
(vielleicht ritt er
auf einem Meteor)
so schilt ihn nicht
falls dein Teppich durchlöchert schreit –...

(Nelly Sachs)[1]

So erinnere ich mich noch lebhaft daran, wie ich in der Kantine eines der Druckerei angeschlossenen Stockholmer Verlages mein *Amphi Wall Book* der Belegschaft vorstellte, um Goodwill für das Projekt im ganzen Konzern zu mobilisieren. Ich lobte und pries lauthals das Projekt, weit über die mir zugestandene Zeit hinaus, gestikulierte mit geradezu spastischer Intensität vor der über hundertköpfigen, regungs-

[1] Nelly Sachs, aus: Das Buch der Nelly Sachs. © Suhrkamp Verlag, Frankfurt am Main 1977, »Kommt einer«, S. 217.

los schweigenden Zuhörerschaft – bis der Zwergpudel des Verlegers zu bellen anfing und darauf ein brüllendes, unbändiges, geradezu revoltierendes Gelächter aller Anwesenden ausbrach. Kommt einer / von ferne…

Oder: Ich wohnte, wieder einmal auf Arbeitssuche, diesmal in der Bundesrepublik, bei dem Vorsitzer des Aufsichtsrats einer deutschen Großbank, der meinem Vater und mir aufs tiefste verpflichtet war, meinem Vater seiner Karriere wegen, mir wegen einstmals wöchentlicher Lebensmittelpakete aus Schweden. Ein feiner, stiller Mann, der, wie er immer wieder sagte, zutiefst darunter leide, in der Hitlerzeit nicht genug für uns getan zu haben, und nun um jeden Preis wiedergutmachen wollte. Er saß, so klagte er mir, in den zeitraubenden und ermüdenden Aufsichtsräten von dreiundvierzig von der Bank abhängigen Unternehmen. In einem dieser Unternehmen, so hoffte ich insgeheim, hätte ich durch ihn vielleicht eine Arbeitschance. Aber nein, er tat wenig und bald gar nichts mehr. Warum? »Sie sind ein wenig zu zappelig«, sagte er einmal auf der Freitreppe seiner imposanten Villa. (»Sie sind ein wenig zu zappelig«, sagte der SS-Mann, als er einen Juden in die Gaskammer stieß.) Man verzeihe die Parenthese. Ich *war* zappelig, ich strampelte und jampelte nach Arbeit wie nach Luft, während jener Aufsichtsratsvorsitzende zu dem satten, stillen, gesitteten Klub der feinen Leute gehörte, *to the old boys' club* – Leute, die meinen Schweden zum Verwechseln ähnlich sehen.

Zappelig! Wie recht er hatte! Da fällt mir ein Beispiel ein, das ich dem Leser nur mit Zögern anvertraue, weil es beschämend für mich ist und gröblich mißverstanden werden kann. Ich will es gleichwohl erzählen und enthebe das Lektorat des Verlages jeder Verantwortung.

Es war in München. Ich war auf dem Wege zum Verleger Klaus Piper, der zu einem Vorstellungsgespräch bereit gewesen war. Mein Herz schlug höher, zum erstenmal nach Hitler war ich wieder in Deutschland, und dazu noch mit einer vagen Aussicht auf interessante Arbeit. Auf dem Wege kaufte ich mir ein Paar meiner so lange entbehrten Landjäger, setzte mich auf die von zwei mächtigen Löwen flankierten Stufen der pompösen Feldherrnhalle, die einst Hitlers Heiligtum gewesen, und biß gemächlich in meine Wurst hinein – wieder zu Hause. Dann führte mich mein Weg an der Universität vorbei, an ihrem Geschwister-Scholl-Platz. Es rührte an. Weiter vorbei am Siegestor. Das chauvinistische Machwerk war jetzt eine ausgebesserte Ruine, zuoberst hatte man den alten kriegerischen Weihespruch mit den einfachen Lettern DEM FRIEDEN (oder so ähnlich) ersetzt. Ich setzte mich gegenüber auf den Rinnstein, sah immer wieder hinauf zu DEM FRIEDEN und weinte wie ein Kind, vor Glück. Dann, etwas später, stand ich vor dem großen Verleger, einem stillen, feinen Mann, der sicher alles andere als ein Nazi gewesen war, von dem ich jetzt Arbeit, endlich Arbeit, erhoffen durfte. Mein Glücksgefühl kannte keine Grenzen mehr, nach dreißig Jahren in der Fremde. »Ach«, platzte es beim begrüßenden Händeschütteln aus mir heraus, »ich bin eben beim Geschwister-Scholl-Platz vorbeigekommen, bei der Feldherrnhalle und beim Siegestor – DEM FRIEDEN. Ach, lieber Herr Piper, wenn ich da an das lahmarschige Schweden denke, das seine Nazi-Vergangenheit mit keinem Wort wahrhaben will – Kinder, ihr habt sechs Millionen Juden vergast, aber bei euch ist doch wenigstens was los!«

Kommt einer / von ferne…

Meine nächste Anstellung war nicht im Piper-Verlag, sondern wiederum bei einem Größenwahnsinnigen. Diesmal nur nach inständigen Bitten, und nur auf Probe, denn schließlich war ich jetzt 62.

Mein Arbeitgeber war ein dreiundzwanzigjähriger Designer, der sich den nicht existierenden, nur Größenwahnsinnigen verständlichen Titel *International Art Director* zugelegt hatte. Der junge Mann war künstlerischer Leiter einer Uppsalienser Firma, die mit Zweigstellen in Deutschland, Frankreich und England – die waren ihm zu Kopf gestiegen – eine der führenden Poster-Produzenten Europas war und vermutlich noch ist: farbenfreudige Posters mit superpotenten Harley-Davidson-Motorrädern und Formel-1-Rennwagen für pubertierende Jünglinge, Pferde und Fohlen in allen Farben und Stellungen für Teenager-Girls (das war mir neu, die offenbar weltweite Begeisterung junger Mädchen für Pferde), händchenhaltende Paare an Südsee-Sonnenuntergang-Stränden für Lieschen Müller, *Playboy*-Playmates für Einsame, vor allem aber Katzen, Hunde, Schwäne, schneebedeckte Alpengipfel, Fernweh-Palmen und Zypressen für jedermann. Wenn ich da nicht am Platz war, wo sonst? Die Nische! Hier konnte ein Sprachinvalide Ideen ohne Text für jede Wand Europas ausbrüten – *Amphi*

Wall Books selig! Eine einzige Idee für ein Knüller-Poster, und man hatte sein Jahresgehalt doppelt und dreifach verdient.

Ich brütete Ideen, Hunderte (»Sie sind ein wenig zu zappelig.«). Kein Wunder, das war dem *International Art Director* zuviel, denn er hatte selber Ideen; meine, so sagte er, seien altmodisch und, wenn er ehrlich sein solle (»ja, bitte!«), leicht verkalkt, was ja angesichts meines Alters auch verständlich sei. Verständlich: Ich war bei weitem der Älteste in dieser blutjungen Firma, in deren im Erdgeschoß eingelassenen Swimmingpool sich knackige junge Angestellte tummelten.

Der »leicht verkalkte« Tropfen, der schließlich das Faß zum Überlaufen brachte, war ein von mir entworfener *»Trompe-l'œil«:* das ganze Poster naturgetreu und peinlich genau ein augentäuschend geöffnetes Fenster mit Blick auf schneebedeckte Alpengipfel *und* Zypressen *und* Pferde... »Ein Loch voller Sonne und Urlaub in Otto Normalverbrauchers trister Wohnsilo-Wand!« rief ich zappelig-triumphierend aus. Das war zuviel Begeisterung für den *International Art Director*. Er teilte mir tags darauf eine neue, nüchternere Arbeit zu: ich hatte fortan das *Lager* der Posters zu hüten, will sagen ausgehende oder überzählige Stapel zu buchen, Schwund, Plastikhülsen, Verpackungs- und Werbematerial zu registrieren und die Stapel zu den LKWs zu karren.

Ich tat das alles, ein alter Mann arbeitete immer langsamer, immer müder, bis er eines Tages seine Kündigung im Briefkasten vorfand.

Das war das Ende. Ich hatte keine Chancen mehr, in keinem Land, ich war über sechzig. Die alten Selbstmordgedanken setzten wieder ein (Laing schwieg mit feuchten Augen, was sollte sie einwenden, die Kinder waren jetzt groß). Wieder jener unselige Zweitaktmotor, jenes ständige Wechselspiel von bald weggeworfenem, bald wiedergewonnenem Leben, von Verzweiflung (V) in der einen und Hoffnung (H) in der anderen Minute. »V« und »H« waren Kürzel, die ich unauffällig in eine Ecke der Manuskriptblätter eines neuen Buches kritzelte, je nachdem, ob das Blatt mit Selbstmordgedanken oder einem Hoffnungsstrahl geschrieben worden war. Dies, um späterhin, falls das Buch je fertig werden sollte, die dadurch entstandenen Unebenheiten stilistisch und inhaltlich einebnen zu können.

Es war ein seltsamer Buchversuch. Nichts war geschehen, was mich hätte inspirieren können. Der Tag war tot, der Briefkasten war leer, das Telefon war still, das Land des Schweigens schwieg, Deutschland war fern. Aber da war ein kleines Lebenszeichen gewesen: Sieglinde Leonhardt, die Frau des Freundes, hatte eine Karte auf lustigem Englisch geschickt, sie besuche gerade einen englischen Konversationskurs.

Das brachte mich auf eine Idee.

Ich sprach sehr gut Englisch. *Das* wenigstens hatte ich in Schweden gelernt. Könnte ich mich nicht dem deutschen Leser gegenüber als Englischlehrer tarnen und mich dabei in meinen Schüler verlieben – ein deutsch-englisches Pygmalion etwa, eine Liebesgeschichte mit dem Leser, mit der Heimat. (Nun ja, mit der Leser*in*, passender, da ich zufällig männlichen Geschlechts bin und Deutsch mit seinem elenden »-in« so widerlich geschlechtsspezifisch ist – ich meine: *the reader.*)

Englisch, ganz privat – da war ein Standort, ein Bezug, ein bißchen Wachs für den Kerzendocht: ein Stoff, der interessieren könnte. Ich würde meinem Leser nützliche Sprachkenntnisse beibringen, ihm/ihr Geschichten erzählen, um mir wie Scheherezade von einer Geschichte zur anderen das Leben zu retten (– aber sag' das um Gottes willen nicht so deutlich!), und mich bei dieser Gelegenheit bis über die Ohren verlieben. Es würde eine echte Liebe mit dem Leser sein, denn was ist echter als die Liebe eines Schriftstellers zur Kommunikation. Es würde ein Briefroman, eine Romanze in einem Sprachmix von Deutsch und Englisch werden. Endlich eine Sprache! Oder richtiger: zwei halbe Sprachen für die eine ganze, die ich verloren hatte. Eine Nische! *Heureka!*

»Doosie« sollte der Adressat, die Leserin, der Leser, die Heimat in diesen Briefen heißen, weil man ja im Englischen stets nur *you* sagt und ich im Deutschen nicht wußte, ob ich die ferne Geliebte mit Du oder Sie anreden sollte. *»Dear Doosie«*, so fing der erste Brief des Buches an, und so sollte auch sein Titel lauten.

Doch vorerst waren nur wenige Seiten geschrieben, gleichsam versuchsweise, im Auf und Nieder von »V« und »H«. Die Schwierigkeiten! Wie sollte man eine größere Leserschaft, gleichzeitig also Anfänger und Fortgeschrittene im Englischen, ansprechen, ohne die eine Kategorie mit der anderen abzuschrecken? Wieviel Englisch konnte denn überhaupt so ein deutscher Leser? Und wie reagierte er/sie? Würde er Lustiges albern finden, Trauriges melodramatisch und Erotisches obszön? Wie deutlich durfte man sein, ohne überdeutlich zu wirken, wie diskret, ohne unklar zu sein? Ich kannte den deutschen Leser nicht, ich schrieb aus vierzig Lichtjahren Entfernung, hinein ins Dunkle.

Daß ich ins Schwarze traf, daß mich meine Doosie – eine halbe Million von Doosies – nach Hause bringen sollte, wirtschaftlich abgesichert durch einen beträchtlichen Bucherfolg, das hätte ich damals für die Halluzination eines Tagträumers gehalten. Auch trat der Erfolg erst ganz allmählich ein, im Laufe von mehreren Jahren. Fast siebzigjährig, im Jahre 1980, kehrte ich nach Deutschland zurück, zu »D., der nie Gesehenen« – so die Widmung des Buches. Wobei ich noch heute nicht weiß, ob »D.« trotz des weiblichen Artikels für »Doosie« oder »Deutschland« steht, oder für beides.

Doch noch war ich nicht siebzig, sondern ein zweiundsechzigjähriger Arbeitsloser, zerrieben zwischen »V« und »H«. Als einziger Ausweg blieb nur noch das Gnadenbrot, das schwedische Sozialämter einst betagten deutschen Emigranten unmittelbar nach ihrer Flucht aus Hitler-Deutschland gewährt hatten, als sie noch kein Wort schwedisch verstanden, gleichsam als Erste Hilfe: Notstandsarbeit als Archiv-Hilfsarbeiter, als fünftes Rad am Wagen. Damals sicher eine barmherzige Einrichtung, in meiner Lage aber ein bitterer, ein demütigender Rückfall an den Anfang des Exils, nach fast vierzigjähriger Arbeit im Lande und dreißig Jahre nach dem Ende des Dritten Reichs.

Die Arbeit, die mir zugewiesen wurde, war Archiv-Hilfsarbeit am Deutschen Institut der Universität Uppsala. Auch ein Wiedersehen mit Deutschland: Tippen für deutsche Dozenten, Fotokopieren und andere Botendienste. Als besondere Vergünstigung, natürlich außerhalb des offiziellen Lehrplans, durfte ich »schwarz« deutsche Konversationsstunden für einige Studenten geben, bis die schwedische Lehrergewerkschaft eingriff: Deutschunterricht sei staatlich examinierten Lehrern vorbehalten und somit für Emigranten verboten.

Mir wurde klar, was der deutsche Ausdruck »den Kopf hängen lassen« bedeutet: Oft ließ ich beim Tippen den Kopf bis zur Plastikkante meines Schreibtisches hinuntersinken, stützte ihn mit der Stirn auf dieser Kante auf und schlief ein.

Einmal weckte mich ein mir bekannter, in Uppsala ansässiger deutscher Exilliteratur-Forscher, ein Mann in den besten Jahren, seit kurzem Professor für Deutsche Literatur in Stockholm. Er hatte sich die Sporen für seine Professur durch seine 600seitige Doktorarbeit *Exil in Schweden* verdient (Hanser Verlag, München, 1974), war an die Stockholmer Arbeitsstelle für Exilliteratur geknüpft (von deren Existenz mir nichts mitgeteilt wurde) und spielte eine Rolle auf einem zu jener Zeit in Stockholm auf Einladung des dortigen Deutschen Instituts abgehaltenen internationalen Kongreß, »Deutschsprachige Exilliteratur« (über den ich ebenfalls nicht unterrichtet wurde: dies war offenbar ein Forum für Forscher mit Planstellen, nicht für Exilautoren).

Wie gesagt: Dieser mir bekannte deutsche Professor trat in meine Dachkammer im Deutschen Institut, als ich wieder einmal mit dem Kopf auf der Schreibtischkante eingeschlafen war. Er weckte mich mit einem lauten »Hallo«, schüttelte mir die Hand und gratulierte mir zu meiner neuen Beschäftigung. »Seien Sie froh«, sagte er, »Sie haben's gut. Sie führen ein sorgloses Leben. Wenn Sie wüßten, wie man sich als Universitätsprofessor so abplagen muß!«

Ich wollte zuschlagen. Aber es war ja vermutlich nichts weiter als der gutgemeinte Tröstungsversuch eines Mannes, der immer noch nicht begriffen hatte, was Exil ist.

Exil. Ein totes Fenster, ein umgeworfener Stuhl. Gezeichnet für das Buch *J* (1968).

18
Die alten Kastanien

Nein. Ich ließ die angefangene Seite einer Tipparbeit für eine germanistische Dozentin (»Die Präpositionen ›für‹ und ›gegen‹ bei Kafka«, mit Anweisung »bitte 5½ cm Rand, doppelter Zeilenabstand«) – diese angefangene Seite ließ ich in der Schreibmaschine des Deutschen Instituts der Universität Uppsala stecken, hieß den neuesten Duden und Büchmanns *Geflügelte Worte* mitgehen und machte mich davon.

Laing half die Koffer packen und die Bücher als Frachtgut fertigmachen. Dann fuhr ich nach Berlin. Irgendwie mußte man sich dort zum Donnerwetter über Wasser halten können, als freier Mitarbeiter, mit meiner typographischen und redaktionellen Erfahrung, trotz meines Alters (ich war jetzt 64). Laing, die nun ja schon an die siebzig war – sie sah so beseelt aus wie die wunderbare, gleichaltrige Astrid Lindgren –, wollte lieber bei Kindern und Enkeln bleiben und würde auch leidlich von ihrer und auch von meiner in Kürze anfallenden schwedischen Rente leben können.

Einen Grundstock für eine bescheidene Existenz in West-Berlin hatte ich schon. Kerstin, eine junge schwedische Sprachlehrerin, die ich in Uppsala kennengelernt hatte, hatte mir vor kurzem schriftlich zugesagt, ich könne bei ihrer Berliner Intensivschule, Deutsch für Skandinavier, mindestens mit einer Halbtagsanstellung rechnen, als Deutschlehrer. Das Gehalt, wenn auch bescheiden, würde als Basis reichen.

Ich stellte bei der Deutschen Botschaft in Stockholm einen Rücksiedler-Antrag auf Aufenthalts- und Arbeitserlaubnis in Berlin, als ehemaliger Hitler-Flüchtling und geborener Berliner. Nach wiederholten Beteuerungen, ein aus rassischen Gründen Nazi-Verfolgter zu sein, erhielt ich diese Erlaubnis für ganze drei Monate, vom 28. April bis zum 27. Juli 1977. »Gültig nur zur Aufnahme einer Tätigkeit als Sprachlehrer« in besagter Berliner Intensivschule. Weitere Einschränkungen, gleichfalls in den Paß gestempelt: »Zuzug in die Bezirke Kreuzberg, Tiergarten und Wedding nicht gestattet.«

Es war kein gutes Omen. »Zum Donnerwetter nicht noch mal, ich habe ein *Recht,* in dieser Stadt zu leben!« ließ ich mich lauthals in einer Berliner Kneipe vernehmen, in einem Kreis von jungen, offenbar sympathisierenden Leuten, zu denen ich mich in meiner Ankunfts-Euphorie gesellt hatte. Darauf ein junger Bärtiger, der neben einem besonders hübschen Mädchen saß, das mich wohl zu meinem Ausbruch inspiriert hatte: »Geben Sie doch nicht so an!«

Das war auch kein gutes Omen. Meine Schuld? Hatte ich mich aufgespielt, mit meinem Emigrantenschicksal kokettiert? Mit gemischten Gefühlen ging ich zurück in mein Zimmer in der Droysenstraße in Charlottenburg, wo ich billig in einem Hinterhaus untergekommen war: Bett, Schrank, wackeliger Tisch zum Schreiben, nur kaltes Wasser, kein Telefon. Die Intensivschule lag um die Ecke, in der Damaschkestraße, beim Kurfürstendamm. Dorthin würde ich, wie verabredet, in zwei Tagen gehen.

Ich vergaß Unerquickliches. Es war Frühling. Es war mein Berlin. Die alten Kastanien, ganz wie einst! Die Blütenkerzen, darunter die Stämme in ihren rührend kleinen, vom Pflaster freigelassenen Plätzchen heimatlich märkischer Erde. Wie alt konnten sie sein? Etwa dreißig Jahre wohl – ganz wie vor fünfzig Jahren. Dieselben Kastanien! Dieselben jungen Mädchen! Ihr aus meinen Berliner Buletten und Kartoffelpuffern gewachsenes Fleisch – die kleine Dunkle am Gurkenstand, Freibad Wannsee, ich bin wieder zwanzig! (»Geben Sie doch nicht so an!« Ach was.) Bin ich verrückt geworden? In Schweden war Fleischeslust nur eine Art Jucken gewesen, hier aber war's ein Naturereignis.

»Thüringer Bratwurst« verkündete ein Stand in der Joachimstaler Straße. Das Wort war mir altbekannt, nur: was *war* eine Thüringer Bratwurst? Ich erstand eine, biß in sie hinein, kaute, und siehe, während ich kaute, füllte sich die Wurst mit semantischem Inhalt. Sprache!

Bereitschaft. »*The readiness is all*«, Hamlet. Die Bereitschaft, zu sehen, zu hören, in sich aufzunehmen. Die Farbe der Briefkästen nur oder der Omnibusse. Gelb, beige. Welche Farbe hatten sie in Schweden gehabt? Rot, grün, blau? Keine Ahnung, keine Sprache.

Ubi bene, ibi patria, sagen die Römer. Wo es mir gut geht, da ist mein Vaterland. Bin ganz derselben Meinung, wenn auch in einem weniger opportunistischen Sinne: *Hier* geht's mir gut, nur hier: *hic patria.* Ach, endlich kann ich mich weiterentwickeln, werde nicht immer wieder zurückgeworfen in die Anfangsstufen irgendeiner fremden Welt, muß nicht immer wieder von vorn anfangen, wie ein Kleinkind kriechen, gehen lernen, auf spanisch, italienisch, englisch, schwedisch. Darf endlich altern, wie es sich gehört.

Dann saß ich an der Kranzler-Ecke, aß meinen Apfelkuchen, fiel von einer Euphorie in die andere. Wie ist es möglich: vierzig Jahre Schweden nichts anderes als ein blöder Traum, der einem morgens beim Aufstehen plötzlich einfällt und den man schon beim Zähneputzen wieder vergessen hat, auf immer.

Versündige dich nicht! Aber wo dir die Dinge etwas sagen, einschließlich Auschwitz, ja, einschließlich Auschwitz, da bist du zu Haus. Da fragte mich doch einer im Zug, wie ich denn nach Deutschland zurückkehren könne, wo mir doch die Deutschen so viel angetan hätten. »Die Deutschen?« antwortete ich, »entschuldigen Sie, aber ich bin *auch* ein Deutscher!« – und wollte hinzufügen, daß auch ich an der Kollektivschuld der Deutschen teilhabe, wenn es so etwas gäbe, denn auch ich hätte damals nichts gegen Hitler getan. Aber ich ließ es sein, man soll Deutschen gegenüber vorsichtig sein, auch wenn man ein Deutscher ist.

Verzeihe ich? Verstehe ich? Das kann nur Gott, und den gibt es nicht, jedenfalls nicht mehr nach Auschwitz.

Dann sagte einer, ich würde maßlos enttäuscht sein, »mein« Deutschland gäbe es nicht mehr. Ich antwortete gar nichts, dachte nur im stillen: hoffentlich! Hoffentlich gibt es mein Deutschland nicht mehr, ich sehne mich nicht nach Hugenberg, Stahlhelm und SA, nicht nach sechs Millionen Arbeitslosen, Inflation, Bitterkeit und Gift und Galle. Ich sehne mich danach, Mitbürger zu sein in einem Land, dessen Sprache ich spreche. Basta.

Ich machte mich in die Damaschkestraße 17 auf, zur Intensivschule, einem großen, modernen Mietshaus. Die Schüler, meist Schweden, aber auch andere Skandinavier, waren in komfortablen Einzelzimmern untergebracht und wurden tagsüber kontinuierlich von eingeborenen Deutschen, oft Studenten, mit Deutsch »berieselt« – eben eine Intensivschule.

Mir gefiel das System, ich fühlte mich im Lehrerzimmer unter all diesen jungen Leuten wie neugeboren, brannte auf Arbeit, erzählte von mir, von all meinen vertanen Jahren und all meiner Bratwurst-Glückseligkeit. Die jungen Leute hörten zu, vielleicht mit einem Anflug ironisch amüsierter Verwunderung. (»Geben Sie doch nicht so an«?) Die schwedische Vorsteherin, die junge hübsche Kerstin, die mir den Zusagebrief geschickt hatte, räusperte sich verlegen und sagte beiläufig, im Augenblick gäbe es leider keine Arbeit für mich.

Das ernüchterte. Aber ich gab die Hoffnung nicht auf und sprach wiederholt in der Schule vor, immer wieder ohne Erfolg. Nach drei Wochen – ich hatte erfahren, daß die Schule inzwischen einen zusätzlichen Deutschlehrer eingestellt hatte – bat ich Kerstin um ein vertrauliches Gespräch, aber es war nicht mehr aus ihr herauszukriegen als kühle Freundlichkeit und allgemeine Floskeln, die Lage der Schule sei im Moment schwer zu überblicken. Merkwürdig. Hatte sie mich vielleicht in Uppsala in einem anderen, irgendwie interessanteren Licht gesehen, war ich jetzt in dieser jungen Umgebung ein redseliger alter Mann?

Auf der Treppe begegnete ich einigen Schülern, hagerlangen Schweden, eigentümlich bleich und milchig wirkten sie auf diesem südlicheren Breitengrad. Sollte ich sie als meine potentiellen Schüler nett und sympathisch finden? (Bereitschaft ist alles.) Oder verfolgte mich dieses milchbleiche Schweden nun auch bis in meine Heimat?

Nach vier oder fünf Wochen klopfte der neu eingestellte Deutschlehrer, ein ausnehmend gutaussehender junger Mann – hatte Kerstin sich in ihn verguckt? – an die Tür meiner Kammer in der Droysenstraße, »um guten Tag zu sagen«. Nach einigem Höflichkeitsgeplänkel erklärte er, er meine es gut mit mir, aber ich solle mir keine Hoffnungen machen, Kerstin wolle mich »nun einmal« nicht als Lehrer haben.

Ein Dolchstoß. Ich nahm mich zusammen und fragte so ruhig wie möglich, ob ich vielleicht damals im Lehrerzimmer oder überhaupt zu intensiv gewesen sei, ich sei manchmal etwas »zappelig«. Er wußte keine Antwort.

Ob ich zu alt sei? Er schüttelte schwach den Kopf.

Ob meine ganze Art – nun, ob ich vielleicht nicht deutsch genug aussähe für diese Skandinavier, als *Deutsch*lehrer, zu dunkel vielleicht oder zu – jüdisch? Er lachte schwach.

»Hat Kerstin Ihnen einen Grund genannnt?«

»Nein«, sagte er kurz.

»Kommen Sie in ihrem Auftrag?«

»Ja.«

Dann ging er. Ich riegelte die Tür zu, setzte mich auf die Bettkante und weinte. Keinen Boden mehr unter den Füßen, in meiner eigenen Stadt. Ich hing in der Luft. Ich hatte in diesen Wochen des Wartens versucht, die erhoffte Halbtagsanstellung als Deutschlehrer mit freiberuflicher Tätigkeit zu ergänzen, beim *Tagesspiegel,* beim RIAS-Hörfunk (Literatur), bei Buchverlagen, bei Druckereien, aber überall hieß es, man habe »auf Anhieb« nichts anzubieten, und stellte sich später tot. Ganz wie vor der Abreise hierher, in Stockholm: da hatte mir der Kulturattaché der Deutschen Botschaft, ein vornehmer adliger Herr, *off-hand* keinerlei möglicherweise nützlichen Verlags-, Presse- und andere Adressen in Berlin mitgeben können – nur um *Adressen* hatte ich gebeten, nicht einmal um Empfehlungen –, und seitdem hatte er geschwiegen. Auch der Berliner Senator für Bildung und Wissenschaft hatte einer prominenten, herzbewegend für mich intervenierenden Persönlichkeit geantwortet, er wolle gerne etwas tun, aber »auf die Schnelle« ließe sich da nichts machen. Seitdem Schweigen.

In der Telefonzelle in der Droysenstraße hatte ich versucht, mir eine Existenz aufzubauen, während andere ungeduldig vor der Tür warteten. Oft waren die Herren gerade in einer Sitzung, oft mußte ich meine Suche wegen der draußen Wartenden unterbrechen, ging auf und ab im Regen – in meinem Berliner Kindheitsregen, »es regnet, Gott segnet, die Erde wird naß« –, betrat guten Mutes wieder die Telefonzelle, suchte eine Adresse im Telefonbuch, die Seite war herausgerissen. Vierundsechzig Jahre alt und keine andere Verbindung mehr mit meiner Stadt als eine fehlende Telefonbuchseite.

Ich klammerte mich an ein paar Reportage-Aufträge, die ich von einem Springer-Redakteur für die *BZ* ergattert hatte – meine liebe alte Berliner *BZ am Mittag.* Herr K., der Redakteur, hatte mich in dem pompösen Klubraum des Springer-Hauses empfangen, nachdem ich sicherheitshalber – Terroristen! – überaus umständlich bei ihm angemeldet worden war. Wir hatten lange in einer mit aufwendigen Klubsesseln ausgestatteten Nische geplaudert, unter einem Selbstporträt Max Liebermanns, einer brillanten kleinen Ölskizze in pompösem Goldrahmen. War es dieselbe Skizze, die uns Max Liebermann gezeigt hatte, damals ohne Rahmen, in seinem Atelier am Pariser Platz, neben dem Brandenburger Tor? Ich war etwa achtzehn, der Vater meines Freundes Franz, ein Berliner Impressionist, hatte mich mit seinem Sohn zu Liebermanns mitgenommen. Und jetzt hier. Es mutete heimelig an, heimatlich.

Ich lieferte meine Reportagen auftragsgemäß an die *BZ*, diktierte auch einige per Telefon in die Redaktion, aber ich sah kein Honorar, keine Belegexemplare und erhielt auch meine Manuskripte nicht wieder zurück, trotz wiederholter Mahnungen. Nach Monaten, als ich mich in einem immer bestimmteren Ton an die Redaktion der *BZ* wandte, erhielt ich von der Notariatsabteilung des Axel-Springer-Konzerns die kurze Mitteilung, ein Herr K. sei weder bei der *BZ* noch im Hause Springer bekannt, man lehne eine weitere Korrespondenz in dieser Sache ab.

Ja, es wäre gut gewesen, wenn mir Herr von Soundso, der feine Kulturattaché der Deutschen Botschaft in Stockholm, ein paar Adressen mitgegeben hätte.

Dagegen erhielt ich einen honorierten Auftrag vom Ullstein-Verlag, einst »meinem« Ullstein in Berlin (und heute wieder). Als Student hatte ich in seinem schönen Magazin *Der Querschnitt* geschrieben, auch waren die besten Freunde meiner Eltern der Chef des Ullsteinschen Propyläen-Verlags und seine Frau, eine geborene Ullstein, gewesen (beide in Auschwitz vergast). Auf der Chefetage des hohen Neubaus mit der lieben alten Ull-Eule unterm Dachgeschoß traf ich den obersten Mann und seine rechte Hand. Nach Besichtigung meiner Zeugnisse fanden beide, ein freier Mitarbeiter mit meiner redaktionellen und typographischen Erfahrung erspare ihnen die Kosten jahrzehntelanger Ausbildung, ich sei herzlich willkommen.

Endlich! Ich erhielt den Auftrag, ein großes, bisher nur vages Buchprojekt in einem Gutachten redaktionell und herstellungsmäßig zu konkretisieren. Das Projekt bestand darin, fünf große, in verschiedenen Sprachen und Ländern Europas veröffentlichte Werke über Kunst und Architektur jener Länder in einem einzigen, nicht allzu umfangreichen deutschsprachigen Europa-Band zu vereinen. Eine faszinierende Aufgabe! Ich werkelte pausenlos mit den schweren fünf Bänden, erarbeitete ein Konzept für Bild- und Textverteilung, Gliederung, Layout, Druckverfahren, Redaktions- und Produktionskosten. Nach drei Wochen trug ich mein Werk übernächtigt, aber stolz zur Chefetage hinauf. Dort erklärte man mir, man sei sich über Copyright und Lizenzen bei dieser ganzen Sache noch nicht recht im klaren, die Entscheidung könne sich leider noch jahrelang hinziehen. »Aber nein, lieber Herr Lansburgh, sehen Sie nicht so traurig aus, selbstverständlich werden wir Ihr Gutachten großzügig honorieren, wo Sie doch als Rückkehrer...«

Das Honorar kam denn auch nach einiger Zeit. Zweihundert Mark.

Ich hatte den Anschluß verpaßt. Ich hätte viel früher die richtigen Kontakte finden müssen, ich hätte damals nicht aufgeben sollen, als ich auf Gleichgültigkeit und Unverständnis stieß. Ich hatte in jenen, in allen Jahren viel zuviel gearbeitet, Tag und Nacht, und viel zuwenig nachgedacht. Jetzt war ich ein alter Mann, abgerissen, ohne Freunde, bald ohne einen Pfennig, allein in einem Hinterhaus, mit einer abgelaufenen Aufenthaltserlaubnis. So konnte sich vielleicht ein Zwanzigjähriger in der Fremde durchschlagen, ich hatte es ja einst getan. Aber als alter Mann ein brotloser Emigrant im eigenen Land zu sein – ich wurde sehr müde, todmüde, die Augen fielen mir oft schon auf der Straße zu oder in der Telefonzelle.

Berlin, dieses gräßliche Berlin! So leblos wie ich selber, so tot erschien mir nun auch diese noch vor Wochen so liebenswerte Stadt. Dieser elende Ku-Damm, den man ewig, und ewig sinnlos, hinauf- und herunterrutschte. Dieser mickerige Gernegroß-Bahnhof Zoo. Diese mumifizierten Häuserreihen hinter betulich blühenden Kastanien. Diese Stadt – jetzt ging es mir auf, Horst Krüger hatte es einmal gesagt –, die von jeher *östlich* gewesen war, mit ihrem Pankow, Teltow und Moabit. Sollen doch die Russen ruhig den ganzen Plunder holen, inklusive Kreuzberg, KaDeWe und Scheiß-Szene.

Fünf Monate waren vergangen, mein Geld, meine Kraft waren zu Ende, ich mußte zurück. Als ich auf dem Paketpostamt stand und meine Bücherpakete, die ich mühselig hierhingeschleppt hatte, mit der Adresse versah, »Uppsala, Schweden«, flimmerte es mir vor den Augen, ich mußte mich auf den Steinboden setzen, dann legen. Jemand hob mich auf, sagte: »Na, watt iss denn los mit dir, Kleena?«

Berlin, geliebtes Berlin.

In Uppsala konnte ich kein Tageslicht mehr sehen, die Sonne schon gar nicht. Laing nähte dunkle Vorhänge, schwarze Gardinen, für mein Zimmer, in dem ich tagsüber auf dem Bett lag. Für die alten Selbstmordgedanken war ich zu müde, ich schlief am Tag und nahm Valium für die Nacht. Meine einzige Bewegung war der Gang zum Briefkasten an der Hausecke. Er war leer.

Dann lief ich Amok. Ein Leser meines *Schloß Buchenwald* hatte zu dieser Zeit, Ende 1977, eine fortschrittlich gesinnte, einst mit Kurt Schumacher liierte Vizepräsidentin des Bundestags um Hilfe für den im Exil verzweifelnden Autor gebeten. Daraufhin ließ mir diese Vizepräsidentin durch ihren Referenten brieflich mitteilen, daß sie und ein von ihr herangezogener Ratgeber, Mitglied des Bundestags und vormaliger Vorsitzender des Verbandes Deutscher Schriftsteller, keine Lösung für meine Rückkehr nach Deutschland sähen, dies sehr bedauerten und sich dabei bewußt seien,

> »daß die Folgen des Ihnen durch die Nazibewegung aufgezwungenen Exils jetzt im Alter letztlich von Ihnen allein zu tragen sind«.

Von mir allein! Einen Scheißdreck kümmert es diese Leute, was einmal in Deutschland passiert ist. »Letztlich von mir allein!« Will mich die Vizepräsidentin des Deutschen Bundestags in den Tod treiben? Ich raste, schrieb unablässig einen Entwurf nach dem anderen für einen Offenen Brief an jene Person, bis ich die endgültige Fassung gleichzeitig an den *Spiegel,* die *Zeit* und den *Stern* schickte. Tenor: Gefühlsroheit, wie sie einst einen Hitler möglich machte.

Natürlich reagierte keine Zeitung, denn die Sache war im Grunde nicht der Skandal, für den ich sie in meiner blinden Exilwut hielt. Ich hatte zu lange in der Fremde gelebt, ich hatte mein Deutsch verlernt, ich konnte eine sträflich schlampige, aber im Grunde gutgemeinte Formulierung des Bedauerns nicht mehr deuten. Statt dessen lief ich weiter Amok. Versuchte, ein Darlehen von fünfzigtausend Mark bei einer schwedischen Bank aufzunehmen, um meinen Offenen Brief, jetzt mit dem Titel *J'accuse,* als ganzseitige Anzeige in der Feuilletonbeilage der *Zeit* zu veröffentlichen.

Wie zu erwarten, wollte mir keine Bank Geld geben, ich zog die schwarzen Gardinen meines Zimmers wieder zu, dämmerte vor mich hin, die Vizepräsidentin des Bundestags und der Mann vom Verband Deutscher Schriftsteller verfolgten mich. Ich plante, nach Bonn zu fahren, mich vor den Bundestag mit einem Umhängeschild »Auschwitz 1977« zu setzen, mich mit Benzin zu übergießen, wie eine lebende Fackel zu verbrennen.

Das kommt davon, wenn man kein Deutsch mehr kann.

In der Leistengegend schwoll eine Lymphdrüse kugelförmig an. Eine Gewebeprobe ergab, wie mir eine anonyme Krankenhausstimme nach etwa einer Woche telefonisch mitteilte, Krebs. »Wie lange habe ich noch zu leben?« fragte ich. Die Stimme antwortete, das sei unterschiedlich, manchmal könne es sehr schnell gehen. Ein Feuertod vor dem Bundestagsgebäude! Nein, jetzt wußte ich es, mir war ein Ende beschieden, wie es sich für einen Emigranten geziemt: ein stummes Verrecken im Niemandsland.

Ich kam ins Universitätskrankenhaus. Man untersuchte mich wochenlang, in erster Linie aus wissenschaftlichen Gründen, da trotz aller Tests – Röntgen, Lymphographie, Szintigraphie, Tomographie, Zysto-, Gastro-, Rektoskopie – kein Primärtumor oder Karzinom entdeckt werden konnte, sondern eben nur diese eine Metastase in der Lymphdrüse der Leiste. Man sagte mir, ich sei der mysteriöseste Fall des ganzen Krankenhauses. Auf meine Frage, ob es so etwas wie einen »psychogenen« Krebs gäbe, einen Depressions-Krebs sozusagen, meinte man, das sei noch nicht recht erforscht. Man wußte sich keinen Rat, bestrahlte ein paarmal die Stelle, und als eines Tages eine Erfolgsmeldung aus Deutschland kam und damit ein wenn auch noch so vager Hoffnungsstrahl einer Rückkehrmöglichkeit, war der Krebs auf immer verschwunden.

Ein Hoffnungsstrahl. Das sei näher erklärt. Die Nymphenburger Verlagsbuchhandlung in München hatte mir seinerzeit das Manuskript meines Exil-Buches *J* mit aufrechtem Bedauern zurückgeschickt, sehr viel ausführlicher und einfühlsamer als die übrigen achtundzwanzig absagenden Verlage (der Brief stammte von einer Frau). Tenor: die Zeit sei für ein solches Buch, so glänzend und ergreifend es auch sei, »leider Gottes« noch nicht reif. So wählte ich denn, da mein Verleger von *J* gestorben war, diesen Verlag als ersten Adressaten für meine englisch-deutsche Romanze *Dear Doosie*. Das Manuskript gefiel, und kurz nach meinem gescheiterten Berliner Rückkehrversuch kam das Buch auf den Markt.

Das weitere Geschick von *Dear Doosie* blieb mir in Schweden verborgen, auch gab es nur wenige Rezensionen für ein Buch, das nach dem unsäglich spießigen, nur in Deutschland geltenden Ehrenkodex von E-Literatur (»ernst«) und U-Literatur (»Unterhaltung«) zu der letzteren, literarisch geradezu verpönten Kategorie gehörte: Es war ja nichts weiter als eine leidenschaftliche, mit englischen Sprachlektionen verbrämte Liebesgeschichte eines in der Fremde verzweifelnden Autors mit seinem deutschen Leser. Übrigens glaubte auch ich selber nicht an das Buch, wagte kaum, in mein Freiexemplar hineinzuschauen, aus dem mir ein unerträgliches Exil-Pathos, aufdringliche Erotik und ein pädagogisch kaum zu rechtfertigendes Kauderwelsch von Deutsch und Englisch entgegenzuspringen schien. Ich schämte mich meines Buches. Bis mir mein Verleger Hans A. Neunzig eines Tages telegrafisch zur zweiten Auflage gratulierte.

Zweite Auflage! Es gab meine Doosie, meinen deutschen Leser! Ich zog die schwarzen Gardinen zur Seite, blickte in mein Buch und fand es – brillant. Da werfe man dem lesenden Publikum Erfolgshörigkeit vor, wenn der Autor selber nicht einen Deut besser ist! »Nichts ist erfolgreicher als Erfolg«, sagen die Engländer, *»Nothing succeeds like success«* – wie schön, auch das hatte ich meiner Doosie auf englisch beigebracht.

Ich ging in die Stadt, seit langer Zeit zum erstenmal durch die Straßen von Uppsala, und kaufte einen großen Strauß roter Rosen für Laing.

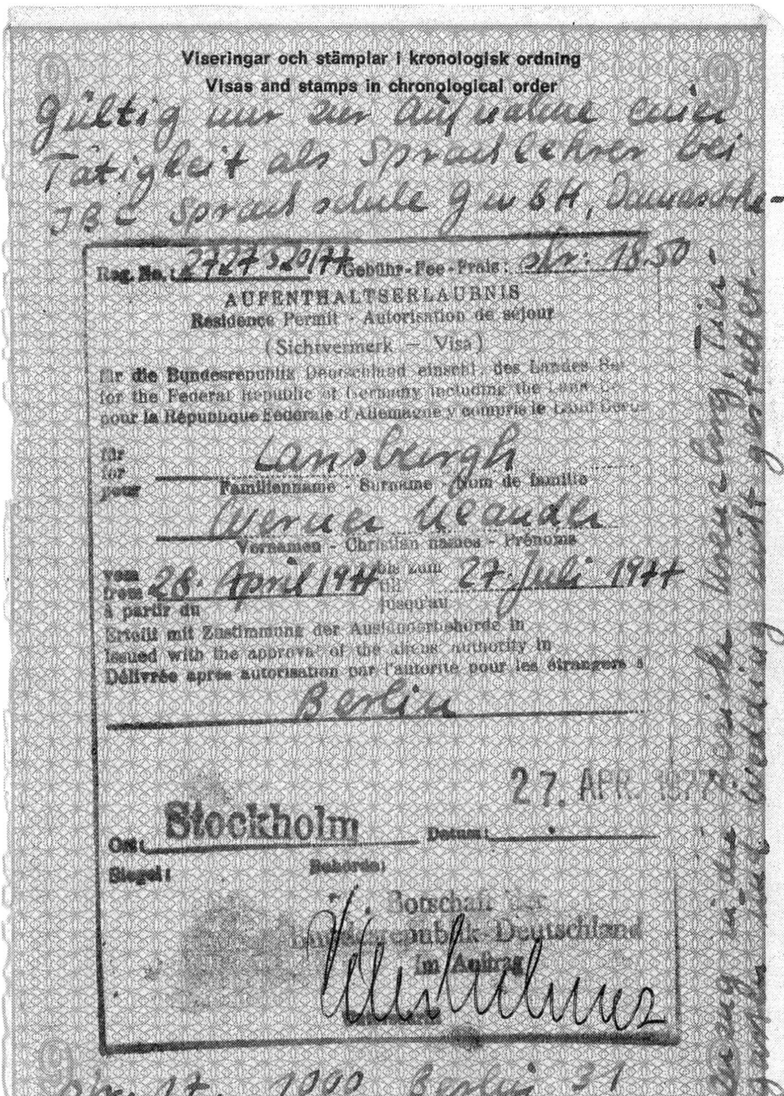
Viseringar och stämplar i kronologisk ordning
Visas and stamps in chronological order

gültig nur zur Aufnahme einer Tätigkeit als Sprachlehrer bei IBC Sprachschule GmbH, Damaschke-

Reg. No. Gebühr - Fee - Frais:
AUFENTHALTSERLAUBNIS
Residence Permit - Autorisation de séjour
(Sichtvermerk — Visa)
für die Bundesrepublik Deutschland einschl. des Landes Berlin
for the Federal Republic of Germany including the Land Berlin
pour la République Fédérale d'Allemagne y compris le Land Berlin
für / for / pour Lansburgh
Familienname - Surname - Nom de famille
Werner Neander
Vornamen - Christian names - Prénoms
vom / from / à partir du 28. April 1977 bis zum / till / jusqu'au 27. Juli 1977
Erteilt mit Zustimmung der Ausländerbehörde in
Issued with the approval of the aliens authority in
Délivrée après autorisation par l'autorité pour les étrangers à
Berlin
27. APR. 1977
Ort: Stockholm Datum:
Siegel: Behörde:
Botschaft der Bundesrepublik Deutschland
Im Auftrag

str. 17, 1000 Berlin 31

Zuzug in die Bezirke Kreuzberg, Tiergarten und Wedding nicht gestattet.

Ein von den Nazis aus Deutschland vertriebener Berliner erhält 1977 die Erlaubnis der Bundesrepublik, sich drei Monate lang in seiner Heimatstadt aufzuhalten. (»Zuzug in die Bezirke Kreuzberg, Tiergarten und Wedding nicht gestattet.«)

19 Doosies

Es fing alles ganz langsam an. Die zweite Auflage meiner *Dear Doosie* war gewiß erfreulich – oder »erfreuerlich«, wie Laing in ihrem reizenden Deutsch zu sagen pflegt –, aber weiß Gott noch nicht die Welt. Der spätere, der wirkliche Erfolg, der Weg zurück, hat eine schöne Entstehungsgeschichte: Ich verdanke ihn einzig und allein der Person, an die ich mich in meiner Not gewendet hatte, dem deutschen Leser, der Doosie. Kein Kritiker, keine Werbung, keiner der über sechstausend deutschen Kultur-, Literatur- und Förderungspreise, geschweige denn ein Exilliteratur-Professor, hat dieses Buch hochgejubelt, wie das sonst bei vergleichbaren Bucherfolgen im bundesdeutschen Literaturbetrieb der Fall zu sein pflegt. Unmerklich ging das Buch von Mund zu Mund, von Doosie zu Doosie, um im Verlauf von etwa fünf Jahren ein stiller Bestseller zu werden und mir schließlich mit einer riesigen Auflage eine finanziell gesicherte Rückkehr aus dem Exil zu ermöglichen, im Alter von fast siebzig Jahren. Der deutsche Leser allein hatte einen deutschen Schriftsteller wieder nach Hause geholt.

Schon die ersten Leserreaktionen, die mich in Uppsala erreichten, ermutigten. Sie hatten eine rührende Form: Schokoladenmaikäfer mit Pappbeinen, Leibniz-Kekse, Reemtsma Ernte 23 und Dr. Oetkers Götterspeise, alle heimatselig in *Dear Doosie* beschworen, jetzt in Päckchen aus der Bundesrepublik, zärtlich zusammengebunden mit langen Briefen, oft Liebesbriefen, von Sabines, Petras, Monikas, Utes, Stephanies und Stephans, die sich alle »Doosie« nannten.

Sie schrieben wie die Doosie, die ich mir vorgestellt hatte: ein bißchen deutsch-sentimental wie ich selber, ein bißchen verschämt erotisch wie ich es etwas weniger verschämt in meinem Buch gewesen war. Auch als sie Fotos schickten, sahen sie ganz so aus wie die imaginäre Doosie meiner Einsamkeiten: blond, brünett, schwarz, dick, dünn, mittel, jung, alt: das Gegenüber, das Echo, die Heimat.

Eine erotische Welle erfaßte mich, genauer gesagt: eine frenetische, sexuell gefärbte Kompensationssucht für fünfzig ungelebte Jahre. Jetzt, wo der Erfolg von *Dear Doosie* noch nicht groß genug war, um mich nach Hause zu bringen, konnte es vielleicht ein Erfolg bei Doosie selber. Ziemlich pubertär, gewiß. Aber wenigstens wieder daheim in einem Naturgesetz, gemeinhin Sex genannt.

»Drinsein«, in welcher Form auch immer. Doppelte Torschlußpanik, wenn man so will: das Altern – ich war schließlich siebenundsechzig – und über vierzig Jahre Exil.

Ich antwortete meinen Doosies in zärtlichsten Briefen, gleich Dutzenden auf einmal. Laing, die grenzenlose, wußte davon und freute sich nur darüber, daß ich nicht mehr hinter schwarzen Gardinen dahindämmerte. Ich war unersättlich, das Zerrbild eines Macho, ich lechzte nach Kontakten, nach »Beziehungen«, Betätigungsmöglichkeiten, meinetwegen auch im Bett. Arbeit!

Ich fuhr nach Deutschland und wohnte bei meinen Doosies, stets als gefeierter Gast. Ach, welche Gloriole umstrahlt doch einen »Schriftsteller«, gut oder schlecht, in meiner nicht zuletzt deshalb so geliebten Heimat! In einem vernünftigeren Land wie Schweden gilt ein Schriftsteller nicht mehr als etwa ein Weichensteller. Gelobt sei das Land der Dichter und Denker!

Und ich verliebte mich in meine Doosies. Eine selbstbetrügerische Verliebtheit in die Liebe vielleicht, weil ich nie recht zu unterscheiden wußte, was Liebe und was Heimat-Glückseligkeit war.

Bis auf eine Doosie, in der beides zusammenfloß. Aber darüber später.

Ein guter Liebhaber war ich selten oder nie. Mein hohes Alter und meine entsprechend dürftige Potenz störten jedoch niemand. O gebenedeite Frauen Deutschlands, bei denen das Alter keine Rolle spielt! Wie fürchterlich anders der sonst so klassenlose schwedische Alters-Klassenstaat mit seinem dumpfen Gleich zu Gleich!

Eher störten schon atavistische Rückfälle in meine Kindheit. So, wenn ich mir bei der einen oder anderen Doosie auf meiner Seite des gemeinsamen Bettes einen »bunten Teller« aufbaute, wie ich ihn von unserem einstigen Berliner Weihnachten her kannte, nur diesmal ohne ersparnishalber füllende Nüsse, Apfelsinen und Äpfel. Nur Süßigkeiten: Bahlsens »Contessa«-Lebkuchen, oben mit Zuckerguß und unten mit Schokolade, wie einst die »Cyliax«-Pfefferkuchenherzen meiner Kindheit, weiter sämtliche gängigen Varianten von Lübecker Marzipan (der Name Niederegger war mir neu), einschließlich der herrlichen, fast fünfzig Jahre lang vermißten Marzipankartoffeln; dazu Kognakbohnen, die jetzt leider nur in Ausnahmefällen mit der knackigen inneren Zuckerkruste meiner Jugend versehen waren (ein Verlust, der heute offenbar als Fortschritt angesehen wird), ferner »russisches Brot«, mit dem ich meine ersten, magisch im Mund dahinschmelzenden Buchstaben gelernt, und schließlich, als Höhepunkt und Apotheose der früher nie ganz perfekten, immer ein wenig enttäuschenden, aber immer wieder heiß ersehnten Kognakbohnen, das vollendete Produkt der Herren Ferrero, genannt »Mon Chéri«.

Meine Doosie jedoch, auf der anderen Seite des Bettes, suchte Liebe und regte sich über die Krümel auf, die von meinen Lebkuchen ins Bett getrudelt waren. »Krümelmonster« nannte sie mich, ein neues Wort, das ich gierig in mich aufnahm.

Im ganzen habe ich wohl über ein Dutzend Doosies besucht, jedesmal mit der üblichen Mischung von Heimatduselei und Arbeitshunger – Juristinnen, Anglistinnen, Redakteurinnen waren unter meinen potentiellen Arbeitgeberinnen –, stets ohne die erhoffte Beschäftigungsmöglichkeit (ich vergaß mein Alter), und meist mit dem Bett als mehr oder weniger dürftigem Surrogat, für beide Teile. Das Resultat war ein teils euphorisch frivoles, teils emigrantisch desperates Buch, *Wiedersehen mit Doosie*, in dem sich ein heimatliebestoller von Frau zu Frau hetzender Macho auf die Schippe nimmt. Denn noch war ich nicht zu Haus.

Ach, was habe ich die liebe Laing betrogen! Sie ahnte meine Eskapaden, sagte jedoch kein Wort, denn nach einem vierzigjährigen Zusammenleben wußte sie, daß ich alles andere als ein Erotomane war, daß es um anderes ging. Auch habe ich für meine Untreue eine typisch männliche Beschönigung: Für einen Mann, auf jeden Fall für mich, bedeutet Sex nur einen Augenblick lang allerhand, sonst gar nichts. Leider aber habe ich unter all meinen Doosies trotz der heutigen Emanzipationswelle nie eine Frau getroffen, bei der Sex eine ähnliche Rolle spielt – nie die Frau meiner Träume: eine Frau, die in ihrem Geschlechtsleben ebenso oberflächlich, kurzlebig und fremdgängerisch ist wie ein Mann, auf jeden Fall wie ich, ohne vor oder nach dem Bett vor »Liiebe« wie Butter in der Sonne hinzuschmelzen. Hoffen wir auf die Zukunft, auf die männliche, die »gleichgeschlechtliche« (homo-sexuelle) Frau. Oder, vielleicht viel wünschenswerter, auf den weiblichen Mann? Aber ich kann mir nicht helfen: Muß denn, verdammt noch mal, Sex beim anderen Geschlecht immer mit »Seele« verknüpft sein, und dazu möglichst noch auf Lebenszeit? *Liebe* ist verknüpft mit Seele, und Zärtlichkeit ist es. Aber Sex? Macho sucht Macha.

Und doch, wie dankbar bin ich meinen Doosies! Ich lernte eine neue Generation von Deutschen kennen, ihre Reaktionen, Heime, Städte, ihre Welt: Ich fing an, wieder Deutsch zu lernen. Ich fühlte mich dabei in meine frühen Jugendjahre zurückversetzt, denn viele Anspielungen, Witze, Cartoons in Presse und Fernsehen verstand ich »noch« nicht. Leitartikel waren mir bis auf weiteres zu hoch, Dieter Hildebrandts Hohn und Spott war mir zunächst ein Buch mit sieben Siegeln, Namen wie Loriot, Egon Bahr, Beate Uhse, Neckermann, AOK, ZDF, Konsalik, Filbinger mußten schrittweise assoziiert, »einverleibt« werden, und ebenso Begriffe wie »fünfziger Jahre«, »sechziger Jahre«, »siebziger Jahre«, die mir in Schweden zu einem namenlosen Zeitklumpen zusammengeschmolzen waren. Es galt, allmählich, gleichsam von Kindesbeinen an, mein wirkliches Alter einzuholen. Ich sagte es schon und fühle es immer wieder: Sprache ist mehr als Worte. Sprache ist ein Gesellschaftsvertrag, ein *Contrat social.*

Dann auch das beseligende Wiedersehen mit Worten, die mir in all der langen Zeit entfallen waren: »Tüte« zum Beispiel (dies süße »eintüten«!) oder »huhu!« oder »futsch«, »Quatsch«, »Tolpatsch«, oder »Nackedei«, »Rollmops«, »Steiff Knopf im Ohr«, »§ 218«, »Scheiße«, »Hornochse«. Gleichsam ein Wiedersehen mit alten, längst totgeglaubten Freunden.

Die vielen sprachlichen Neuschöpfungen seit 1933, an die wohl mancher bei einem Rückkehrer wie mir in erster Linie als neu zu Erlernendes denkt, spielten dabei nur eine untergeordnete Rolle. Sprache ist sehr viel mehr als das. Aber es mag vielleicht interessieren, wie das Deutsch von heute ganz allgemein, mit oder ohne »neue« Wörter, auf einen nach fast fünfzig Jahren Zurückkehrenden wirkt. Abstand schärft das Ohr. Wer immer dabei war, merkt die Unterschiede weniger, im eigenen Haus hört man die Uhr nicht ticken.

Ein Vergleich mit der Weimarer Zeit – lassen wir einmal die sprachlich indiskutablen Nazijahre ganz beiseite – fällt ausgesprochen zugunsten der Gegenwart aus: Die deutsche Sprache ist ungemein zivilisierter geworden, ganz wie das auch die Bundesrepublik im Vergleich zur Weimarer Republik ist – *more civilized,* im englischen Sinne. Ich weiß, ich wiederhole mich; interessant übrigens, daß selbst das Wort »zivilisiert« im heutigen Deutsch aus dem trocken, fast abwertend technischen Wortsinn meiner Zeit immer mehr in seine englische, mitbürgerliche Bedeutung hineinwächst. Früher waren wir nur »kultiviert«, mit Pickelhaube und Nietzsche im Rucksack.

Die Sprache von heute ist leiser, verhaltener und konkreter – meinetwegen auch kommerzieller – als es der laute, aggressive und schwulstig abstrakte Ton meiner Kindheits- und Studentenjahre war, jener besserwisserische, arrogant rechthaberische Ton, wie man ihn in unseren Tagen etwa nur noch aus dem Munde eines Franz Josef Strauß vernehmen konnte. Nein, Sprache und Menschen sind »lockerer« geworden – »locker«, heute nicht ohne Grund ein beliebtes Modewort. Wo gab es damals ein entspanntes und gleichzeitig gepflegtes Alltagsdeutsch außerhalb des Mundartlichen? Thomas Mann floh in eine ziselierte Hochsprache, Gerhart Hauptmann in den Dialekt oder ins Poetische, Bert Brecht ins verfremdet Statuarische. Man unterschied – Spießer und Germanisten tun das heute noch – zwischen »Umgangssprache« und »Schriftsprache«. Das ist vorbei. Wie die Kleidung der jungen Leute von heute, so die Sprache: leger, menschlicher, freundlich.

Ein paar Beispiele für Ungläubige. Etwa aus der immer recht aufschlußreichen Intimsphäre: früher das aggressiv-chauvinistische »fikken«, heute das harmlose, geradezu kindlich verspielte »bumsen«. Ausdrücke wie »auf etwas stehen«, »Nullbock« oder »tote Hose« sind ebenso erfreulich in ihrer Unbefangenheit wie etwa »Pimmel« statt »Penis«. Oder, nun einmal nicht aus dem Intimbereich: Früher wurde eine Theorie »aufgestellt« oder gar »verkündet«, heute wird sie »angeboten« wie Kartoffeln auf dem Wochenmarkt. Früher »unterhandelte« man, heute »unterhält« man sich. Früher sprach man von seinem »Wirkungskreis« oder seinen »Aufgaben«, heute spricht man ganz einfach von seinem Geschäft oder Job (*business* – ein zu meiner Zeit nur mit Naserümpfen gebrauchtes Wort). Früher ein rechthaberisches »nicht meine Schuld«, heute oft ein selbstbezichtigendes »es tut mir leid« (auch wenn es vom »sorry« synchronisierter Kitschfilme stammen mag). Früher »es ist so«, heute »ich finde, es ist so«. Früher »Einen Augenblick!«, heute »Einen Augenblick, bitte«. Früher ein Ausrufungszeichen, heute ein Punkt. Die rapide, ihrer Natur nach versachlichende Entwicklung der Technik hat – nicht nur in Deutschland – viel zu diesem gesunden Ernüchterungsprozeß beigetragen, viel auch die Frauenbewegung, das Fernsehen, ein neues Beamtentum und nicht zuletzt die deutschen Schulen. Erstaunlich wenig die deutsche Literatur.

Um es ganz deutlich zu sagen: Die deutsche Sprache hat einen gesunden Anglisierungsprozeß, meinetwegen auch Amerikanisierungsprozeß durchgemacht. Dabei denke ich keineswegs, wie viele Philister, an die zahlreichen, teilweise mit Recht beanstandeten Fremdwörter aus dem Englischen. Eher schon schweben mir die vielen, von besagten Philistern konsequent ignorierten *deutschen* Wendungen vor, mit denen uns das Englische bereichert hat, zum Beispiel: »Damit mußt du leben« *(you have to live with it),* »Vergiß es!« *(forget it),* das schöne »Was kann ich für Sie tun?« *(what can I do for you?)* oder »ein schlechter Verlierer« *(a bad loser)*, »eine lahme Ente« *(a lame duck),* »schwarzer Humor« *(black humour),* »unter den Teppich kehren« *(sweep under the carpet)* und zahllose andere schlagende Ausdrücke, Redensarten und Sprachbilder – meinetwegen, wie gesagt, zu einem großen Teil aus synchronisierten Filmen.

Aber das sind Nebenerscheinungen des Anglisierungsprozesses. Seine Hauptwirkung habe ich schon genannt: die leisere, die barmherzigere, die menschlichere Sprache, die – ich übertreibe nicht – schon als solche einem Weg zu den Gaskammern entgegensteht. Gewiß, es gibt heute auch das »knallharte« Deutsch der Macher und Yuppies in einer kalten Leistungsgesellschaft – Ausdrücke wie jemanden »fertigmachen«, »auseinandernehmen«, etwas »vermarkten«, »verbraten«, »verheizen«, »in den Griff kriegen«, »durchboxen« et cetera. Schön ist das nicht, aber es taugt als heilsame Kur, wenn auch als Pferdekur, gegen den deutschen Schwulst meiner Zeit.

Man höre den Ton der jungen Männer und Frauen in diesem Land. *C'est le ton qui fait la musique.* Es ist besser geworden in Deutschland. Ich bin ein alter Mann, ich kann vergleichen, wenige können das noch;

ich kann eine Erfahrung weitergeben und mit ihr eine junge Generation ermuntern und ermutigen, so weiterzumachen. Ich habe die mitbürgerliche Pflicht, in dieser Sache den Mund aufzutun, Zeugnis abzulegen. Und ich bin stolz auf diese Pflicht.

Sorry, dies sollte kein politisches Manifest werden. Aber es fällt mir schwer, mich hier zu beherrschen, weil mir die Gesundung Deutschlands am Herzen liegt und ich zu dieser Gesundung mein Scherflein beitragen möchte. Ich weiß, ich wiederhole mich, aber die Sache ist wichtig.

»Du siehst ja immer nur die Schokoladenseite der Bundesrepublik«, pflegt eine Doosie in Hamburg zu sagen, die ich statt Renate »Schnute« nenne, weil das eines jener lieben, längst vergessenen, nach fünfzig Jahren wiedergehörten Wörter der Kindheit ist. Und auch, weil diese stille blonde Hanseatin mit dem störrischen Charme ganz reizende, fast nofretetisch geschwungene Mundwinkel hat. »Du wanderst euphorisch durch Straßen und Geschäfte«, schnutet sie, »du solltest einmal tagaus, tagein wie ich in einem Bürohaus sitzen, da würdest du schon sehen, wie viele *Bild*-Leser und potentielle Nazis es in Deutschland gibt.«

Sie hat sicher recht, ich sehe nur die Schokoladenseite der Bundesrepublik. Aber soviel steht glücklicherweise fest: es *gibt* eine Schokoladenseite, und keine kleine.

Gerettet. Vignette auf der ersten Seite von *Wiedersehen mit Doosie*.

20
Danke, gut!

Vor kurzem kamen Laing und die Kinder mit unseren fünf Enkeln nach Hamburg, um Schnutes Geburtstag zu feiern, sie »nullte«. Gleichzeitig der zehnte Jahrestag unserer Freundschaft. Es war ein wunderschönes Familienfest, denn Schnutes Liebe zu meinen »Schweden«, besonders zu Laing, beruht auf Gegenseitigkeit. Laing, die grenzenlose, schenkte ihrer »deutschen Schwester« einen alten Familienschmuck zum Geburtstag. Tags darauf marschierten wir alle in die hiesige schwedische Kirche, in der Karins Baby getauft wurde, mit der Schnute als Patin.

Das Idyll sei etwas näher erklärt. Ein Glück kommt selten allein: Zu der zweiten kam bald die dritte, vierte und fünfte Auflage meiner *Doosie,* dazu Aufträge des Norddeutschen Rundfunks, Autorenlesungen, Artikel, neue Buchpläne. Genug Einkünfte, um in Hamburg bei der Schnute bleiben zu können und Laing, jetzt über achtzig, gut in Uppsala versorgt zu wissen. Für sie hätte eine Umpflanzung nach Deutschland die gleiche Wurzellosigkeit bedeutet wie Schweden einst für mich. Sie hat ihre Kinder, ihre Enkel, ihre Heimat in Uppsala, und dazu einen Mann im nahen Deutschland, der nicht mehr bei ihr zu Hause mit Selbstmordgedanken hinter schwarzen Gardinen dahindämmert.

Nur einen Schatten gibt es im Glück: Ich bin viel älter als die weit jüngere Schnute. Aber das gibt unserem Zusammensein die Wärme und Innigkeit des ständig gegenwärtigen Abschieds.

Hamburg! Arbeit! Freunde! Nun schon zehn Jahre lang. Wer das mit fast achtzig Jahren erleben darf, der danke seinem Gott, ob er nun an ihn glaubt oder nicht. Oft falte ich meine Hände wie ein Kind und danke.

Der Zwischenraum, weil ich nach diesem Satz eine längere Pause machen mußte: ein Herzinfarkt. Doch was ist das schon gegen den lebenden Leichnam, der ich so lange war – ein Fliegendreck! (Diese Einschaltung sieht aus wie ein billiger literarischer Trick, ist aber so wahr, wie sie hier steht. Das Leben schreibt die melodramatischsten Romane. Prosaischer: Die Sache ging recht schnell vorüber, fühle mich wieder kreuzfidel).

Als die Ambulanz kam, sagte ich der Schnute, im Todesfall sei nur noch eine kleine Endnotiz für dieses Buch vonnöten, etwa so: »Hier bricht das Manuskript ab: Es fehlen nur noch ein paar glückliche Seiten.«

Soll ich mir nun Vorwürfe machen, daß mir ein Manuskript wichtiger war als Laing, Schnute und die Kinder? Und noch dazu ein Manuskript, das ich keineswegs für sonderlich wichtig halte? Ich glaube, ich brauche kein allzu schlechtes Gewissen zu haben, denn mir war zumute wie etwa einem Tischler, der in seinem letzten Stündlein daran denkt, daß noch ein Bein an einem Stuhl festzuleimen sei. Nicht mehr. Nicht weniger. Arbeit: Ende der Einschaltung.

Hamburg! Papier und Bleistift! Appetit, wohliges Gähnen, Niesen, Atmen, Schreiben! Wieder falte ich die Hände. Auch in Demut. Denn wie viele meiner Schicksalsgenossen durften das nicht mehr erleben.

Altersgebresten? Natürlich, die gibt es. Wobei übrigens die mittlerweile erloschene Potenz kein Verlust ist. Endlich bin ich diese verfluchte männliche Jagd- und Beutegier los, dieses Jagen nach »Erfolg«, und brauche meinen Lieben nicht mehr untreu zu werden. Hab' doch immer gesagt, daß Sex, männlicher jedenfalls, oder wenigstens meiner, nichts mit Liebe zu tun hat, und kann's jetzt beweisen.

Aber die viel jüngere Schnute neben einem alten Mann, ist das nicht wieder einmal purer Machismus? Ich kann Emanzen beruhigen: Sollte meine Schnute unbefriedigte sexuelle Bedürfnisse haben, so wünsche ich ihr neidlos viel Vergnügen andernorts, sofern wir uns darin einig sind, daß, wie gesagt, Sex nichts mit Liebe zu tun hat und ich nach jedem ihrer Seitensprünge einen Kinderkuß kriege.

Der Fuchs mit den sauren Trauben? Nichts weiter als die abgedroschene Phrase vom »abgeklärten« Alter? (»Junge Huren, alte Betschwestern.«) Ich glaube nicht. Denn was zu meiner angenehmen

Überraschung geblieben ist – hoffentlich auch bei meinen Altersgenossen –, ist ein intensiver Eros. Nicht menschenfresserisch besitzergreifend, sondern still genießerisch, ganz gleichgültig, ob es sich um eine schöne Frau oder einen schönen Mann handelt. Ein Wiedersehen mit den einst so panisch gefürchteten Homo-Gefühlen meiner frühen Jugend? Sei's drum! Eros, unbegrenzt. Ein kleiner Triumph über banausische Naturgesetze.

Dazu Erfolg. Ich meine den Erfolg, den auch unser Tischler, der mit dem anzuleimenden Stuhlbein, haben kann: *»Il faut cultiver notre jardin«* (Candide), es geht darum, unseren Garten zu bestellen, und, Gott sei Dank, wir haben endlich einen Garten.

Erfolg mäßigt, macht bescheiden. Ich habe fast das Gefühl, in diesen Jahren aus einem »zappeligen«, oft unerträglich intensiven Geschöpf ein fast sympathischer Mensch geworden zu sein. (Vielleicht schon deshalb, weil ich mit zunehmendem Alter etwas schlechter höre und meinem Gesprächspartner oft mit einem gütig zustimmenden »Ja« oder »Aha« zunicke, wenn ich ihn nicht verstanden habe.) Auch scheine ich mir seit einiger Zeit zu meinen übrigen Falten den ersten Anflug von Lachfalten um die Augenwinkel, sogenannte

Aufnahme: Rainer Fichel

»Krähenfüße«, zugelegt haben. Habe ich denn in Schweden nie gelacht?

Meine Lachfalten-Bonhomie geht jetzt schon so weit, daß ich mich für Katzen zu interssieren beginne, für die Spatzen auf der Straße und für das früher nie bemerkte Wetter. Sogar für Mitmenschen, stilleweg. So antworte ich heute auf ein »Wie geht's?« ganz einfach, wie alle anderen, mit einem »Danke, gut!«, ohne den Fragenden wie früher mit einer endlosen Exil-Jeremiade anzufallen. Ja, ich gebe ein ehrlich interessiertes »Wie geht's selber?« zurück, ohne mich wie früher als ach so Problembeladener darüber aufzuregen, wenn sich der Befragte über eine leichte Erkältung beklagt. Gucke sogar nach, ob ich nicht zufällig ein Tempo-Taschentuch für ihn bei mir habe. Fast bin ich schon einer der still und leise etablierten *old boys* geworden, die ich früher so verachtet habe – fast schon ein Schwede.

Hamburg! Diese »schönste Stadt Deutschlands« (Tucholsky), ist dies wieder einmal nur die Schokoladenseite? Ist diese großzügige, grüne, hanseatisch vornehme Stadt nur eine Oase in der Bundesrepublik oder doch noch einigermaßen repräsentativ für ein vielleicht (fast) ebenso zivilisiertes Land? Ich hoffe das, habe es auch auf meinen Lesereisen kreuz und quer durch Deutschland mehr oder weniger bestätigt gefunden – vielleicht ein klein bißchen weniger als mehr, denn Hamburg ist nun einmal Hamburg. (»Berlin ist nun einmal Berlin«, würde ich wohl ebenso oder fast ebenso begeistert sagen, wenn ich dort ein gleiches Glück gehabt hätte.)

Hamburg! In keiner Stadt werde ich so oft von Passanten nach der Straße gefragt. Für mich ist das eine beglückende Bestätigung als Mitbürger, fast ein Ehrenbürgerrecht. Auch bin ich hier ein ausgezeichneter Schlangenbilder. In Schweden befand ich mich merkwürdigerweise immer als letzter am Ende einer Schlange, hier aber steht man gern und zahlreich hinter mir an. Und wenn ich mich in dieser Stadt am Telefon verwähle, sagen die von mir Gestörten oft sogar »auf Wiederhören« oder »tschüs!«. Was will man eigentlich mehr? Gestern war ich auf dem Hamburger Einwohneramt, um nach Vorlegung meines Passes eine Lebensbescheinigung für schwedische Behörden zu erhalten.

»Leben Sie?« fragte die Beamtin.

»Ja.«

»Toll!«

So kriegt man Lachfalten.

(»Reserviert« sollen sie sein, die Hamburger, und »steif«? Gegen die Schweden sind sie Sizilianer.)

Dazu noch das Hamburger Wetter: grau und regnerisch, ideal zum Schreiben. Und vom Schreibtisch ein herrlicher Blick auf eine große, weiße, unbeschriebene Wand, die Rückwand der Hamburger Staatsoper. Rechts von dieser Wand ein schmaler Schlitz, durch den auch im tiefsten Winter die Strahlen einer sanften Morgensonne auf meine Manuskripte fallen, getreulich reflektiert vom stets blankgeputzten Unilever-Glaspalast. Unter diesem Schlitz ein Mauervorsprung, auf dem drei Gräser aus einer kleinen Ritze sprießen – Natur! Natur! Und Äpfel, Birnen, Apfelsinen am Busen der Natur im Obstladen um die Ecke! Übergenug für einen Kaffeehausliteraten. Dazu ein gutes Dutzend Cafés und Restaurants unten auf der Straße, in denen es sich bei einer guten Tasse Kaffee beziehungsweise Peking-Ente sehr komfortabel auf unsere Konsumgesellschaft schimpfen läßt – und auf einiges andere, um den Stoffwechsel in Gang zu halten. Zum Beispiel auf die Arbeitsstelle für Deutsche Exilliteratur an der Hamburger Universität, Professoren und Assistenten, die in all diesen Jahren nicht einen Finger, ja nicht das Schwarze unter einem einzigen Fingernagel, für einen Exilautor wie mich gerührt haben, denn Lebende interessieren Lebende dort einen Dreck.

Eine große Freude aber sind die Lesereisen als Autor. Die Buchhändler! Die Sortimenterinnen! Die Volksbibliothekare! Die Lehrer, die Schüler! (Natürlich wieder die Schokoladenseite, denn hier treffe ich ja immer nur Interessierte.) Quer durch die Bundesrepublik führen diese Reisen, durch Deutschlands wunderschöne Städte und Städtchen. England, deine Dörfer – Deutschland, deine Städte! Und überall, am Zugfenster vorbei, die kleinen sauberen Häuschen der sauberen kleinen Leute. Bin ich ein Spießer? Sind's diese Leute? Sind sie die vom Kapitalismus willenlos Manipulierten? Dazu Jean Améry, der »Linke«, in seinem letzten, kurz nach seinem Tode veröffentlichten Manuskript, *In den Wind gesprochen* (1979):

»Die Verdammten dieser Erde zogen in freundliche Einfamilienhäuser ein und kauften Kleinwagen. Wir [Linksintellektuelle] zuckten höhnisch die Achseln... Waren wir dumm? Nicht doch! Wir lasen ja die Schriften von Adorno, Sartre, Bloch... Was uns geschlagen hatte, das war nicht Dummheit, sondern ein ganz unverzeihlicher Geisteshochmut und eine noch viel unverzeihlichere Blindheit gegenüber den Sehnsüchten, Hoffnungen und Ängsten der Mitmenschen.«

Hatte Vater vielleicht doch nicht ganz unrecht gehabt? Darf man sich vielleicht doch noch ohne ein allzu schlechtes Gewissen bürgerlich nennen?

Außer den Lesereisen auch zahlreiche Auslandsreisen mit der Schnute. Für sie ein willkommener Urlaub, für mich ein schöner Stoff für ein neues, ein durch und durch glückliches Buch, *Holidays for Doosie.* Darin revanchiere ich mich bei der Leser-Doosie für meine durch sie ermöglichte Rückkehr mit einer langen, gemeinsamen Ferienreise *raus aus* Deutschland, nach Italien, England, Frankreich, Spanien... Denn was dem einen – mir – sein Heimweh, das ist dem anderen sein Fernweh: nicht allen, die in der Bundesrepublik leben, zeigt sie ihre Schokoladenseite. Weiß Gott nicht allen.

So sahen wir auch Basel wieder. Die Fassade der Universitätsbibliothek mit ihrer blinden Nische, für die ich einst, wenn ich jemals zu Geld kommen würde, eine kostbare Skulptur zu stiften gelobte, diese Fassade gibt es nicht mehr – zum Glück, sonst hätte ich Wort halten müssen. Im Lesesaal des neuen Gebäudes die Stille und der Ernst von einst. Und die Stadt ebenso schlicht, stark, verpflichtend. (»Britisches Understatement ist, gemessen am baslerischen, noch Größenwahn« – Rolf Hochhuth.) Als der Zug langsam aus dem Bahnhof rollte, stand ich wieder einmal in meinem Abteil auf. Schön, ein bißchen Tradition zu haben.

Auch Valencia sahen wir wieder. (Und dem Leser, der mir auf all diesen Seiten abermals bis nach Valencia gefolgt ist, danke ich für die lange Reise durch dieses Buch.) Diesmal ein Valencia ohne desolate Autowerkstatt, ohne Nazi-Filmfirma und rotes Gefängnis. Aber die herrliche Sonne! Damals eine glühende Geißel. Wie schön ist es doch, als Tourist am Schicksal anderer zu nippen, auch am eigenen.

Und dann, welch neues Spanien! Man sieht es schon auf den Straßen, auf den ersten Blick. Die jungen Mädchen in blauen Jeans und bunten Blusen statt der schwarzen Kleider, wie sie ihnen früher fast ständig von einer pechschwarz katholischen Konvention vorgeschrieben waren, wenn immer auch nur der entfernteste Verwandte das Zeitliche gesegnet hatte. Und die offenen Blicke dieser Frauen. Nicht mehr prüfend nach unten auf meine Schuhe gerichtet, ob ich ein *chico bien*, ein »besserer Herr« mit Lederschuhen sei (das war damals der Maßstab), sondern den Blick frei, ja sinnlich mitten hinein in mein und dein Gesicht, wie es ihnen früher von einer Macho-Gesellschaft streng verboten war. Ja, ja, nicht nur Deutschland ist in den letzten fünfzig Jahren um einiges besser geworden.

Auch nach Israel ging eine Reise. Ich traf Hannah wieder, die Herbe mit dem nackten Gesicht, jetzt weit über siebzig, gertenschlank wie eh und je, allein, geschieden, Ärztin in einem arabischen Krankenhaus in Jerusalem. Als ich sie wiedersah – über dem Biedermeier-Sofa aus Berlin-Grunewald hing noch wie damals der schöne Lesser Ury, Berliner Droschken auf regennassem Asphalt –, kam die spanische Einsamkeit aufs neue über mich, die lähmende Glut in der Autowerkstatt, der Staub, der Schmutz, die Wanzen, die unzähligen, von Hannah unbeantworteten Briefe: Auf dem Biedermeier-Sofa umwarb ich sie in plötzlicher Leidenschaft. Sie blieb fern. Es war auch nur ein kurzer Rausch. Vielleicht war's auch nur der Lesser Ury. Dann hatte ich plötzlich ein Blackout und mußte mich auf das Biedermeier-Sofa mit seinen kostbaren Petit-Point-Kissen legen. Hannah brachte vorsorglich einen Eimer herbei, zum Übergeben.

Weiter nördlich, in einem blühenden Kibbuz in Galiläa, sah ich meinen ehemaligen Freund-Feind Landsberg wieder. Er war jetzt ein dicklicher alter Herr – wie schrecklich alt doch Gleichaltrige aussehen! Er hatte mit seiner zierlichen, jetzt fast erblindeten Frau unter namenlosen Entbehrungen den Kibbuz aufbauen helfen, jahrzehntelang hatten die beiden mit ihren vier Kindern in einem primitiven Zelt wohnen müssen. Doch trotz seines exemplarischen, im Vergleich zu mir viel vorbildlicheren Lebens entpuppte er sich mehr und mehr als der Rivale aus der Schulzeit: Während er mir sämtliche Glanzpunkte seines Kibbuz zeigte, bekundete er nicht das geringste Interesse, etwas von mir und meiner Arbeit zu erfahren. Immer noch Landsberg gegen Lansburgh und vice versa?

Es gibt nicht mehr viele Landsbergs oder Lansburghs in Israel. Die deutsch-jüdischen Einwanderer während der Hitlerzeit, die »Jeckes« (der Name vermutlich wegen des Jacketts, das sie statt des Kaftans trugen), sind praktisch ausgestorben, ihre Kinder wirken fremd, wenn auch erfrischend »unjüdisch« (was das auch immer ist, sagen wir einmal: un-melancholisch, ungeduckt), ja geradezu »goi-isch«. Um es paradox auszudrücken: Israel ist das einzige Land, in dem es keine Juden mehr gibt. Überdies jetzt mit einer Majorität orientalischer Juden aus dem Jemen und weiß Gott woher, die mir ehrlich gesagt noch fremder sind als die Palästinenser. Nein, so sehr ich Israel auch bewundere und mich über seine Existenz freue, die der Welt etwas ganz anderes als den »feigen Plattfuß-Juden« gezeigt hat und uns allen eine Zuflucht in der Not bietet: dies ist ein fernes, fremdes Land. Und dennoch, wenn mich die Leute fragen, wo ich denn eigentlich stehe, auf seiten der Juden oder der Palästinenser, dann bin ich, wo doch beide Seiten vermutlich gleich recht haben – dann bin ich ein Jude.

Sogar mit Schmisse-Fliss, jenem FBI-Boss aus der unseligen Zeit der McCarthy-Hexenjagd, gab es ein Wiedersehen, wenn auch nur brieflich. Wie aus heiterem Himmel erhielt ich vor kurzem, nach fast vierzig Jahren, den freundschaftlichsten aller Briefe von ihm, ganze zwei Seiten lang. Es sei damals eine so traurige Zeit für ihn gewesen, die schlimmste Phase seiner diplomatischen Karriere, er müsse mir das ehrlich schreiben, denn »alte Freunde sind die besten Freunde«.

Erwartete er von mir einen Persilschein für seine nunmehr nach Jahrzehnten publik gewordene Hexenjagd? Oder wollte er nur eine Tour of Europe machen und irgendwo gemütlich einen Tee zu sich nehmen, bei »alten Freunden«? Immer noch sehe ich seine stechend stahlgrauen Polizistenaugen vor mir, wie er mir, als ich ihm einmal in einem schwachen Augenblick eine schwere Exil-Depression eingestand, mit ungeduldig knarrender Stimme erklärte: »*You have to make peace with yourself at last*«, Sie müssen endlich Frieden mit sich selber schließen.

Yes, Sir, ich habe Frieden mit mir geschlossen. Endlich.

Daß ich Schweden auf Reisen zu Laing und den Kindern häufig wiedersehe, braucht kaum erwähnt zu werden. (Und daß wir uns außerdem täglich telefonisch von Land zu Land guten Morgen und gute Nacht sagen, und zwar durch ein zweimaliges, völlig kostenloses »Piepen«, sei nur in Klammern erwähnt, um die Aufmerksamkeit der deutschen bzw. schwedischen Post nicht auf uns zu lenken.)

Besuche in Schweden: Das Land – ich sagte es schon einmal – ist mit einer neuen Generation offener und freundlicher geworden, das bäurisch Verschlossene weicht immer mehr dem städtisch Urbanen. Aber vielleicht sollte ich in der Stunde des Glücks Einkehr halten und auch mein Urteil über das von mir so oft verwünschte »alte« Schweden ein wenig revidieren. Wenn ich auch als »Engländer« aus der Schweiz nach Schweden kam und deshalb nicht sagen kann, Schweden habe mich vor Auschwitz bewahrt, so ist dies doch bei so manchen anderen der Fall gewesen, und ich selber habe die ganze Zeit in einem Land des Friedens leben dürfen. Auch hat mir Schweden erspart, die ersten Jahrzehnte der Bundesrepublik zu erleben, traurige Zeiten sträflicher Unfähigkeit zu trauern, mit Horden von alten Nazis auf zahllosen entscheidenden Posten und einer Gesellschaft, die von Emigranten ebensowenig wissen wollte wie von ihrer eigenen Vergangenheit. Hätte ich jene Jahre in Deutschland statt in Schweden verbracht – oh, wie hätte ich Deutschland in Grund und Boden verdonnert! So aber wurden die vermaledeiten Schweden daraus. Möge mir Schweden verzeihen.

Und dennoch, was ich heute in Schweden wiederfinde, sind allein Laing und die Kinder. Laing, 83, ist immer wieder ein Erlebnis: halbtaub jetzt und halb blind, aber ungealtert mit ihrer fröhlichen, kristallklaren Astrid-Lindgren-Seele, ihrer Porzellanglocken-Stimme. Und was unsere längst erwachsenen Kinder betrifft, so flüstern Laing und ich noch heute einander zu, wenn wir sie sehen: *»Nu är dom sötast«* – jetzt sind sie am süßesten.

Sonst aber ist es leer in Schweden. Kein Platz, kein Haus, kein Ort wohliger Erinnerung. Und immer wieder, wenn ich auf einem meiner Schwedenbesuche den einen oder anderen langjährigen Arbeitskameraden anrufe, schon um mich mit dem Lande auszusöhnen, und frage, wann wir uns denn einmal verabreden könnten, heißt es trotz aller Anzeichen ehrlicher Wiedersehensfreude: *»Ja – ha, kanske någon gång«* – vielleicht irgendwann einmal. So erklärt es sich, daß ich letztes Weihnachten von siebenunddreißig Weihnachtskarten eine einzige an eine schwedische Adresse schrieb. Vierzig Jahre Schweden – 1:36.

Und jetzt 36:1. »Ich hab' mein Leben, all die Welt, ich hab' mein Leben!« Mir ist, als wäre ich der Zwanzigjährige von einst, an jenem sonnigen Morgen, nie werde ich diesen glücklichsten Tag meiner Jugend vergessen. Es war auf einer Bank im »Kastanienwäldchen« in Berlin, zwischen Uni und Zeughaus, hinter der Schinkel-Wache, in der Pause zwischen Römischem Recht und Sachenrecht. Beim Kauen meiner »Stulle« mit Braunschweiger Wurst entdeckte ich, daß das *Berliner Tageblatt* mich gedruckt hatte. Vielleicht gab es also doch noch ein Entrinnen aus dem Jurastudium. Selig war ich, glücklich wie jetzt, wo ich dies niederschreibe – für einen Verleger in Berlin.

Fassen wir uns kurz. Nichts ist langweiliger als eine Beschreibung des Glücks. Selbst Dantes Paradies ist ungleich schwächer als sein Inferno. Und von Schillers restlos glücklichem Polykrates wendet sich der Gast mit Grausen. Deshalb nur noch ein paar Zeilen.

Ich sehe mein Töchterchen Karin, damals etwa sechs, vor mir, wie ihr Laing ein bekanntes schwedisches Märchen von einem im Wald verirrten Kind vorliest. Je tiefer sich das Kind im Walde verirrt, desto größer und dunkler werden Karins große dunkle Augen, bis sie mit ganz kleiner, verzagter Stimme fragt: »*Kom barnet hem sen?*« – kam das Kind dann wieder nach Haus?

Ja, Karin, *älskade* Karin, das Kind kam wieder nach Haus.

Am 20. August 1990 starb Werner Lansburgh nach schwerer, nur wenige Wochen dauernder Krankheit.

Die letzten drei Wochen verbrachte er in der Universitätsklinik in Uppsala und war durch die fürsorgliche Pflege des Personals und das Engagement der Ärzte so sicher, daß er wieder gesund würde und nach Hamburg zurückkehren könnte.

In einem Telefongespräch am Tage vor seinem Tod (er las gerade die Korrekturfahnen zu diesem Buch) sagte er mir, er wolle unbedingt noch etwas Liebevolles über die Schweden hinzufügen.

Er nannte das schwedische Wort *trygghet* – Geborgenheit.

Renate Thiele

Bitte beachten Sie
auch folgende Seiten

Maria Gräfin von Maltzan

Schlage die Trommel und fürchte dich nicht

Erinnerungen
272 Seiten, 16 Seiten Abbildungen, gebunden

»Es gibt zwei legitime Motive, seine Memoiren vorzulegen: Ein Leben empfindet sich als exemplarisch, d.h. als repräsentativ für eine Generation, für eine Gesellschaftsschicht. Oder ein Leben ist derartig exzeptionell, exzentrisch, ein Leben ist in einem solchen Maße bewegend, daß von daher geradezu die Notwendigkeit gegeben ist, Memoiren zu schreiben.
Im Falle von Maria Gräfin von Maltzan ist beides gegeben.«

Peter Wapnewski

Ullstein

Lola Landau

Vor dem Vergessen
Meine drei Leben

Die Erinnerungen der vergessenen Dichterin Lola Landau
392 Seiten, gebunden

»Lola Landaus Leben ist ein Tableau unseres Jahrhunderts: Facharzt-Tochter im Berliner Westen, Professoren-Gattin in Breslau, Scheidung, Kampf um die beiden Söhne, Ehe mit dem expressionistischen Dichter Armin T. Wegner im Berlin der zwanziger Jahre, Diffamierung und das Exil…«

(*Jörg Deuter* in »Sprache im technischen Zeitalter)

Die Autobiographie der jüdisch-deutschen Dichterin beschreibt das Schicksal einer Frau, die unser Jahrhundert bewußt erlebte und beschrieb und schließlich in Jerusalem ihre endgültige Heimat fand.

Ullstein